Elogios para *Coração, Inteligência, Cor*...

"Este livro proporciona o autoconhecimento e as ferramentas que um líder precisa em todos os estágios de seu negócio – da criação ao crescimento e além."
– Beth Comstock, vice-presidente sênior e diretora-executiva de Marketing, GE

"É um raro privilégio poder aprender diretamente com líderes que são extraordinariamente talentosos em múltiplas áreas do mundo corporativo. *Coração, Inteligência, Coragem e Sorte* é um livro fácil de se relacionar e relevante para qualquer empreendedor novato ou experiente."
– Joe Lonsdale, cofundador, Palantir Technologies e Addepar, Inc; sócio, Formation 8

"Finalmente, um livro que investidores como nós podem usar com as empresas do portfólio para engajá-las em suas oportunidades e seus desafios de crescimento. Altamente recomendado."
– Yibing Wu, presidente, CITIC Private Equity

"Um livro de autores que se dedicam e conhecem a jornada do desenvolvimento de um negócio com base em suas experiências e seu discernimento analítico."
– Ram Charan, consultor de empresas; coautor, *The Talent Masters*

"A sabedoria – parte dela impressionantemente contrária ao que se espera – dessa nata de pessoas bem-sucedidas de todos os ramos de negócios e carreiras, contada não só por meio de parábolas, mas também a partir de dados e objetividade. A avaliação E.A.T. conta uma verdade atemporal: a autoconscientização é fundamental para a prosperidade."
– Patrick S. Chung, sócio, NEA

"Um divertido e informativo 'compêndio de sabedoria' que lança luz nos vários caminhos do sucesso corporativo. Todo empreendedor pode se beneficiar de estudar o que os outros aprenderam com a 'empolgação da vitória e a agonia do fracasso.'"
– William Sahlman, professor de Administração de Empresas, Harvard Business School

"Profundamente perceptivo. Conselhos empresariais transparentes e realistas dos próprios empreendedores e histórias internas. O Teste de Aptidão Empreendedora mudará para sempre a forma como você se entende, seus pontos fortes e como você trabalha."
– David Kidder, cofundador e CEO, Clikable

"*CICS* é um livro repleto de lições que todo empreendedor deveria absorver e aplicar... Você aprenderá a ciência, a arte e as histórias para ajudar a criar um negócio – e uma vida – de sucesso."
– Jeff Rosenthal, cofundador, Summit Series

"Tjan, Harrington e Hsieh acertaram em cheio. Construir grandes empresas requer um coquetel poderoso de coração, inteligência, coragem e sorte. *CICS* está repleto de lições de inúmeros empreendedores de sucesso e das qualidades que os ajudaram a alcançar este sucesso. Empreendedores potenciais devem ler atentamente este livro e fazer uma autoavaliação de seu coração, sua inteligência, coragem e sorte."
– David Hornik, sócio, August Capital

"Conselhos inestimáveis e sabedoria perpétua, escritos com clareza e praticidade para qualquer líder corporativo."
– Dominic Barton, diretor administrativo Global, McKinsey & Company

CORAÇÃO, INTELIGÊNCIA, CORAGEM e SORTE

CORAÇÃO, INTELIGÊNCIA, CORAGEM e SORTE

O QUE É PRECISO PARA SER UM EMPREENDEDOR
E UM GRANDE CONSTRUTOR DE NEGÓCIOS

Anthony K. Tjan, Richard J. Harrington, Tsun-yan Hsieh

M.Books do Brasil Editora Ltda.

Rua Jorge Americano, 61 - Alto da Lapa
05083-130 - São Paulo - SP - Telefones: (11) 3645-0409/(11) 3645-0410
Fax: (11) 3832-0335 - e-mail: vendas@mbooks.com.br
www.mbooks.com.br

Dados de Catalogação na Publicação

Anthony K. Tjan, Richard J. Harrington e Tsun-yan Hsieh – Coração, Inteligência, Coragem e Sorte – o que é preciso para ser um EMPREENDEDOR e um grande construtor de negócios – 2014 – São Paulo – M.Books do Brasil Editora Ltda.

ISBN: 978-85-7680-232-7

1. Empreendedorismo   2. Administração   3. Negócios

Do original: Heart, Smarts, Guts and Luck – what it takes to be an entrepreneur and build a great business
Original publicado por Harvard Business School Publishing
ISBN original: 978-1-4221-6194-4

© 2012 Anthony K. Tjan, Richard Harrington e Tsun-yan Hsieh
© 2014 M.Books do Brasil Editora Ltda.

Editor
Milton Mira de Assumpção Filho

Tradução
Monica Rosemberg

Produção Editorial
Beatriz Simões e Carolina Evangelista

Coordenação Gráfica
Silas Camargo

Editoração
Crontec

2014
M.Books do Brasil Editora Ltda.
Todos os direitos reservados.
Proibida a reprodução total ou parcial.
Os infratores serão punidos na forma da lei.
Direitos exclusivos cedidos à
M.Books do Brasil Editora Ltda.

*Para nossos
Pais,
Mentores e colaboradores
Familiares e amigos*

Sumário

NOSSO PROPÓSITO E UM GUIA PARA ESTE LIVRO 15

Algumas observações finais 21

CAPÍTULO 1

QUALIDADES E PERFIS DOS GRANDES EMPREENDEDORES 23

Os predominantemente Coração 23
Os predominantemente Inteligência 25
Os predominantemente Coragem 27
Os predominantemente Sorte..29

CAPÍTULO 2

CORAÇÃO: VENCENDO COM O CORAÇÃO 33

Propósito e paixão 35
   O poder do propósito e da paixão 37
Um grande amor exige sacrifício 41

Nuance, ou as mínimas coisas contam 45
O que Coração não é 48
    Coração não é luxúria 48
    Coração não pode ser definido somente por trabalho duro 49
Fundadores – Os líderes espirituais definitivos do Coração......................50
    Fundadores – Posto máximo e recompensa máxima............................. 51
As limitações do Coração 51
Recapitulando o papel do Coração nos negócios......................................56
O capítulo em resumo 60

CAPÍTULO 3

INTELIGÊNCIA: QI É APENAS O COMEÇO   63

Inteligência 63
Inteligência Intelectual 66
Inteligência Prática 75
Inteligência Interpessoal 81
Inteligência Criativa 89
Existe algo como Inteligência demais? 91
E o prêmio vai para... Reconhecimento de padrão: Inteligência Empresarial...94
O capítulo em resumo 96

CAPÍTULO 4

CORAGEM: COMO INICIAR, PERSISTIR E EVOLUIR   99

Um trabalho interno.. 100
    Coragem de Iniciar 102
    Coragem de Persistir 103
    Coragem de Evoluir 103
Coragem de Iniciar: A base de tudo 104

Coragem de Persistir: Perseverança e resiliência frente à incerteza.......... 107
Coragem de Evoluir: adaptando-se ao ambiente................................. 110
Manifestando Coragem.. 115
A Coragem que você tem e a Coragem que pode alcançar: o que os astronautas, os atletas com alto desempenho e os cirurgiões cardíacos podem nos ensinar sobre negócios... 115
    Natureza.. 116
    Influência do ambiente e contexto... 117
    Treinamento.. 118
    Suporte e Rede de Relacionamentos....................................... 120
Quais são os principais dilemas de decisão que você vai enfrentar?......... 122
    Dilema: Necessidade de mudar a visão original e a estratégia............ 123
    Dilema: *Rico* versus *Rei*... 123
    Dilema: Saber quando mudar os membros de sua equipe fundadora 124
    Dilema: Mantenho ou vendo meu negócio?................................ 124
    Recapitulando dilemas e os limiares dos indivíduos predominantemente Coragem... 126
O capítulo em resumo... 127

CAPÍTULO 5

O PAPEL INEVITÁVEL DA SORTE NO EMPREENDEDORISMO   131

Definindo uma Atitude de Sorte.. 135
Definindo uma Rede de Sorte... 136
Tipos de Sorte... 138
    Sorte Pura.. 138
    Sorte Constitucional.. 139
    Sorte Circunstancial.. 140
Por que (e como) a ignorância pode afetar a Sorte........................... 142
Desenvolvendo uma Atitude de Sorte.. 143
    Humildade... 144

Curiosidade Intelectual 145
Otimismo 147
Desenvolvendo uma Rede de Relacionamentos de Sorte 150
Atitude de Sorte, Rede de Sorte 156
Quando a má Sorte nos visita 156
Palavras finais sobre Sorte 161
O capítulo em resumo 162

CAPÍTULO 6

ARQUÉTIPOS E ICONOCLASTAS   165

Ciclo de crescimento do Arquétipo Empresarial 168
Três Arquétipos Empresariais 169
    Os Fundadores 169
    O Escalador 170
    O Expansor 174
    O Iconoclasta 176
O capítulo em resumo 180

CAPÍTULO 7

COMPILANDO TUDO   183

Coração 184
Inteligência 184
Coragem 185
Sorte 185
Coração, Inteligência, Coragem e Sorte 186
Onde o Coração floresce 188
Onde a Inteligência floresce 189
Onde a Coragem floresce 189
Onde a Sorte floresce 190
Entendendo as limitações de seu perfil CICS 191

CAPÍTULO 8

VERDADEIRAS PERGUNTAS NORTE PARA REFLEXÃO 195

#1: O que realmente está impedindo você? 196
#2: Sobre visão e propósito 198
#3: Sobre suposições, crenças e valores 199
#4: Obtendo a combinação perfeita de Inteligências 201
#5: Você precisa de um *check-up* estratégico? 203
#6: Sobre Coragem 205
#7: Vender ou não vender 207
#8: Você é humilde o bastante? 209
#9: Criando Sorte com otimismo e relacionamentos 210
#10: Refletindo sobre o fracasso 211

CAPÍTULO 9

MANIFESTOS DE SABEDORIA 215

Manifestos de Sabedoria Princípio 1: As três regras de ouro 216
    Pessoas > Ideia 216
    Modelo de Negócio > Ideia 216
    Nicho de mercado > Mercado de massa 216
Manifestos de Sabedoria Princípio 2: Seja o Melhor Em Algo 218
    A melhor qualidade 218
    Melhor mais-por-menos 218
    Luxo e ambição 219
    Os *must-have* 219
    Alcance um novo nível 219
Manifestos de Sabedoria Princípio 3: Pense grande, comece pequeno
e escale rápido 220
    Pense grande! 220
    Comece pequeno 221
    Escale rápido 221

Manifestos de Sabedoria Princípio 4: Clientes frequentes e receitas recorrentes facilitam a vida.. 222

Manifestos de Sabedoria Princípio 5: Conquiste o cliente certo 224

Manifestos de Sabedoria Princípio 6: Regras simples e perguntas para atrair e reter as melhores pessoas 226

Manifestos de Sabedoria Princípio 7: A responsabilização forma ou arruína sua cultura.. 228

Manifestos de Sabedoria Princípio 8: Aceite o fracasso 230

CAPÍTULO 10

E.A.T.: FAÇA SUA AUTOAVALIAÇÃO 233

Interpretando seus resultados 237

CAPÍTULO 11

RESUMINDO TUDO 239

NOTAS 245

AGRADECIMENTOS 251

SOBRE OS AUTORES 253

ÍNDICE 255

Nosso propósito e um Guia para este livro

O que é preciso para ser um grande empreendedor ou um *business builder*, isto é, um construtor de negócios? Como encontramos uma pessoa assim? Como você se torna um deles?

Essas são algumas das perguntas que nós três – mais sobre quem somos – fizemo-nos quando embarcamos na jornada de escrever este livro. Ao longo do caminho, fizemos mais algumas perguntas: quais são as qualidades e os hábitos imprescindíveis para o sucesso da construção de um negócio (*business-building*)? Eles são sempre os mesmos, ou dependem das circunstâncias? Quais são as coisas que um líder empresarial pode aprender? Qual é o papel desempenhado pela sorte? Ele pode ser influenciado? Os fundadores (*founders*) de empresas possuem pontos fortes fundamentalmente diferentes dos escaladores (*escalers*), que levam a empresa ao próximo nível de crescimento? Quais são as decisões mais críticas que os construtores de negócios costumam enfrentar? Existem ferramentas ou experiências que podem ajudá-las nessas decisões? Onde podemos procurar dicas e conselhos fora do mundo corporativo? E considerando a quantidade de livros de especialistas em empresas que existe, quais são as lições mais úteis que *nós* podemos transmitir?

Nosso resultado é um livro que busca oferecer duas coisas ao leitor. A primeira é uma maior *autoconscientização* no que diz respeito a criar e manter um negócio e as decisões a serem tomadas quanto a esses aspectos. A segunda inclui a *sabedoria prática, os estudos de casos* e *os hábitos* que ajudarão você a desempenhar corretamente a função de desenvolvedor de negócios, ou, pelo menos, de maneira melhor.

Não é novidade que o autoconhecimento é o fator mais importante para a construção de um negócio e para o sucesso na tomada de decisões eficazes. Mas o desafio – sobre o qual falaremos mais adiante – em estabelecer o equilíbrio para essa combinação é exatamente *como* se tornar mais autoconsciente. Para ajudá-lo a se enquadrar nesse perfil, nós definimos quatro características essenciais para um construtor de negócios: Coração, Inteligência, Coragem e Sorte. Pedimos que se autoavalie de acordo com esses critérios para que possa identificar onde você se encontra hoje e onde você precisa estar amanhã.

Com a conscientização, você pode partir para o aprimoramento. O que nos leva ao segundo propósito deste livro: transmitir princípios importantes e ferramentas práticas que podem ser aprendidos, aprimorados e praticados ao longo do tempo. Procuramos apresentar um conjunto selecionado de lições sobre negócios com base em nossas experiências e na de centenas de empreendedores e construtores de negócios que entrevistamos. Nenhum livro, escola ou mentor de Administração de Empresas pode garantir o sucesso, mas a combinação de autoconscientização com o conjunto apropriado de ferramentas certamente vai aumentar suas chances.

Afinal, quem somos nós? Os três autores – Tony Tjan (esse sou eu!), Dick Harrington e Tsun-yan Hsieh – possuem um histórico como empreendedores, diretores executivos de grandes empresas, consultores e mais recentemente como capitalistas de risco.

Minha própria carreira me deu motivos para refletir com frequência sobre as forças que moldam o sucesso e o fracasso das empresas. Cresci no extremo leste do Canadá – em St. John's, Newfoundland – e sempre tive um ímpeto empreendedor, a começar pela notória entrega de jornais durante minha pré-adolescência. As coisas evoluíram disso para a criação de uma pequena empresa de estamparia de camisetas e roupas esportivas em *silkscreen* (aos 13 anos) a vender molduras para quadros importados de porta em porta (aos 15 anos), a vender computadores Apple II para um representante autorizado local (aos 15 anos) e a ser um distribuidor em esquema marketing multinível de uma empresa de cosméticos (aos 17 anos). Durante o *college* (curso superior de bacharelado), continuei com trabalhos semelhantes em paralelo. Quando fui aceito na

Harvard Business School (HBS) – a faculdade de Administração – alguns mentores e administradores de lá sugeriram que eu experimentasse um emprego mais formal por dois anos. Portanto, adiei minha entrada na faculdade e, em 1994, fui trabalhar no escritório da McKinsey & Co em Toronto. Foi onde conheci um de meus mais importantes e confiáveis mentores, meu coautor, Tsun-yan Hsieh. Voltarei logo a ele.

Então, fui para a HBS, onde, com alguns colegas de classe e ex-colegas da McKinsey, fundei uma empresa chamada ZEFER, uma das primeiras empresas de consultoria e soluções para internet. (Não, o nome da empresa não é um acrônimo, simplesmente gosto de usar letras maiúsculas.) Estávamos em 1997 e, por alguns anos, a ZEFER foi um sucesso inacreditável. Levantamos dinheiro enquanto ainda éramos estudantes, vencemos a competição de planos de negócios da HBS, levantamos ainda mais dinheiro, contratamos centenas e chegamos a uma receita anual mais de US$ 100 milhões. Então veio o ano 2000 e, depois do estouro da bolha da internet – exatamente antes de nossa planejada abertura de capital –, as coisas rolaram morro abaixo rapidamente. A ZEFER sobreviveu (e continua viva) como parte do conglomerado japonês NEC, mas naquela época ficou claro que eu precisaria mudar de emprego. Trabalhei como consultor sênior no Parthenon Group – onde continuo como vice-presidente do conselho – e separadamente como consultor sênior do diretor executivo da Thomson Corporation (ninguém menos que meu outro coautor Dick Harrington), antes de fundar a Cue Ball, a empresa de capital de risco com sede em Boston onde trabalho atualmente.

Uma das divisões da Thomson era cliente da ZEFER e, por coincidência, a Thomson também era uma cliente do Parthenon; foi como eu conheci Dick. Naquela época, a Thomson era uma *holding* diversificada, dona de um dos maiores jornais do mundo. Mas Dick tinha outras ideias.

Dick cresceu em West Roxbury, Massachussets – onde também foi entregador de jornal – e gosta de fazer piada sobre seu "prolongado" caminho para um diploma da Universidade de Long Island, onde ele adiou seus estudos para fundar e tocar uma empresa de material hidráulico. Após se graduar e um breve período trabalhando como contador, ele ocupou diversas posições executivas na Thomson, incluindo chefe da divisão de jornais da empresa. Em 1997, ele foi nomeado CEO e, não muito tempo depois, tomou a decisão chocante de começar a sair do negócio de jornais, assim como de outros negócios que não eram centrais para a organização. Por fim, ele acabou transformando a Thomson no que hoje é: a maior empresa do mundo de informações, a Thomson Reuters. Passei boa parte desse tempo trabalhando muito próximo a Dick, e quando ele se aposentou da Thomson Reuters, em 2008, tornou-se meu sócio e presidente do conselho na Cue Ball.

Agora voltando a Tsun-yan. Dick e eu ficamos empolgadíssimos quando Tsun-yan concordou em colaborar conosco, sendo coautor, porque ele traz não só muito conhecimento estratégico, mas também *insights* profundos sobre líderes no contexto. Tsun-yan cresceu em Cingapura e passou 30 anos, cerca de metade deles na América do Norte e a outra metade na Ásia e na Europa, na McKinsey & Co. Seus papéis de liderança incluíram presidente do Comitê de Desenvolvimento Pessoal da McKinsey, diretor administrativo no Canadá e diretor administrativo das práticas ASEAN. Ele foi mentor de múltiplas gerações de sócios e colaboradores mais jovens, dentre os quais emergiram líderes proeminentes, incluindo o atual diretor administrativo da McKinsey. Muitos deles buscaram os conselhos de Tsun-yan em momentos decisivos de suas carreiras. Com essas experiências, ele também ajudou muitos outros a encontrar força interior para iniciar novos negócios. Hoje, Tsun-yan continua atuando como conselheiro de empresários e CEOs por toda Ásia e América do Norte como fundador do LinHart Group. Além de membro do conselho de várias empresas globais, ele é consultor sênior e investidor da Cue Ball. Aqueles que trabalharam com Tsun-yan usam palavras como "guru", "provocador", "profundo" e "fascinante". Ele é, de fato, um Yoda no universo dos estrategistas.

Quando Dick, Tsun-yan e eu começamos a trabalhar neste projeto, nossa ideia era desenvolver uma estrutura para a criação bem-sucedida de negócios. Perguntamo-nos quais eram as qualidades mais essenciais dos grandes empreendedores e construtores de negócios. Após muitas conversas, entre nós assim como acontece com fundadores de empresas e líderes empresariais, a resposta começou a se cristalizar. Durante um almoço em Stanford, Connecticut, cerca de dois anos atrás, um ex-colega da Thomson perguntou: "O que de fato determina o sucesso das pessoas de negócios?". Comecei a falar sobre uma pesquisa informal que estávamos fazendo e ideias que tínhamos, quando, de repente, eu disse: "Sabe, na verdade, tudo se resume a Inteligência, Colhões e Sorte". Logo fomos persuadidos a trocar o termo *colhões* por *coragem* (nosso editor disse "nem pensar" para o primeiro), e eu apresentei Inteligência, Coragem e Sorte como os principais elementos do DNA dos grandes empresários num *blog* para a *Harvard Business Review On-line*, em março de 2009.

No entanto, conforme pesquisávamos, refletíamos e entrevistávamos mais, ficou claro que outra qualidade precisava ser incluída: Coração. Sem coração, poucos negócios conseguem ser verdadeiramente bem-sucedidos; paixão e propósito são instigadores e guias críticos. Isso nos levou a Coração, Inteligência, Coragem e Sorte, ou CICS (*HSGL* em inglês) para simplificar. Todo empreendedor e todo construtor de negócios que conhecemos possui cada uma dessas quatro qualidades, embora a combinação delas varie de pessoa para pessoa – e os fundadores de empresas têm inclinação para uma delas em particular (*dica*: lembra Amor).

Chamamos a combinação Coração, Inteligência, Coragem e Sorte exclusiva de uma pessoa de *perfil CICS*, e criamos uma avaliação, o Teste de Aptidão Empreendedora (*E.A.T. – Entrepreneurial Aptitude Test*) para ajudar você a descobrir qual é seu perfil. O capítulo 10 apresenta uma versão resumida da avaliação E.A.T. e a versão completa da avaliação, que aconselhamos você a fazer, está no *site* <www.hsgl.com>. Ao longo do livro, também compartilhamos os resultados de uma avaliação E.A.T. que realizamos com aproximadamente 350 empreendedores e construtores de negócios, somados a anedotas e *insights* que coletamos de dezenas de entrevistas. No *site* <www.hsgl.com> há mais resultados de avaliações e vídeos de entrevistas.

Descobrir quais qualidades norteiam você e suas decisões é a coisa mais importante que você pode fazer para aprimorar sua liderança empresarial. Uma maior conscientização sobre aquilo no que você é melhor, e sobre como e quando talvez seja necessário aumentar ou diminuir o volume das outras qualidades é o que distingue os bons dos melhores. Sob uma perspectiva organizacional, conhecer seu perfil CICS permite que você entenda que tipos de pessoas melhor lhe complementam durante momentos específicos do ciclo de crescimento da empresa – e, igualmente importante, que tipo de pessoa você pode precisar para suplementá-lo (praticamente todo mundo precisa de uma alma gêmea) ou, até mesmo, sucedê-lo.

O perfil CICS tem correlação com a personalidade de liderança de uma pessoa. Assim como o mapa genético pode ser um indicador de futuras condições de saúde, o nível de sua habilidade em cada um dos elementos do perfil CICS sugere áreas potenciais de sucesso e de dificuldades durante o processo de construção de um negócio. Você tem o perfil ideal para idealizar uma empresa, ou para construí-la e desenvolvê-la? Você se vê como o melhor, o maior ou ambos? Você tem conhecimento suficiente para saber quando cada uma dessas qualidades é relevante para uma situação em particular ou fase de crescimento? Como seu perfil afeta a maneira como você interage com os membros de sua equipe atual e com aqueles de quem vai precisar amanhã?

A avaliação E.A.T. não diz se você tem Coração, Inteligência, Coragem e Sorte para ser bem-sucedido nos negócios. Ela se destina, assim como os testes psicométricos em que foi inspirada – Myers-Briggs Type Indicator, Predictive Index e Relative Strenght Index, entre outros –, a determinar quais qualidades são relativamente mais fortes em você. É um conhecimento muito útil, mas para uma verdadeira autoconscientização você também precisa ter noção de como se qualifica num sentido absoluto. Não temos uma avaliação para isso, mas muitos dos exemplos, perguntas, ferramentas e análises apresentados no livro são destinados a ajudá-lo a pensar mais a fundo – realmente pensar – no que você se destaca e no que deixa a desejar. Você tem o que é necessário para iniciar um negócio? O quão genuína é sua visão e qual é seu propósito para esse negócio? Você reconhece os prováveis futuros desafios e dilemas que enfrentará? O que acontece se você estiver abaixo do desejado em uma das quatro qualidades?

Conforme lê o livro, pense sobre quais partes têm mais afinidade com você. Quais partes parecem mais óbvias e naturais e quais passagens são um pouco mais duvidosas e desafiadoras? Talvez seja nisso que você queira se concentrar.

As empresas raramente avaliam a autoconscientização das pessoas ou de seus líderes e as pessoas raramente reservam um tempo para se avaliarem. No entanto, a autoconscientização não é um conceito de comportamento organizacional abstrato para ser desconsiderado. Pelo contrário, é um alicerce concreto para melhorar sua liderança e capacidade de construção de negócios. Diz respeito à honestidade intelectual e a estar ciente do que você sabe e do que não sabe. É essencial para identificar o que você pode aprimorar e para saber onde os pontos fortes de outra pessoa podem atender melhor a um propósito do que os seus.

Simplificando: a autoconscientização motiva grandes construtores de negócios a se tornarem melhores porque conseguem entender melhor as decisões tomadas.

Tendo isso em mente, os capítulos de 1 a 5 exploram as qualidades CICS para ajudar você a desenvolver uma autoconscientização. Há um capítulo para cada qualidade juntamente a histórias. Os capítulos 6 e 7 são dois capítulos curtos que discutem o que fazer com essa conscientização explorando arquétipos comuns (e menos comuns) de construtores de negócios e como as qualidades CICS se encaixam nos diferentes ciclos do crescimento de um negócio. O restante do livro aborda sabedoria prática, estudos de caso, ferramentas e hábitos para ajudar você a progredir. As perguntas Norte Verdadeiro, no capítulo 8, têm o objetivo de estimular – você acertou – a autoconscientização e também desencadear o debate, enquanto o Manifesto de Sabedoria, no capítulo 9, reúne os "maiores sucessos", em termos de princípios e modelos, que encontramos em nossa pesquisa e nossas carreiras. Por fim, o capítulo 10 apresenta uma avaliação E.A.T. concisa e uma seção de conclusão com mais alguns aspectos importantes e pensamentos finais.

A quem se destina tudo isso? Consideramos o que fazemos algo para ganhar a vida, escrevemos o livro tendo em mente pessoas que estavam planejando iniciar, expandir ou dirigir um negócio – ou aquelas que já desempenhavam um papel-chave em iniciar, expandir ou dirigir algo. Mas também tínhamos o intuito de ser úteis para aqueles que ainda estão se formando ou que trabalham em outras áreas, mas se questionam se têm perfil para o empreendedorismo ou para a construção de negócios. Iniciar, dirigir ou aconselhar empresas têm sido uma carreira altamente gratificante – uma forma de vida, na verdade – para nós três. Adoraríamos convencer mais pessoas a experimentar.

Algumas observações finais

Usamos o feminino em nossos capítulos Coração e Inteligência e o masculino em nossos capítulos Coragem e Sorte (e fazemos uma divisão semelhante de gêneros entre os arquétipos de negócios no capítulo 6). Fizemos isso para evitar uma predisposição em relação ao gênero e ao mesmo tempo para não violar as leis da gramática.

Ao longo deste livro, usamos os termos *empreendedorismo* e *construção de negócio*. Eles se relacionam, porém são diferentes. *Empreendedorismo* refere-se ao primeiro estágio da criação de um negócio e remete a noção clássica do Vale do Silício de empresa nascente e do espírito inovador que é necessário para criá-la. Em contrapartida, o termo *construção de negócio* é mais amplo e engloba o estágio da criação, o crescimento e a expansão de um negócio após sua idealização. Como empreendedores e construtores de negócios geralmente necessitam de qualidades semelhantes, às vezes, intercalamos esses termos ao descrever as competências, os hábitos e as características de um indivíduo bem-sucedido.

Adicionalmente, os leitores notarão que este não é um livro de negócios tradicional. Quisemos fazer algo palatável, prático e objetivo – e divertido de ler. Esperamos que os leitores não só considerem este texto útil e oportuno para suas iniciativas atuais, mas também uma fonte de referência constante onde eles destacarão trechos, marcarão páginas importantes, dobrando seu canto ou até mesmo as arrancando do livro. Nada nos dará mais prazer do que saber que nossos leitores estão usando o livro de forma prática, consultando páginas, capítulos e nossos recursos *online* para referência cruzada. Certamente, nós convidamos vocês leitores a nos enviar e-mails com perguntas e comentários durante ou depois de terminada a leitura. Nossas informações mais atualizadas de contato estarão sempre no *site* que acompanha o livro, <www.hsgl.com>.

À medida que construtores de negócios se transformaram em consultores e capitalistas de risco, nós autores aplaudimos todos vocês que já estão ativamente construindo negócios enquanto se esforçam para alcançar o próximo nível de seu potencial. Vocês não só são fonte de grandes ideias e inovações, como também servem de inspiração para que todos continuem a se esforçar. Coincidentemente, enquanto eu preparava a minuta final da introdução deste livro para o editor, um colega enviou-me um e-mail com um fragmento retirado da *Wikipedia* sobre um dos valores gregos mais expressados, *Areté*: "Traduzida como 'virtude', a palavra na verdade significa algo mais próximo a ser o melhor que se pode ou atingir seu maior potencial". Esperamos que este livro ajude você na jornada rumo a suas aspirações e objetivos.

– Anthony K. Tjan

1

Qualidades e Perfis dos Grandes Empreendedores

Coração, Inteligência, Coragem e Sorte são as qualidades que definem grandes empreendedores e construtores de negócios. Elas se complementam em alguns aspectos, no entanto, são muito diferentes em outros. Concluímos este capítulo com uma tabela que resume as quatro qualidades (veja Figura 1.1, na página 32).

Os predominantemente Coração

Com uma narrativa em três atos irrompendo de suas cabeças, os indivíduos predominantemente Coração trazem propósito e paixão para o mundo corporativo. Fundadores, iconoclastas e visionários, a fonte de inspiração deles pode ser alta tecnologia, comércio eletrônico, hambúrgueres, locação de automóveis, biotecnologia, ou uma nova perspectiva para o *networking* – não importa. Essas pessoas são consumidas por uma profunda paixão e por um desejo intenso de transformar seus propósitos em realidade.

Sabemos imediatamente quando estamos ao lado de uma pessoa predominantemente Coração. A paixão dela por sua ideia é contagiante, seja por seu desejo de ter sucesso ou por seu ímpeto voraz de traduzir o que sente no coração com palavras e, a partir delas num negócio que pode transformar o mundo. A abordagem dela pode nem sempre parecer racional. Pode não ser baseada em pesquisas. Ela pode não dispor de um plano de negócios convencional. Diga-lhe que a ideia dela é louca, inoportuna ou impossível e ela dará de ombros ou retrucará com todas as razões e argumentos de que irá funcionar. O importante para ela é seu desejo de ver sua visão tornar-se realidade.

Vamos começar com alguns exemplos fora do âmbito empresarial (ao menos não o empresarial convencional). *Chef* Ferran Adrià do elBulli – restaurante catalão que ficou mundialmente famoso por sua ideia revolucionária de gastronomia molecular –, e Alice Waters – do Chez Panisse –, defensora de ingredientes frescos e orgânicos, são dois exemplos de visionários predominantemente Coração no mundo culinário. Ambos não são meramente *chefs*, são pessoas comprometidas com a criação de movimentos culinários. A missão deles é vivenciar suas paixões, compartilhá-las com os outros e deixar uma marca duradoura.

Quando começamos a procurar, o indivíduo predominantemente Coração aparece em todo lugar. O documentário de 2008 *Man on wire* sobre o equilibrista francês Phillipe Petit, um homem movido pela necessidade de realizar proezas praticamente impossíveis – nesse caso, cruzar sobre um cabo de aço a distância entre as torres gêmeas do World Trade Center. Após meses de planejamento, em 7 de agosto de 1974, Petit saiu da Torre Sul e caminhou sobre um cabo de aço de 3/4 de polegada que ele havia fixado entre as duas torres na noite anterior. Lentamente, avançando e retrocedendo, ele foi de uma torre a outra há 440 metros do chão. Em certos momentos durante o documentário, ficamos em dúvida se o que estávamos vendo era ficção ou realidade. Essa é a índole e a inspiração dos indivíduos predominantemente Coração ao máximo – eles vivem numa suspensão voluntária da descrença* e nos levam a novos limites da possibilidade.

Considere o acordeonista e ator de rua Guy Laliberté, que fundou o Cirque du Soleil e refinou o significado de "circo". Atualmente, o Cirque

---

* NT: expressão cunhada pelo crítico e ensaísta inglês Samuel Taylor Coleridge, que se refere à disposição voluntária dos espectadores de uma obra de ficção em abrir mão de certas premissas da realidade e passar a aceitar as que são apresentadas pela história, não importando se são possíveis ou não. Renuncia-se ao julgamento racional do mundo real esperando receber entretenimento em troca.

du Soleil estima uma receita anual de US$ 1 bilhão[1]. Ou Doris Christopher, professora de economia doméstica e mãe, que por acreditar que toda casa deveria ter utensílios de cozinha profissionais criou uma organização contemporânea do tipo "reunião Tupperware" com vendedoras autônomas que tinham em comum a paixão por cozinhar. Doris dedicou sua empresa, a Pampered Chef, a melhorar a qualidade de vida em família – uma declaração de missão voltada para propósitos que provavelmente representava um desvio da linguagem dos tipos de negócios tradicionalmente mais analíticos. Mas em 2002 as vendas anuais da Pampered Chef atingiram US$ 700 milhões e o Berkshire Hathaway adquiriu a empresa.

A profunda devoção a um propósito das pessoas movidas pelo Coração produz as argumentações mais contagiantes do mundo do capital de risco (é difícil não ser cativado pelo comprometimento genuíno de alguém com uma causa). Se você se descobrir paralisado frente a alguém que está discorrendo sobre uma ideia, é grande a chance de que esteja na presença de um indivíduo predominantemente Coração. Poucos negócios verdadeiramente bem-sucedidos começam sem uma pessoa predominantemente Coração em seu leme. Boas ideias surgem dos mais variados tipos de pessoas, mas o Coração representa o solo mais rico para proporcionar raízes a essas ideias iniciais. Não, apenas Coração não é suficiente para a construção de um negócio excepcional, mas é uma parte importante do que torna uma empresa especial. Sem ele, um empreendimento geralmente perde seu significado, seu propósito e sua cultura. Resumindo, o Coração é o *por quê, o quê* e *como* da estratégia do negócio.

Os predominantemente Inteligência

Uma pessoa predominantemente Coração concebe uma grande ideia – a semente ou o bulbo de um empreendimento. Normalmente, ela mostra menos interesse em procurar entender o clima, o tipo de solo ou os cuidados diários necessários no plantio. Ela simplesmente acredita que as coisas certas acontecerão se ela *desejar* que o bulbo cresça. É aí que a pessoa predominantemente Inteligência se torna providencial, sendo a força racional, voltada para fatos, que começa a conduzir o negócio delegando e estabelecendo metas, formulando um sistema de responsabilidades, articulando uma estratégia e enfatizando um desempenho excepcional. Mantendo a analogia à jardinagem, uma pessoa predominantemente Inteligência esmiúça o *Almanaque de jardinagem*, otimiza cuidadosamente os adubos e garante que o bulbo será regado de acordo com o cronograma recomendado.

É importante notar que Inteligência é um conceito multidimensional. Em nossas experiências, observamos diferentes tipos, que abrangem desde a estereotípica Inteligência Intelectual (ou cognitiva) até a Inteligência Interpessoal, a Inteligência Prática e a Inteligência Criativa. Mais relevante que todos esses tipos de Inteligências é a capacidade de *reconhecimento de padrão*. A habilidade de absorver e classificar padrões por meio da tentativa e erro, da experiência em negócios, dos atalhos úteis assimilados em seminários na universidade, ou da pura perspicácia sobre o comportamento humano, leva a hábitos práticos recorrentes que acabam se tornando naturais. Portanto, é o reconhecimento de padrão que consideramos a qualidade definitiva da Inteligência Empresarial.

Conforme as empresas amadurecem, seus líderes precisam desenvolver processos institucionais para que seus negócios consigam se sustentar. A pessoa predominantemente Inteligência não necessariamente idealizou o negócio, mas tem a rara capacidade de aproveitar, entender, estruturar e estender sua essência. Ela conecta ideias, tendências e padrões com mais rapidez que os outros e os formata em um enredo coerente. Onde os outros, às vezes, veem caos, ela usa lógica, percepção, inteligência crítica, experiência e um conhecimento intuitivo de mercado e condições para impulsionar um negócio. Enquanto a pessoa predominantemente Coração dá o pontapé inicial com paixão e ímpeto, o indivíduo predominantemente Inteligência é o melhor para proporcionar estrutura, análise e um plano pragmático e realizável. Seu trabalho não é restringir ou abrandar a visão do fundador, mas consolidá-la, aprimorá-la e expandi-la.

Pessoas predominantemente Inteligência podem ser altamente bem-sucedidas como construtores de negócios. Meg Whitman do eBay e Jeff Bezos da Amazon são bons exemplos. Whitman iniciou sua carreira como consultora na Bain & Company, enquanto Bezos moldou sua carreira na D. E. Shaw, uma firma de investimentos de Nova York. O crescimento de Bezos não aconteceu dando duro na indústria de livros, mas sim na grande oportunidade que viu na expansão da internet. Ele estudou a fundo os melhores negócios de compra por encomenda para identificar quais deles poderiam prosperar na Web. Ao contrário do indivíduo predominantemente Coração, a pessoa predominantemente Inteligência pode primeiro estabelecer fatos importantes para guiá-la em sua decisão: *Qual é o maior mercado no momento? Quais são os buracos negros? Qual é nossa "estratégia do oceano azul"?*.

Isso posto, o QI, baseado puramente em cérebro, é a qualidade *menos* essencial para o sucesso empresarial. Os empreendedores e construtores de negócios mais notáveis do mundo geralmente possuem tanto quanto ou mais Inteligência Prática, Interpessoal e Criativa. A maioria das pessoas já possui o requisito mínimo de QI/Inteligência Intelectual para construir um negócio, mas enfatizam exageradamente a importância disso.

Os predominantemente Coragem

É preciso Coragem para agir, aceitar um risco e experimentar algo novo. Se o mundo fosse cheio de pessoas apaixonadas e resolutas com mentes brilhantes, mas sem coragem de agir, não haveria progresso. Talvez ainda estivéssemos vivendo nas cavernas e tentando pescar com varas pontudas. É por isso que precisamos de pessoas predominantemente Coragem, que têm tudo a ver com iniciar e manter a ação.

A qualidade Coragem pode ser subdividida de várias maneiras. Uma delas é a divisão entre os que *assumem* riscos e os que *toleram* riscos. A empolgação e o envolvimento dos que assumem riscos vêm de estarem numa situação repleta de incertezas relevantes. Muitos dos empreendedores com quem conversamos contaram sobre as guinadas emocionais dramáticas em sua vida de "alta amplitude" (eles gostam dela assim). Aqueles que gostam de *bungee jumping*, de mergulhar de penhascos e de outras atividades radicais são exemplos extremos de pessoas predominantemente Coragem. Também são assim os empreendedores e inovadores que tentam desbravar novos campos, bem como os investidores e executivos que buscam recuperar empresas mal administradas ou pouco produtivas. Ou são pessoas que simplesmente não se sentem confortáveis com um plano quinquenal e precisam de um senso de aventura para tornar cada dia importante.

Os que toleram riscos não necessariamente buscam o risco, embora persigam seus objetivos entendendo, aceitando e administrando os riscos inerentes a uma determinada decisão. Os profissionais com quem conversamos que são voltados para Coragem, como o médico e ex-astronauta Scott Parazynsky, são pessoas tolerantes ao risco. O que existe em comum entre os astronautas, os empreendedores e os atletas de alta performance, Parazynsky nos disse, é que entendem e avaliam os riscos que têm em mãos e aprendem como melhor mitigá-los[2]. Os indivíduos que toleram o risco confrontam o medo não com o sorriso desafiador daqueles que buscam o risco, mas com um treinamento cuidadoso, gestão e técnicas de autoconscientização.

Outra maneira de subdividir a Coragem (não é a imagem mais agradável, temos que admitir) é entre (1) Coragem de Iniciar, (2) Coragem de Persistir e (3) Coragem de Evoluir. Isso delineia o crescimento de uma empresa. Os empreendedores devem iniciar com convicção, mas para a maioria dos negócios o maior teste está em perseverar (Coragem de Persistir). Para aquelas empresas que finalmente atingiram um estado consistente de sucesso, o próximo desafio é ter Coragem de Evoluir, geralmente para algo diferente do que as tornou bem-sucedidas no início.

A Coragem também se revela ao longo de diferentes janelas de tempo, *longitudinal* e *episódica*. O tipo Coragem *longitudinal* requer resiliência e perseverança. O falecido jornalista sueco Stieg Larsson escreveu uma trilogia que esperava que algum dia se tornasse uma série de 10 partes, sem ter garantido antes uma editora para a publicação. A trilogia atingiu sucesso mundial – embora publicada postumamente. Ralph Lauren, o adolescente nascido no Bronx, filho de judeus da Bielorrússia, vendia gravatas para seus colegas de classe no Ensino Médio e trabalhava depois das aulas para comprar ternos. Apostou sua visão e persistência com sucesso num negócio com receita de US$ 5,6 bilhões em 2011. O exemplo que coroa a Coragem longitudinal pode bem ser Nelson Mandela, que passou 27 anos como prisioneiro político e, então, quatro anos após ser solto foi eleito presidente da África do Sul. Cada uma dessas personalidades singulares demonstrou coragem a longo prazo. Cada uma delas lidou com obstáculos, solidão, menosprezo, incerteza e oposição.

A Coragem que chamamos de *episódica* diz respeito a tomar decisões duras, mas certas, de maneira rápida, geralmente, na "hora da verdade". Uma pessoa predominantemente Coragem mostra quem é quando tempos de crise pedem que ela reaja rápida e conclusivamente. A Coragem mostra sua cara naqueles momentos em que uma empresa anuncia demissões, quando um Bill Gates ou um Mark Zuckerberg em potencial abandona uma universidade como Harvard para seguir seu sonho, ou quando um construtor de negócios se compromete a contratar pessoas apesar de saber que talvez não consiga bancar a folha de pagamentos a menos que um contrato pendente no momento seja fechado. Líderes militares definiram Coragem não como o destemor cego, mas como a habilidade de colocar o medo em perspectiva. "Todos os homens sentem medo", disse certa vez o General Patton. "Quanto mais inteligentes eles são, mais medo sentem. O homem corajoso é aquele que se força, a despeito de seu medo, a prosseguir." Não poderíamos ter expressado isso de maneira melhor.

No mundo dos negócios, é preciso ter Coragem em cada fase e fronteira do crescimento. Veja nossa analogia: Aprender a voar enquanto se constrói o avião, saltar de um penhasco esperando agarrar um paraquedas enquanto ele cai; participar de um *cross country* dirigindo com os faróis apagados. Coragem é semelhante a uma obstinação ferrenha em face da incerteza.

Os predominantemente Sorte

Quase todos os construtores de negócios têm um certo quinhão de sorte, mesmo aqueles que não são primariamente guiados por ela. Afinal, praticamente todo mundo já teve alguma vantagem percebida como pura Sorte. No entendimento comum, a Sorte parece ocasional, caótica, seletiva, arbitrária e aparentemente além de nosso controle. Não podemos inventá-la ou sonhar que ela se tornará realidade.

No entanto, podemos nos tornar mais receptíveis à Sorte e, em alguns casos, até mesmo influenciá-la. Eis uma observação que ficou clara em nossa pesquisa: em sua essência, grande parte da Sorte é resultado de uma Atitude de Sorte e de uma Rede de Contatos de Sorte. As pessoas voltadas para Sorte mantêm uma atitude baseada em humildade conjugada a dois outros fatores – curiosidade e otimismo. Essa fórmula com três elementos ajuda a criar uma rede. Muito diferente de um conjunto tradicional de contatos "importantes", a Rede de Contatos de Sorte é um subconjunto de sua rede de relacionamentos geral. É um amálgama idiossincrático de relacionamentos genuínos com pessoas que podem não parecer especialmente "estratégicas" ou "valiosas", mas que, ao longo do tempo, acabam se tornando. Somado à Atitude de Sorte, esse processo orgânico de cultivar uma Rede de Contatos de Sorte é potencializado por quatro características: vulnerabilidade, autenticidade, generosidade e abertura.

Reconhecer o papel desempenhado pela Sorte na vida não é fácil para a maioria das pessoas. É tentador assumirmos todo o crédito por nosso sucesso, especialmente se tivermos alguns. Dar crédito ao papel que a Sorte desempenha em nossas carreiras nos obriga a aceitar que temos menos controle sobre o que acontece em nossa vida do que a maioria de nós quer admitir.

Se você examinar a biografia de qualquer empreendedor de sucesso, são boas as chances de você encontrar ao menos uma ocasião, reunião, momento decisivo ou convergência de pessoas, lugares ou coisas que mudaram o rumo do negócio ou da carreira dessa pessoa. Isso é Sorte, e aparece em três variedades: Pura, Constitucional e Circunstancial. Embora você não possa mudar a Sorte Pura, e possa fazer muito pouco sobre a última das três variedades mencionadas, acreditamos fortemente que você pode trabalhar visando criá-la ou reforçá-la.

A Sorte Circunstancial acontece quando você está almoçando com um amigo que, por acaso, encontra com outro amigo... que, então, de alguma forma, acaba se tornando um de seus melhores clientes. Nada disso teria acontecido se seu amigo não tivesse escolhido este dia ou restaurante em particular para almoçar, ou se o amigo dele não tivesse aparecido no momento certo. A Sorte aqui surgiu da confluência de várias circunstâncias diferentes – incluindo atitude e rede de relacionamentos – alinhadas para um resultado positivo.

Então como tornar a si próprio alguém mais sortudo?

Primeiro, não importa o quão poderosos ou bem-sucedidos eles se tornam, os indivíduos voltados para a Sorte mantêm um tanto de humildade. Encontros acidentais acontecem para todos nós, mas as pessoas de sorte são humildes o bastante para acreditar que devem aproveitar esses encontros quando eles ocorrem, como se o mundo não oferecesse facilmente oportunidades como está outra vez.

Segundo, pessoas voltadas para a Sorte, como uma resposta à sua humildade, são movidas por uma profunda curiosidade intelectual. Repetidamente, elas questionam a regra. Elas leem, exploram, reorganizam, discutem, argumentam, testam e descartam, tudo com uma determinação interior visando se aprimorar e desafiar suas próprias perspectivas e as dos outros. Essa avidez em questionar seu entorno aumenta a probabilidade de conseguirem agarrar uma oportunidade que passa voando por eles. Alice teve sorte em encontrar o País das Maravilhas ou era curiosa e aberta o bastante para seguir o Coelho? No final das contas, isso não é o mesmo?

Terceiro e mais importante, pessoas voltadas para a Sorte têm um otimismo que é a fonte da energia e da convicção que transforma esta sede intelectual em realidade. Como *acreditam* que coisas maravilhosas podem acontecer, elas perseguem essas empreitadas. Em geral, essas pessoas são fornecedoras de energia em vez de tomadoras.

De fato, Coração-Sorte é uma combinação de perfil comum entre os fundadores. A forma como percebemos nossa sorte também tende a se tornar nossa profecia de autorrealização.

Considere Laurel Touby, uma jornalista que se tornou acidentalmente uma empreendedora da internet. "Não sei se alguém teria dito 'Laurel será uma empreendedora', ou 'Laurel será um escritora', ou 'Laurel será alguma coisa'"[3], ela relembra. Em 1994, Touby começou a promover coquetéis em seu apartamento com o objetivo de fazer pessoas da indústria da mídia se conhecerem e se ajudarem. Segundo suas próprias palavras, ela nunca imaginou que isso se tornaria um negócio. Mas ela começou a pedir aos convidados que pagassem US$ 100 se achassem o serviço útil – isto é, pagar voluntariamente. A iniciativa tornou-se a Mediabistro, que começou em 1994 e foi lançada na internet em 1996 – um dos primeiros *sites* de empregos. Vendida para a Jupitermedia por US$ 23 milhões em 2007, a Mediabistro evoluiu para um destino *online* de profissionais da mídia em busca de empregos, eventos, cursos, contatos e informações. Muito do sucesso de Touby veio de sua honestidade sobre os vários aspectos do negócio que ela não tinha conhecimento e do otimismo de que circunstâncias e relacionamentos a ajudariam no que ela precisasse. Ela tinha muitas das outras qualidades CICS pesando a seu favor, mas atitude e relacionamentos criaram o tipo certo de circunstância para que a Sorte cruzasse seu caminho e sua determinação e tirou proveito máximo disso. A combinação de uma Atitude de Sorte com uma rede de Relacionamentos da Sorte mostrou-se excepcionalmente poderosa para ela.

Portanto, em nossa visão, o que frequentemente consideramos como mera "pura sorte" é, na verdade, Sorte Circunstancial, uma função da atitude certa e da rede de relacionamentos certa. Sendo assim, embora não haja dúvida de que alguma, digamos, "sorte" esteja envolvida em ser sortudo, indivíduos voltados para a Sorte são assim por causa sua atitude de humildade, curiosidade intelectual e otimismo que conspiram em parceria com seus relacionamentos para extrair do universo forças e eventos positivos.

FIGURA 1-1

Qualidades CICS resumidas

	Coração 	Inteligência 	Coragem 	Sorte 
Código para	**Visão autêntica** • Propósito • Paixão • Sacrifício • Nuance	**Padrão de reconhecimento** Inteligência empresarial = Inteligência Intelectual + Inteligência Prática + Inteligência Interpessoal + Inteligência Criativa	**Tipos de coragem** • Coragem de Iniciar • Coragem de Persistir • Coragem de Evoluir	**Atitude de sorte** • Humildade • Curiosidade Intelectual • Otimismo **Rede de Relacionamentos de Sorte**
Exemplificada por	• Chef Alice Waters, Chez Panisse • Guy Laliberté, Cirque du Soleil • Howard Schultz, Starbucks	• Jeff Bezos, Amazon • Bob Langer, MIT	• Nelson Mandela • Richard Branson, Virgin Airlines • Paul Reichmann, Olympia & York	• Jay Chiat, TBWA/Chiat/Day • Li Lu, Colíder, Praça Tiananmen 1989
Apresentada por/analogia	• Philippe Petit, em *Man on wire* • John Keating, em *Sociedade dos poetas mortos*	• Will Hunting, em *Gênio Indomável* • Frank Abangnale, em *Prenda-me se for capaz*	• Rei George VI, em *O Discurso do Rei* • Harvey Milk, em *Milk*	• Jamal, em *Quem quer ser um milionário* • Forest Gump, em *Forest Gump*

❤ CORAÇÃO: VENCENDO com o CORAÇÃO

É sempre necessário ter um plano de negócios? Na verdade, ele pode ser prejudicial, especialmente no momento da criação de uma empresa (no estágio de concepção quando a maioria das pessoas acredita que um plano de negócios é o que mais precisam). Em grande parte, as melhores empresas não começaram com um plano de negócios, mas com fundadores que foram à luta e simplesmente *fizeram* a empresa. Ao longo de nossa pesquisa, perguntamos a empreendedores do mundo inteiro como eles iniciaram seu negócio. Dentre aqueles que foram bem-sucedidos, cerca de 70% *não* começaram com um plano *de negócios. Essas empresas bem-sucedidas foram iniciadas praticamente sem ter como base fórmulas, mas com uma qualidade que chamamos Coração.*

Com muita frequência, aspirantes a empreendedor pensam demais em como devem iniciar um negócio. *Qual é exatamente o tamanho do mercado dessa oportunidade? Qual é o plano financeiro quinquenal pró- -forma?* Embora perguntas como essas possam ser úteis se consideradas como estimativas, elas geralmente oferecem respostas que são "precisamente incorretas" (que significa um trabalho extremamente detalhado, mas completamente fora de foco).

A nosso ver, existem momentos no ciclo de vida de um negócio em que a chamada à ação adequada e o tipo adequado de "pesquisa" são, como diz a Nike, *Just do it* – isto é, *simplesmente faça*. Iniciar, repetir processos, evoluir e então usar essas experiências como dados de pesquisa para começar a formular um plano. Os indivíduos predominantemente Coração têm uma propensão muito maior a tomar este caminho. (Mais adiante neste capítulo, em "Você realmente tem o coração em seu negócio?", você verá um conjunto de perguntas Norte Verdadeiro que pode usar para ajudá-lo a avaliar o Coração em seu negócio.)

70% dos fundadores bem-sucedidos começaram sem um plano de negócios.

Mestres em Administração de Empresas gastam um tempo considerável procurando *externamente* uma ideia que resultaria num bom plano, em vez de procurarem *dentro de si* o propósito e a paixão que possivelmente sustentariam uma grande visão. Essa é a diferença entre um fundador legítimo e alguém que está buscando se tornar um fundador. Como veremos, os mercados também reconhecem essa diferença e acabam recompensando desproporcionalmente os iniciadores de negócios – isto é, os verdadeiros fundadores. Os fundadores que iniciam, executam e vencem com grandes ideias raramente são aqueles que planejaram metodicamente seu caminho. Em vez disso, é seu Coração que concebe uma ideia e uma cultura. A tentativa e o erro passional estão mais para a ordem do dia do que planilhas e reflexões eruditas. Larry Page, cofundador e CEO do Google, disse que não existem decisões lentas e boas, apenas decisões rápidas e boas.

Dentre nossas qualidades de construção de negócios, Coração, Inteligência, Coragem e Sorte, Coração talvez seja a mais difícil de definir. Tanto para os construtores de negócios novatos quanto para os experientes ela corre o risco de parecer efêmera e subjetiva, o que é irônico, pois Coração pode ser a característica mais crítica para distinguir as pessoas que iniciaram sozinhas e com sucesso empresas e as que decidiram ser parte da visão de outra pessoa. Lembramo-nos de nossa pesquisa informal com ex-alunos de programas de MBA. Quando perguntamos quais cursos tiveram o maior impacto subsequentemente na vida deles, a grande maioria citou aulas de comportamento organizacional ou de liderança. O que pode parecer subjetivo num momento torna-se real e poderoso ao longo do tempo.

Definição de Coração

FIGURA 2-1

Coração – substantivo: fonte de uma visão genuína e alma de um negócio ou de uma vocação.

Como o coração se revela

Propósito e paixão + Sacrifício/Ética no trabalho + Nuance

Três qualidades caracterizam o indivíduo movido por Coração:

1. Propósito (e a paixão que o acompanha): você não pode planejar Coração, ou "fertilizar *in vitro*" um negócio verdadeiramente excepcional. A fundação de uma empresa reside em seu propósito.
2. Sacrifício e *ágape*. O conceito de *ágape* (definido mais adiante neste capítulo) e o sacrifício natural do tipo maternal que acompanha a criação e a construção de um negócio.
3. Nuance: as sutilezas e milhares de pontos de luz que juntos emanam de um Coração genuíno e, em última análise, o diferenciam de seus competidores.

Vamos nos aprofundar em cada dimensão que define Coração.

Propósito e paixão

As qualidades fundamentais de Coração – propósito e paixão – não são inatas tampouco extremamente adquiridas. Elas vêm de *ambos*: natureza e estímulo. Mas, francamente, não importa se você nasceu com vocação e paixão para fazer algo ou se foi exposto a uma vocação ou paixão por meio de seus pais, professores, mentores, instrução, bons livros ou viagens. Coração diz respeito ao que você propositada, passional e insanamente ama fazer, ponto. Natureza e estímulo o levam a um lugar onde você intui um propósito e uma paixão para mudar a maneira como as coisas são feitas.

Então, quais serão seu propósito e sua paixão? Considere as seguintes perguntas:

- O que você faz melhor naturalmente e com que se importa mais do que os outros?
- Como gosta de passar seu tempo livre?
- Se tivesse muito dinheiro, o que estaria fazendo agora?

Ao longo dos anos, alguns estudantes de Administração de Empresas apareceram em nosso escritório dizendo: "Tenho um plano de 10 anos para me tornar um empreendedor." Verdade? Um plano de 10 anos para se tornar um empresário? Do que se trata?

Entre as razões que eles dão para seu "empreendedorismo postergado" estão:

"Quero passar alguns anos aprendendo primeiro e construindo uma base de segurança."

"Não tenho acesso ao capital ou recursos para começar."

"Sei que quero ser um empreendedor; só não tenho ideias."

Não duvide, essas razões são todas racionais. Mas o empreendedorismo não é algo que você idealiza, projeta, programa ou posterga racionalmente. Dizer que você se sente um empreendedor, mas simplesmente não tem ideias é o mesmo que dizer que você é um *chef*, mas não sabe que pratos quer preparar. Planejar uma ideia é praticamente impossível. Você não pode fertilizar *in vitro* um grande negócio. E é por isso que empreendedores movidos por Coração são diferentes do resto da população. Fundadores movidos por Coração têm uma ligação profunda com uma paixão e um propósito. São inspirados por tudo o que tocam, veem, fazem ou ouvem. São naturalmente idealistas. Eles possuem um perfil de risco diferente. Não se prendem a problemas de segurança – o termo em si já lhes causa desconforto. (Muitos empreendedores sentem uma necessidade contínua de empreender a ponto de arriscarem uma segurança recém-encontrada, pois a noção de segurança os deixa irritados.)

> *Você não pode "fertilizar in vitro" um grande negócio*

Bill Sahlman, professor da Harvard Business School, define empreendedorismo como a "inexorável busca por oportunidades independentemente de recursos"[1].

Uma pessoa movida por Coração se preocupa menos com o que lhe falta e mais com o que pode conseguir com o que já tem. Ela pode não saber o que o futuro lhe reserva, mas avança mesmo assim. Pare um momento para refletir sobre alguns fundadores iconoclastas: Richard Branson (foi de uma empresa no ramo da música para a criação de uma companhia aérea e depois para uma iniciativa de viagens espaciais), Steve Jobs (tornando o *design* e a experiência vantagens competitivas, visando transformar a Apple uma empresa de mídia), ou qualquer outro dos vários empreendedores sob o guarda-chuva da Berkshire Hathaway de Warren Buffett, incluindo Doris Christopher da Pampered Chef e – um dos casos de estudo favoritos de Buffett – Rose Blumkin, fundadora da Nebraska Furniture Mart, que começou seu negócio com um empréstimo de US$ 500 e o lema "Vender Barato e Dizer a Verdade". Cada um desses fundadores levou propósito, paixão e um caso de amor profundo com suas iniciativas (veja a tabela a seguir de Zack Klein sobre isso). Resumindo, todos eles têm, ou tinham, um Coração incrível.

O poder do propósito e da paixão

A motivação, a mobilização e o engajamento de um negócio derivam de seu propósito e de sua paixão, que são, tipicamente, um reflexo do Coração de seu fundador. Antes de fazerem qualquer outra coisa, no início da criação de uma empresa, os fundadores precisam gerar uma energia e uma inspiração contagiantes. O propósito sempre deve vir antes da empresa, do produto e do lucro, especialmente durante os estágios iniciais de um negócio.

Trabalho por amor

"O Vimeo foi um trabalho por amor. De todas as ideias às quais posso me dedicar, seleciono aquelas que poderei amar, e dessas, as que poderei sustentar."[2]

FIGURA 2-2

DNA Empreendedor de Zach Klein
PORCENTAGEM DO TOTAL (SOMANDO 100%)

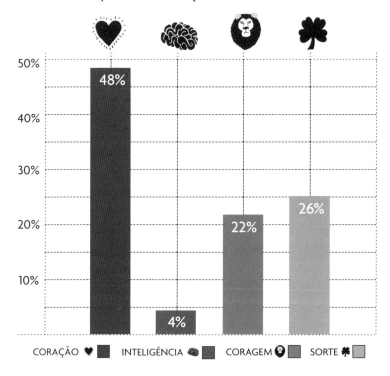

Mats Lederhausen, sócio de Dick e Tony na Cue Ball, passou anos ponderando sobre o poder do propósito. Coração e propósito são quase sinônimos; o segundo segue o primeiro de perto. Ambos apontam para a necessidade de lançar um negócio tratando o *por quê* antes do *como* e do *o quê*. Ou, como Mats gosta de dizer, "Propósito antes de produto e produto antes de lucro". Traduzindo, a raiz de um grande negócio é o propósito – entender plenamente por que você está fazendo o que está fazendo e compreender o significado disso para você como indivíduo e o significado mais amplo para a sociedade.

Mats diz que propósito não precisa ser igual a sem fins lucrativos ou empreendedorismo social. Segundo sua definição, propósito diz respeito a pensar explicitamente sobre como você pode mudar o mundo para melhor e criar negócios com integridade, num sistema voltado para valores. Pergunte-se: *As pessoas sentiriam falta desta empresa se ela não estivesse mais aqui amanhã?* Esse é um bom teste para pôr à prova um negócio com propósito.

Pense em empresas como Ikea, Patagônia, Nike ou Southwest Airlines. O propósito delas é palpável e, sim, sentiríamos falta de todas elas se desaparecessem da noite para o dia. O propósito da Ikea é democratizar o *design* para as massas vendendo móveis por preços acessíveis. A Patagônia é pioneira em produção responsável, conservação e sustentabilidade. O propósito da Nike tem menos a ver com tênis e mais com entrar no jogo e abraçar uma atividade. Quando você visita a matriz da Nike no estado de Oregon é como estar numa academia. Ela transpira "estilo de vida ativo". E há também a Southwest, a pequena companhia aérea. Divertida, idiossincrática e até mesmo um pouco louca, a companhia aérea tem a ver com buscar e saborear a liberdade e permitir que as pessoas "abram suas asas". Pode-se dizer que cada uma dessas empresas tem uma paixão e um propósito autênticos que proporcionam um poder imensurável a suas marcas.

Conforme as empresas crescem, os fundadores acabam precisando redefinir o foco de sua atenção para equilibrar a cultura da empresa com a estrutura e o processo. Mas se eles começam a estruturar coisas cedo demais, sacrificarão quaisquer oportunidades que teriam de arquitetar e articular a alma e a missão de suas empresas. Resumindo, começarão gerindo uma empresa que não lideraram. Para ser claro, em algum momento, a mudança de foco (conforme abordaremos nos capítulos 6 e 7) deve ser voltada para como aspectos centrais do Coração e seu propósito podem ser institucionalizados para o futuro. Manter o propósito e efetivamente a alma de uma empresa talvez seja um dos maiores desafios de liderança. Pense na Sony sob o comando do cofundador Akio Morita em comparação a um dos períodos mais recentes e mais difíceis da história dessa empresa. Ou avance para o presente e considere o desafio da Apple em preservar os elementos essenciais proporcionados por Steve

Jobs, mas também em ousar e evoluir de maneira diferente num mundo pós-Jobs com a compreensão de que uma replicação seria impossível.

> *Tome cuidado para não iniciar a gestão de uma empresa que ainda não foi liderada.*

A Figura 2-3, um gráfico de Mats Lederhausen, ilustra um ponto importante: propósito no início de um negócio tem um impacto enorme em quem você é. Tudo o mais deve emanar desse propósito, ou reforçá-lo. (Veja seus comentários em Propósito maior que produto, Mats Lederhausen.)[3]

FIGURA 2-3

Poder e impacto do propósito: o ponto de partida de grandes empresas

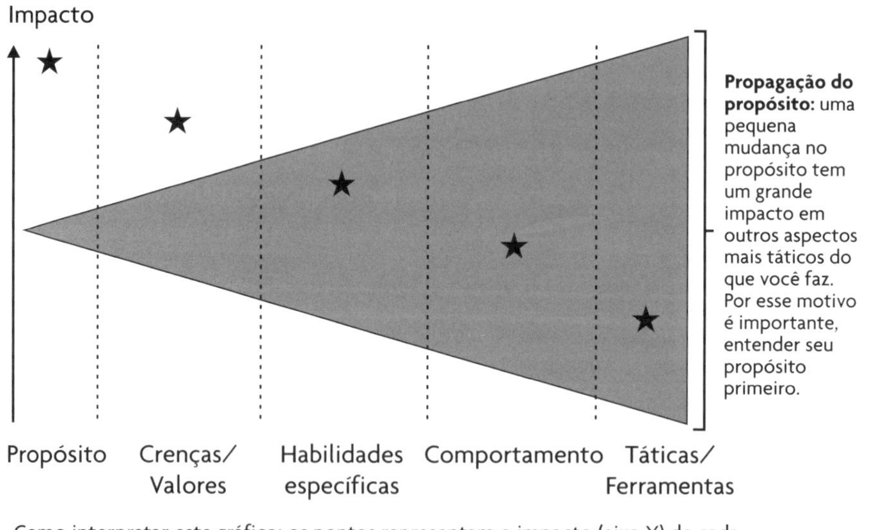

Propagação do propósito: uma pequena mudança no propósito tem um grande impacto em outros aspectos mais táticos do que você faz. Por esse motivo é importante, entender seu propósito primeiro.

Eixo Y: Impacto

Eixo X: Propósito — Crenças/Valores — Habilidades específicas — Comportamento — Táticas/Ferramentas

Como interpretar este gráfico: os pontos representam o impacto (eixo Y) de cada aspecto de uma empresa. A área sombreada mostra como uma mudança no propósito pode ter um grande efeito em outras partes do negócio.

Um grande amor exige sacrifício

Genuínos fundadores e construtores de negócios predominantemente Coração focam menos em atração e conceitos de curto prazo, em vez disso, incorporam o que o grego antigo chamava de *sacrifício por amor*: eles se prendem à essência de sua ideia e fazem sacrifícios para torná-la realidade. A segunda parte da definição de Coração tem a ver com esse sacrifício.

A democracia, a arquitetura e a sauna não foram as únicas contribuições duradouras que os gregos da Antiguidade deixaram. Entre cultivar azeitonas e esculpir colunas, eles também encontraram tempo para definir (ao menos) três variedades de "amor". Você provavelmente já ouviu falar em *eros*, cujo significado é um amor sensual e em *philia*, que denota uma profunda amizade ou lealdade. Mas os gregos também reconheciam uma terceira categoria de amor chamada *ágape*, a expressão do amor entre pais e filhos ou entre líderes e aqueles a quem estavam a serviço. A Bíblia do Rei Jaime (I Coríntio 13) descreve *ágape* como "autossacrifício", enquanto outras fontes alternativas definem-no como divino, incondicional e amplo. Assim como os pais frequentemente sacrificam suas vontades e necessidades pelas dos filhos, os empreendedores tipicamente põem de lado suas vontades e necessidades pessoais para fazer com que suas empresas sejam bem-sucedidas. Para os empreendedores predominantemente Coração, grandes ideias são como filhos, e é por isso que um colega certa vez cunhou a expressão *inveja da gravidez* para os empreendedores.

Mats Lederhausen em *propósito maior que produto*

Mats Lederhausen começou sua carreira quando adolescente no caixa de um restaurante McDonald's e com o passar do tempo tornou-se proprietário-operador de mais de 150 franquias. Por fim, conduziu a estratégia mundial da rede e tornou-se diretor administrativo da McDonald's Ventures, onde desenvolveu conceitos altamente bem-sucedidos com Pret A Manger, Chipotle e RedBox.

Do que trata sua filosofia "propósito maior que produto"?
Em sua essência, diz respeito a conduzir com o coração e ser genuíno. Nos negócios, confiança e autenticidade talvez sejam os elementos mais importantes. As empresas e os consumidores devem rezar a mesma cartilha.

Algumas pessoas chamam essa cartilha de *visão*; e vocês, como autores, estão a chamando de Coração. Eu a chamo de *propósito*. Todas essas palavras significam em essência a mesma coisa. Cada uma delas responde a pergunta primordial: *Por que você está fazendo o que está fazendo, e por que isso é importante?*

Se você idealiza seu propósito como algo confuso, invariavelmente o planejamento de seu negócio vai sofrer. No entanto, se você tem uma concepção precisa de seu propósito, de seu Coração, e quer deixar sua marca, seu planejamento será puro em expressar e reforçar esse propósito.

Como uma empresa pode liderar com propósito?
Propósito diz repeito mais ao que você faz do que ao que diz ou conta para seus funcionários e clientes. É isso o que torna as ideias críveis. E é claro, as ideias devem ser factíveis. Não podem ser fantasias. Como John Naisbitt disse certa vez: "Você não pode ficar tão na frente no desfile a ponto de ninguém saber que você está nele".

Narayana Murthy, fundador da Infosys, a gigante indiana de serviços de TI, conta como seus filhos se relacionavam com sua empresa:

Aconteceu numa daquelas raras noites em que eu ficava em casa no final dos anos 1980. Eu estava brincando com meus filhos, Rohan e Akshata, quando Rohan, a criança mais travessa que já conheci, perguntou inocentemente se eu amava a Infosys mais do que a ele e a sua irmã. Saí dessa situação embaraçosa respondendo que eu amava meus filhos mais do que qualquer outra coisa no mundo. Entretanto, até hoje quando nos lembramos do incidente, meus filhos não parecem totalmente convencidos de que eu estava falando a verdade. Era difícil para meus filhos acreditarem em meu comprometimento com a família quando eu passava dezesseis horas por dia trabalhando e quase 330 dias ao ano longe de casa[4].

A necessidade e o desejo maternal de conceber uma ideia e a disposição de fazer qualquer sacrifício necessário para transformar essa ideia em realidade e cuidar dela durante seu crescimento é o corolário de *ágape*, ou autossacrifício, na construção de negócios. Essa característica induz os empreendedores a passar noite adentro refinando protótipos, fazer sermões para todos a seu alcance sobre os detalhes negligenciados de uma experiência excepcional do cliente e passar noites a fio programando para garantir um processo melhor. Para os fundadores das empresas iniciantes, as *start-ups*, mais bem-sucedidas, esse *ágape* é a força motivadora para o trabalho duro. Não é de surpreender que sempre se trate de trabalho duro – trabalho realmente duro! E de concessões deliberadas. Divertir-se ou fazer amigos está num longínquo segundo lugar na lista. No entanto, como os empreendedores predominantemente Coração são genuinamente movidos por propósito e por paixão em relação a suas ideias, um sacrifício nunca lhes parece insuportável.

No sacrifício, eles frequentemente encontram a maestria. Numa pesquisa popularizada no livro *Outliers*, de Malcolm Gladwell, o Professor K. Anders Ericsson do Departamento de Psicologia da Florida State University constatou que aproximadamente 10 mil horas de prática deliberada – que se traduz em aproximadamente três horas diárias de prática voltada para um objetivo durante uma década – em geral resulta em uma expertise de primeira classe. Por meio de repetições e do desejo de alcançar seu propósito, a maioria dos empreendedores excedem as três horas de prática deliberada por dia. Assim como uma pianista que busca aperfeiçoar sua técnica ou repertório, os empreendedores buscam se tornar mestres na criação de empresas em seu segmento.

Esse sucesso resulta de um trabalho incansável e a dedicação representa um alívio para muitos. O CEO "nato" é menos comum do que alguém que trabalha incansavelmente para trazer à tona seu potencial. Mas é somente quando a paixão genuína e natural do Coração pelo propósito embutido em uma ideia aflora, que a intensidade da motivação e da ética do trabalho parecem valer a pena (afinal, muitas pessoas trabalham duro – mas não estão plenamente engajadas no propósito da empresa em que trabalham).

Coração para sacrificar

"Eu trabalhava horas a fio, mas trabalhava por amor e por um desejo compulsivo de construir empresas."[5]

FIGURA 2-4

DNA empreendedor de David Hornik

PORCENTAGEM DO TOTAL (SOMANDO 100%)

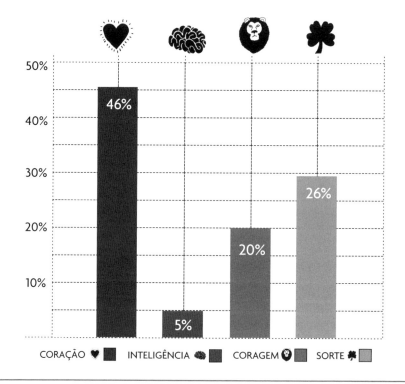

Como Tsun-yan diz, Coração e sua qualidade ágape significam simplesmente *algo importante o bastante para deixarmos outras coisas de lado e nos dedicarmos indefinidamente a nosso sonho*. Nada nos motiva mais, ou nos compele a trabalhar mais arduamente, do que uma ideia instigante ou contagiante. Em nossa experiência, poucas pessoas estão dispostas a irromper o *status quo*, enquanto os grandes construtores de negócios querem nada mais do que encontrar saídas para quaisquer limitações que estejam em seu caminho. O Coração proporciona tanto a *distância* – a persistência e o trabalho duro ao longo do tempo que o sucesso requer – como aquelas explosões de produtividade, que chamamos de *atitude*. Coração – e o trabalho duro que ele requer – é, portanto, característico de maratonista e velocista, geralmente na mesa prova. Se abordarmos uma ideia ou um negócio com Coração, o trabalho duro não só se torna tolerável, mas transforma um exercício ferrenho em felicidade arrebatadora. Muitas pessoas cometem o erro de confundir Coração com esforço intenso. Embora o propósito maior por trás de uma ideia motive um trabalho mais árduo, trabalhar em algo meramente com maior afinco não cria paixão. Se você notar que seu esforço está perdendo ímpeto, pergunte-se: *Meu Coração era realmente genuíno?* Nesse sentido, você deve estimar o sacrifício feito pelo Coração para a construção de um negócio como algo que lhe pareça natural fazer.

"Houve um tempo na década de 1990 em que titubeamos", lembrou Narayana Murthy da Infosys. "Recebemos ofertas de aquisição que meus colegas achavam que devíamos considerar, visto que não estávamos progredindo muito. Tivemos uma longa conversa, durante quatro ou cinco horas, e pude sentir um clima de desalento. Então eu disse: 'Pessoal, não se preocupem, eu banco. Sei que vai ser duro... mas não tenho dúvida de que veremos luz no fim do túnel'. Em questão de minutos todos disseram: 'Estamos com você. De agora em diante nunca mais discutiremos assuntos como fechar, estar cansado ou desistir. Esta maratona será reiniciada.'"

Nuance, ou as mínimas coisas contam

Esta terceira parte de Coração é menos tangível e intuitiva do que os primeiros dois elementos, propósito e sacrifício. Trata-se da *nuance*.

O que é necessário para ser singularmente o melhor em algo? A resposta está em nuance. No caso dos grandes empreendedores, construtores de negócios e outros iconoclastas, a nuance provém de uma autenticidade clara (do Coração), combinada com a capacidade de discernir e expressar o que de outra forma seria imperceptível. A nuance do Coração de iconoclastas como Alice Waters, Steve Jobs ou Ralph Lauren não provém de 99% das coisas que podem ser aprendidas funcionalmente e aperfeiçoadas pelos outros ao longo do tempo, mas sim do 1% remanescente que ninguém mais pode replicar. Uma tradução igualmente boa de nuance é: aquelas diferenças sutis, quase indistinguíveis, que são praticamente imperceptíveis, mas que podem ser desproporcionalmente *sentidas*.

Nos negócios, nuance é aquele "algo a mais" ou "pó de pirlimpimpim" que cria o diferencial exclusivo de uma empresa, um produto ou uma marca. Considere uma obra sinfônica interpretada por duas orquestras diferentes. Ambas interpretações apresentam técnica impecável, porém uma delas passa a impressão de uma entonação diferente, mais expressiva, mais *conectada*. Ou pense sobre a habilidade de alguns enólogos em identificar, às cegas, as diferenças em uma degustação vertical (degustação de uma série de diferentes safras de um mesmo vinho de um mesmo produtor).

Por definição, nuance é algo sutil. Geralmente, refere-se a ênfases praticamente inaudíveis e mudanças minúsculas de expressão ou significado. Ressaltamos que grandes empresas devem ser guiadas em sua criação, fundamentalmente, por um propósito instigante e por um Coração movido pela paixão. Mas a autenticidade do Coração provém não só da clareza de um propósito maior, mas também de todos os seus elementos imperfeitos, incompletos, genuínos, sem polimento, em estado natural – isto é, de sua nuance. A nuance que o Coração então cria é um conjunto de elementos pequenos – mas essenciais, ou peculiaridades, que não só tornam uma empresa especial e imediatamente identificável, mas também ajudam-na a manter seu diferencial competitivo a longo prazo.

Embora você provavelmente nunca encontrará a palavra *nuance* em qualquer plano de negócios, esse terceiro elemento delicado que define Coração cria potencial para marcas amadas e grandes empresas.

Dentre as nuances que a Apple oferece está a convergência de *design* com funcionalidade, perfeitamente refletidas pela icônica campanha publicitária do saudoso Jay Chiat, "Pense Diferente", imbuída de um tom minimalista que estava, e continua, em sintonia com a cultura operacional da empresa. A cadeia de supermercados Trader Joe's transmite nuance por meio de sua cultura operacional peculiar, de seus funcionários atenciosos, do senso de pertencimento e das referências locais aos produtos da marca própria e ao ambiente e decoração de suas lojas. Uma nuance de espírito e propósito contribui para o sucesso da Ikea, em que o cliente participa da escolha, retirada e montagem dos móveis pré-

-fabricados – enquanto seguem por um caminho que os leva ao restaurante onde podem comer almôndegas com molho de mirtilos vermelhos. A nuance pode transformar uma simples transação funcional em uma experiência emocional.

Conforme as melhores empresas evoluem, elas aprimoram, refinam e ajustam continuamente inclusive detalhes mínimos que compõem seu propósito. O ângulo mais sutil de um produto, a combinação específica e deliberada de duas matizes Pantone incomuns, ou a mais leve mudança em uma pequena área da página inicial na interface do usuário estão entre os elementos que grandes fundadores e construtores de negócios sabem que podem fazer a diferença. A nuance proporciona a diferenciação de longo prazo para uma empresa, mas também redefine continuamente o padrão da diferenciação. Isso porque o consumidor bem-informado e perspicaz aprecia nuances uma vez que as vê, e espera mais quando experimenta as possibilidades.

No caso de uma das empresas de nosso portfólio de investimentos – a Epic Burger, uma rede que serve hambúrgueres orgânicos – observamos ao longo dos anos como seu fundador, David Friedman, focava obsessivamente nos mínimos detalhes e nuances, sendo seu objetivo criar o hambúrguer mais perfeito e "consciencioso" do mundo. Como seria possível melhorar (em termos de tamanho) a proporção pão-carne? Quais picles, e em que tamanho e formato, proporcionavam o "perfil paladar" ideal para seu hambúrguer? Qual batata tinha o melhor sabor para suas fritas cortadas manualmente? Que tipo de *catchup*? De sal? Como o ambiente poderia acentuar a experiência da refeição; que elementos da decoração deveriam mudar? A posição da fila nos caixas deveria ser mudada para agilizar os pedidos? Deveria acrescentar mais um caixa? E o *design* do cardápio? Deveria ser mais simples? E a lista continua. Para qualquer empreendimento que visa ao sucesso em larga escala, aperfeiçoar sua oferta no menor nível de detalhe antes de expandir é crucial.

Durante o estágio inicial de uma empresa, há pouco tempo para obter um consenso em tudo, e as pessoas respondem naturalmente a um líder com uma visão e um Coração fortes. Durante esse período e além, a história genuína, apaixonada e com um propósito sólido contada pelo fundador contagia toda a empresa, enquanto ao longo do tempo, a terceira dimensão de Coração, nuance, serve como inspiração contínua para proporcionar à empresa seu diferencial, sua singularidade e muito de sua alma.

Utilizados apropriadamente, nuance, personalidade e conectividade podem transformar consumidores em participantes interativos engajados que "pertencem" à história de sua empresa. O poder da nuance é a razão por que encorajamos os fundadores predominantemente Coração a abraçarem suas idiossincrasias, assim como as nuances incomuns de seus conceitos. Coração assume diversos formatos, tamanhos e refinamentos. Sim, existe uma linha tênue entre excêntrico e trivial, mas as empresas que amamos não são tão peculiares, autênticas e verdadeiras com si próprias, incluindo todos os defeitos, como as pessoas que amamos? Nuance é algo lindo e quando todas as nuances de um negócio convergem, todos reconhecem e todos sentem.

O que Coração não é

Frequentemente existe uma confusão entre excentricidades e paixões passageiras e vocações genuínas do Coração. Existe uma diferença fundamental entre Coração e luxúria, isto é, uma paixão ardente, uma avidez.

Coração não é luxúria

Qualquer pessoa pode se encantar ou sentir uma paixão ardente por uma ideia fascinante de negócio. Então, vamos gastar um minuto para distinguir luxúria da paixão autêntica que acompanha Coração.

Usamos o termo *luxúria* aqui para descrever aqueles que perseguem as principais tendências do momento. Cada mudança de mercado, tecnologia, economia ou cultura – *networking* social, fundos *hedge*, ativos podres (*distressed assets*), tecnologia verde, tecnologia limpa, comércio eletrônico etc – traz consigo um número de "empreendedores" movidos pela luxúria, que são mais oportunistas e ávidos por ganhar dinheiro do que pessoas genuinamente apaixonadas em perseguir as ideias e inovações por trás dessas tendências. *Captura* de valor não é o mesmo que *criação* de valor.

Atuamos como juízes perenes de competições entre planos de negócios, e toda semana Dick e Tony analisam diversos planos candidatos potenciais a investimentos. Sem o ponto de vista de investimento, temos uma preferência natural por empresas que seguem uma tendência e são parte de uma onda crescente. Ao mesmo tempo, olhamos com certa desconfiança os "surfistas de tendências" que não entendem, ou se conectam plenamente com o verdadeiro espírito empresarial. Conforme um cínico certa vez disse e nós parafraseamos: *Para ganhar dinheiro, considere causar um curto numa classe de graduandos de qualquer escola de Administração top de linha nos primeiros anos, visto que seus membros buscam retardatariamente o que é "quente".* Uma diretriz crítica e lição do capital de risco em que acreditamos fortemente e seguimos é: as pessoas sempre maquinam ideias. Tendências e planos mudam inevitavelmente, então, antes de tudo, considere a pessoa por trás do conceito. Nós buscamos continuamente o empreendedor autêntico, apaixonado, determinado, movido por Coração, que quer criar um negócio duradouro.

Coração não pode ser definido somente por trabalho duro

A segunda qualidade de Coração, que definimos por sacrifício e *ágape*, não deve ser confundida com mero trabalho duro. *Ágape* está associada a um sacrifício praticamente maternal, em que o amor e a paixão do fundador pelo negócio e pela ideia motivam esse trabalho duro. Muitas carreiras exigem trabalho duro. Muitos de nós devem se lembrar das semanas de mais de 100 horas no início de nossas carreiras, mas semanas de mais de 100 horas não necessariamente significam ser movido por Coração! Pergunte às pessoas se querem trabalhar duro e elas geralmente responderão que se sentem felizes em trabalhar duro em prol de algo em que acreditem fortemente. As pessoas usualmente acabam ficando ressentidas ou indiferentes em trabalhos que requerem sacrifício sem oferecer a recompensa intrínseca de um papel significativo e um propósito maior. No entanto, as pessoas aceitam trabalhar duro em prol de algo com o que se importem, algo que faz uma diferença para eles pessoalmente e para o resto da sociedade.

Fundadores – Os líderes espirituais definitivos do Coração

De todos os diferentes tipos e níveis de construtores de negócios, não surpreende saber que os *fundadores* são as pessoas mais movidas por Coração que existem. Não é preciso muito tempo para descobrir quem é um grande fundador em potencial. Você reconhece um verdadeiro fundador assim que o vê. (Na verdade, você o *sente*.) O fogo empreendedor – a chama interna – é estimulante e contagiante. Os fundadores têm grande propensão em ser predominantemente Coração em suas decisões e no âmago de pessoas movidas por Coração existe uma profunda paixão. Por extensão, indivíduos altamente Coração tendem a ser mais empolgados ou no início de um negócio ou em momentos de recomeço (por exemplo, quando o crescimento estagnou). Estimulados por propósito e desejo, os fundadores com características Coração marcantes são compelidos a não só construir um negócio, mas também a compartilhar sua missão e visão com o resto do mundo.

60% dos fundadores são movidos por Coração

O cofundador do Google, Sergey Brin, disse-nos que de todas as qualidades CICS "provavelmente colocaria Coração – a paixão por algo e o desejo de ver isso se tornar realidade, não importa quais fossem as dificuldades – em primeiro lugar"[6].

FIGURA 2-5

O mercado recompensa o esforço de fundadores

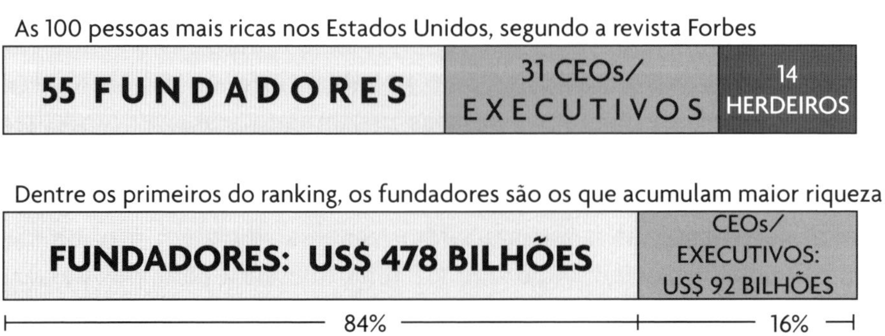

As 100 pessoas mais ricas nos Estados Unidos, segundo a revista Forbes

55 FUNDADORES	31 CEOs/ EXECUTIVOS	14 HERDEIROS

Dentre os primeiros do ranking, os fundadores são os que acumulam maior riqueza

FUNDADORES: US$ 478 BILHÕES	CEOs/ EXECUTIVOS: US$ 92 BILHÕES
84%	16%

Kimbal Musk, empreendedor em série e proprietário do restaurante The Kitchen, em Boulder, Colorado, acrescentou: "Você não segue a Inteligência de alguém. Você segue o Coração de alguém (...) para onde ele deseja sincera e apaixonadamente ir"[7].

Fundadores – Posto máximo e recompensa máxima

Quando perguntados, os empreendedores do Vale do Silício frequentemente dizem que *fundador* é o posto que mais ambicionam. Nem presidente do conselho, nem CEO, mas *fundador*. Em nossa pesquisa, constatamos que mais de $^2/_3$ dos entrevistados preferem o posto de fundador a qualquer outro. O mercado também recompensa desproporcionalmente os esforços dos fundadores. Uma análise da revista *Forbes* das 100 pessoas mais ricas nos Estados Unidos (cujo patrimônio líquido agregado é de impressionantes US$ 837 bilhões) revelou três fontes principais de riqueza: fundadores, CEOs e herdeiros[8]. Analisando mais a fundo essa lista, encontramos 55 fundadores, 31 CEOs e 14 herdeiros. Dos cerca de US$570 bilhões sob o controle dos CEOs e fundadores, impressionantes 84% pertencem a fundadores. Como vemos, não só o posto de fundador é o mais desejável como também é o que o mercado melhor recompensa (veja a Figura 2-5).

As limitações do Coração

Se os fundadores fossem a única razão e necessidade para o sucesso de longo prazo dos negócios, poderíamos terminar o livro aqui. Os fundadores geralmente atingem certo ponto em que precisam de novas habilidades, precisam enfrentar as concessões exigidas pelo Coração e devem considerar a questão fundamental de se realmente querem levar o negócio para o próximo nível de crescimento.

Limitação 1: O Coração precisa ser complementado por execução e aceitação do mercado para se tornar um negócio. Paixão e ideias devem ter a justaposição da habilidade inata e de um mercado hospitaleiro. Zelo, proficiência e mercado criam uma interseção poderosa. Se você não tem as habilidades necessárias ou o mercado rejeita sua ideia, o Coração sozinho não fará o trabalho. As pessoas podem se apaixonar por uma ideia. Mas será que conseguem executá-la? Elas podem até identificar uma lacuna no mercado, mas será que é algo realmente atraente? ("existe uma lacuna no mercado, mas não um mercado para a lacuna", como o cofundador da ZEFER e ex-colega de classe de Tony costumava dizer). Resumindo, a paixão do Coração, habilidades e mercado devem trabalhar em uníssono para criar um potencial de negócios real – e mágico.

Limitação 2: Coração não pode apenas ser pensar grande. Embora paixão e habilidade de contar histórias sejam atributos essenciais dos construtores de negócios predominantemente Coração, os fundadores precisam saber traduzir essa narrativa apaixonada em um plano de ação prático e claro. Ao longo dos anos encontramos pessoas altamente Coração e com grandes ideias que não conseguiam transmitir seu pensamento de forma simples, ou não estavam dispostas a divulgar sua ideia numa escala prática inicial que as permitisse replicar e expandir essa ideia ao longo do tempo. Em alguns campos da tecnologia, uma ideia pode estar tão à frente de seu tempo que um construtor de negócios tenha dificuldade de simplificá-la para que seja compreendida de modo geral. "Não me importo que as pessoas não entendam, em minha mente está tudo claro." É um ponto fraco e uma limitação dos fortes (leia-se teimosos) de Coração. Da mesma forma, vimos pessoas ávidas por começar algo, mas sem disposição para por isso à prova. Às vezes, uma pessoa predominantemente Coração pode acreditar que a ideia dela em si é tão grande que nada que não seja no nível pense grande/comece grande será suficiente. Ocasionalmente, isso é verdade, mas é a exceção não a regra. Em termos de escolher um ponto de partida realista, prático e inteligente, seguimos o princípio: pense grande, mas esteja disposto e aberto para começar pequeno.

Limitação 3: Uma abordagem voltada para o Coração pode gerar retornos decrescentes. Conforme discutiremos mais adiante, existem dois pontos de inflexão no ciclo de crescimento de um negócio em que Coração tem um impacto insuficiente e os fundadores se sobressaem: no período de concepção; e, mais adiante, no período de rejuvenescimento, ou extensão, quando o negócio precisa ser reconfigurado para um novo crescimento (motivo pelo qual os fundadores frequentemente iniciam um negócio, saem e mais tarde voltam a bordo: pense sobre Steve Jobs na Apple e Howard Schultz na Starbucks). No início da formação de um negócio, a personalidade do fundador e do negócio está intrinsecamente ligada. É aí que reside tanto a força quanto a fraqueza do negócio. Conforme as empresas evoluem para uma hora da verdade e buscam crescimento, geralmente requerem mais processos, mais delegação de responsabilidade e frequentemente algumas concessões em relação à visão original em prol do tamanho.

FIGURA 2-6

Paixão, habilidades e mercado trabalham em uníssono

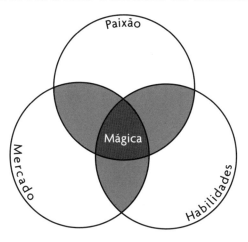

Você realmente tem o Coração em seu negócio?

Antes que os construtores de negócios tomem a iniciativa de perseguir suas ideias, insistimos que façam a si próprios as seguintes perguntas relacionadas a Coração. Estas perguntas Norte Verdadeiro focam no Coração e têm o objetivo de analisar, definir e refinar a visão e o propósito de um construtor de negócios. (No capítulo 8 há uma seção inteira dedicada a perguntas Norte Verdadeiro.)

Qual é o propósito de seu negócio, declarado de forma simples e clara?
O ponto de partida certo para um negócio é considerar o *por quê* e o *como*. Pergunte-se se seu negócio está alinhado com algo que tem importância para você em seu íntimo, que evoca uma paixão, uma "chama

interior" e, portanto, é algo que você pode descrever instintivamente da forma mais simples possível. O propósito da Starbucks não como apenas uma cafeteria, mas como um "terceiro lugar" ressoa instantaneamente porque é exatamente isso – um terceiro lugar além do trabalho e de casa – para milhões. Ou considere o crescimento explosivo da Uniqlo, a varejista japonesa de moda casual cujo propósito é "fazer roupas de qualidade ao alcance de todos". Sua declaração de propósito deve ser objetiva como essas e algo que ressoe tanto para você quanto para seus consumidores.

Qual é a essência emocional (ou lado esquerdo do cérebro) de seu modelo de negócio?
O mundo dos negócios toma a direção do lado esquerdo do cérebro, ou do pensamento racional. No entanto, aproximadamente 90% de nossas decisões e preferências são emocionais (somente depois nós as justificamos com base em sua viabilidade e funcionalidade). Como negócios movidos por Coração são fáceis de sentir, pergunte-se: Quais são os componentes emocionais de seu negócio que empolgarão ou engajarão um potencial investidor ou consumidor? Outra maneira de pensar sobre essa pergunta é refletir sobre qual seria a história de amor de seu produto ou serviço. Esse conceito foi brilhantemente capturado no documentário *The Pixar Story*: um dos diretores do estúdio descreve seu negócio como entender "como fazer as pessoas sentirem"[9].

Quais são os valores essenciais em seu negócio?
Assim como as plantas precisam de nutrientes para crescer, as empresas precisam de valores para prosperar. Para o fundador da Zappos, Tony Hsieh, resume-se a assegurar que seus funcionários abracem a cultura da empresa de "proporcionar felicidade". A Zappos oferece aos recém-contratados 2 mil dólares para pedirem demissão na primeira semana de trabalho. Hsieh explica: "A motivação original para fazer isso é garantir que as pessoas estavam lá por razões além do cheque mensal a curto prazo". Mas o maior benefício da "devolução ao funcionário" tem sido o impacto que causa nos funcionários que o recusam. Hsieh explica: "Eles precisam ir para casa, pensar a respeito e se perguntar: 'Essa é uma empresa com a qual posso realmente me comprometer? É uma empresa em que acredito a longo prazo?'. Quando voltam ao trabalho na segunda-feira, decidindo ficar, eles estão muito mais comprometidos e apaixonados pela empresa e seus valores". Valores representam os princípios fundamentais que embasam seu propósito maior.

O que você está preparado para fazer quando esses valores são violados? Ou você está disposto a fazer concessões em relação a algum valor em troca de escala?

Pressões econômicas ou mudanças no setor financeiro podem forçar uma empresa a violar seus princípios fundamentais. Que concessões você está disposto ou não a fazer em relação aos valores da empresa? Essa pergunta geralmente surge quando as empresas precisam expandir, levantar fundos ou considerar mudanças críticas de liderança. Como exemplo, às vezes, vemos uma empresa que aceitou um compromisso com o "dinheiro errado" – uma fonte de financiamento cujos valores destoam da paixão ou do propósito dessa empresa. Num cenário como esse, você procuraria uma outra empresa que lhe permitisse manter seus valores? A quais partes e valores de seu Coração você deve manter-se incondicionalmente fiel? Entender o quão fortemente comprometido você está com seus valores, e o que está disposto a fazer quando esses valores são violados é essencial.

Quais são as oito principais nuances em sua empresa que a diferenciam das outras?
Conforme já discutimos, a nuance representa um dos três elementos que definem Coração. Considere os aspectos mais sutis de seu diferencial, que poucos conseguiriam distinguir se estivessem separados, mas que em conjunto criam parte da mágica que torna você singular.

A Verdadeira Pergunta Norte fundamental sobre Coração: Se você tivesse todo o dinheiro que sonha, o que estaria fazendo na vida?
Considere o que é tão importante para você que o levaria a construir um negócio em torno disso. Muitas grandes empresas começam no ponto em que trabalho e *hobby* se interceptam, se sobrepõem ou se complementam. Conforme Confúcio escreveu: "A realização máxima é esmaecer a linha divisória entre trabalho e diversão (...) e você nunca terá que trabalhar um único dia em sua vida".

Parafraseando o que foi dito acima: Você está fazendo o que faz por amor e pelo desejo de fazer a diferença, ou só pelo dinheiro? *Ambos* é o que muitas pessoas respondem, mas de vez em quando há um *sortudo* o bastante que encontra um negócio equivalente a uma compulsão artística para dar vida a uma visão verdadeiramente movida pelo Coração.

Conforme discutiremos no capítulo 7, é aí que as limitações do Coração e dos fundadores em geral entram em jogo e outras qualidades, como Inteligência, são necessárias em proporções maiores. O desejo natural ou a necessidade de um fundador de controlar até mesmo o menor elemento de uma empresa, ou de manter sua visão perfeccionista, pode restringir o crescimento e a efetividade de sua ideia. Em algum momento, o fundador terá de decidir: *O que é mais importante – a ideia ou seu alcance?*

Recapitulando o papel do Coração nos negócios

Alguns anos atrás, um vídeo da participação de Kevin Spacey na série de TV *Inside the actors studio* tornou-se viral. Falando ao apresentador James Lipton sobre a premiação máxima, o ator disse: "Não há prêmio lá fora. O único prêmio é este aqui (apontando para o coração) – o que você sente e o que você realiza. Ser ambicioso e almejar sucesso não é suficiente. Isso é apenas desejo. Saber o que você quer, entender por que está fazendo algo, dedicar todas suas forças para alcançar isso – se você sente que tem algo a oferecer, se você sente que seu talento em particular é algo que vale a pena desenvolver e a qual se dedicar, então não existe nada que você não possa alcançar"[10].

Esse talvez seja um dos melhores resumos do que vimos sobre o significado de Coração.

Seja você um artesão que busca aperfeiçoar uma habilidade, um músico que busca capturar todas as nuances de uma partitura, um atleta que se submete a um regime intenso de treinamento diário, um membro de um grupo de fundadores que estão construindo um negócio do zero, ou um executivo envolvido na construção de um negócio corporativo, se não injetar e impuser um alto senso de propósito, faltará alma a seus esforços e sua probabilidade de sucesso será pequena.

Com propósito, o indivíduo Coração é perseverante e apaixonado; ele doa e retribui ao mundo. Ter um propósito significa oferecer às pessoas um produto ou serviço com o qual vale a pena se importar e que possua um *por quê*, ou uma razão de existir, claro. Como dissemos, um propósito não precisa ser exageradamente grandioso ou social, mas, em vez disso, deve concentrar-se em ser claro e em refletir valores fundamentais. E, embora o dinheiro sempre flua para um negócio que cumpre seu propósito, o propósito deve ser algo diferente de "ganhar dinheiro". Exemplos de perguntas orientadas para propósito são: *Como isso pode tornar os consumidores mais felizes? Os alunos mais engajados? As dietas mais inteligentes? As decisões melhores?*

"Nossa preocupação dia após dia deve ser oferecer a nossos clientes produtos de qualidade, dentro do prazo, dentro do orçamento", é o que Narayana Murthy diz a seus colegas na Infosys. "Devemos mostrar transparência aos investidores, não violar nenhuma lei do país e estar em harmonia com a sociedade. É nossa declaração de responsabilidade e devemos respeitá-la. O mercado de ações pode ou não nos recompensar se fizermos isso. É algo efêmero. Não devemos ficar extasiados com isso hoje ou desesperados se cairmos amanhã."[11]

Valores fundamentais são ferramentas subutilizadas. Eles são os princípios por trás de qualquer propósito. São os princípios profundamente enraizados que sustentam o Coração – e a somatória do *por quê* e do *como* uma empresa funciona. Estabeleça-os coletiva e autenticamente, e torne-os algo com o que você pode se comprometer. Tony Hsieh diz que inicialmente "resistiu um tanto à ideia" de definir os princípios fundamentais de sua empresa "porque parecia uma dessas coisas corporativas grandiosas que se faz. Para nós, a diferença é que queríamos valores fundamentais passíveis de comprometimento, significando que estávamos de fato dispostos a contratar e demitir pessoas com base nesses princípios, a despeito de, ou independentemente de, seu desempenho na função específica".

Para a Apple, os valores de *design* e experiência do cliente estão fundamentalmente integrados em tudo o que a empresa faz. Para uma empresa como a Patagônia, propósito diz respeito à sustentabilidade e ao objetivo de resultado de dois dígitos. E para Steve Ells, da cadeia de restaurantes Chipotle, diz respeito tanto a criar hábitos alimentares mais positivos quanto a um atendimento conveniente[12]. Esses exemplos de empresas e seus valores embasam o *propósito* (o primeiro elemento que define Coração), por que vale a pena o *sacrifício* (o segundo elemento que define Coração) e também por que nos esforços para alcançar o máximo desse propósito e da visão você precisa elevar o nível de *nuance* (o terceiro elemento que define Coração), aspectos que apenas aqueles mais intimamente ligados ao negócio conseguem verdadeiramente valorizar.

Em última análise, definir, medir e depurar o significado de Coração recomendando que empreendedores e construtores de negócios perguntem a si próprios: *Esta decisão, ideia ou iniciativa "parece" certa?* Nos primeiros estágios, os empreendedores raramente contam com o luxo de ter todos os dados à mão. Tampouco contam com a habilidade (assim como ninguém mais quanto a isso) de ver o futuro.

Para confiar no que está sentindo, para saber que isso forma o verdadeiro o Coração de seu negócio e o seu também, você precisa de uma conexão indissolúvel e de consistência entre o que faz e seus princípios e valores fundamentais. Pergunte-se: Quão forte é o vínculo entre meu comportamento e meus valores? Fazer o que dizemos e dizer o que fazemos, e basear ambos em nossos princípios e convicções, cria uma confiança que é a principal alavanca para uma melhor liderança, um maior impacto e potencial de construção do negócio.

No segmento de capital de risco, já vibramos só de testemunhar a felicidade e a paixão dos fundadores por suas empresas nascentes idealizadas para mudar o mundo. Meramente por sua natureza, a perspectiva dessas *start-ups* em criar e cultivar um ambiente de trabalho especial já é muito melhor. Os fundadores costumam ter a conexão mais íntima e a consistência entre um conjunto de valores pessoais e o comportamento empresarial porque, idealmente, essa conexão é a razão primordial pela qual eles iniciaram algo. A disseminação da cultura – ou mais precisamente, preservar sua cultura especial à medida que você cresce – pode ser desafiadora. Em algum ponto ao longo da evolução de uma empresa, a ênfase no *grande* pode dominar, e destruir, o propósito original, os valores e os princípios fundamentais de uma empresa. Nisso reside o desafio para os líderes movidos por Coração – encontrar uma maneira de manter seu propósito e valores fundamentais e paralelamente entender quais concessões seriam aceitáveis ao longo do crescimento.

É aí que as outras qualidades – Inteligência, Coragem e Sorte – entram em jogo. Conseguir o equilíbrio apropriado nos estágios críticos do crescimento e da evolução de uma empresa é o que apresenta o maior desafio aos construtores de negócios. O que é verdadeiro em cada estágio e ponto de inflexão do crescimento é que o Coração dá consistência ao propósito de uma empresa e alimenta a motivação permanente dos funcionários. Steve Papa, fundador e CEO da Endeca, expressa bem isso quando diz: "Coração é a cola que mantém as coisas andando"[13]. Esse

Coração deve estar presente como a viga de uma empresa. A maioria das grandes corporações acaba vítimas do excesso de processamento, regulamentação e de apresentação de sua história, estratégia e até mesmo de sua cultura. É nisso que reside a diferença entre culturas genuinamente centradas nos funcionários, comoventes, movidas por Coração e negócios medíocres do tipo *eu-também*.

Não acredita? Passe por qualquer loja Container Store ou Trader Joe's, ou visite a matriz da Zappo em Las Vegas. Vai ser impossível não sentir que os funcionários lá são puramente felizes. Pergunte a eles *por quê*. A resposta é simples: eles acreditam no propósito da empresa, amam verdadeiramente seus produtos e serviços e valorizam o fato de a empresa entender seus objetivos profissionais. Eles compartilham coletivamente a expressão do Coração da empresa.

Existe uma linha tênue entre culto e cultura. Afinal, toda organização tem uma cultura própria. Mas poucas têm um fervor, ou uma forte convicção sobre seu propósito, que permeia tudo o que fazem. E isso as distingue do resto da multidão. São raras as empresas que conseguem criar um movimento cultural comovente entre seus funcionários, no entanto, aquelas que conseguem ter uma vantagem notável devem celebrar e preservar.

Se você já assistiu seguidamente uma centena de filmes de Hollywood, guardará como mensagem o seguinte tema recorrente: *Siga seu coração*. Não é de admirar que Coração tenha se tornado quase sinônimo de busca indistinta de objetivos e percebido como falta rigor ou inteligência crítica. Mas, a nosso ver, Coração pode ser qualquer coisa, menos indistinto. Suas três características fundamentais – propósito com paixão, sacrifício e nuance – são inconfundíveis. Numa era marcada pela descrença – muitos de nós temos receio de "acreditar" precipitadamente em algo. O que é mais uma razão pela qual empreendedores e empresas com Coração genuíno aumentaram seu impacto e por que é necessário muita coragem, convicção, energia e trabalho duro para expressar plenamente Coração.

Qualquer um disposto a construir um negócio relevante tem pela frente desafios e trabalho duro. A pergunta crítica e a prova de fogo continuam sendo: Se você pudesse fazer o que quisesse na vida porque já tem todo o dinheiro que sonhou, o que verdadeiramente amaria fazer? Como você mudaria o mundo?

Como sempre e comparadamente a cada uma das qualidades do empreendedorismo, Coração, Inteligência, Coragem e Sorte, enfatizamos a importância da *autoconscientização*, especialmente nos estágios iniciais de um novo empreendimento e, mais adiante, quando o esforço ou o ímpeto de uma pessoa confronta as reviravoltas do ambiente corporativo ou os vários limiares do crescimento do negócio. Mas ao rejeitar o medo e a insegurança de iniciar e conduzir algo com uma visão genuína e um propósito claro movido por Coração, você deu o primeiro passo em direção a criar um negócio duradouro.

O CAPÍTULO EM RESUMO

Coração: Vencendo com o Coração

- Mito do plano de negócios: o ponto de partida de uma empresa não é um plano de negócios. O ponto de partida é olhar mais internamente, reservar um tempo para a autorreflexão e considerar o que realmente importa e o que vale a pena fazer (em vez de escrever sobre o que fazer). O início da experiência certa ou do projeto consciente certo (e os subsequentes) pode ser o insumo mais importante para o futuro plano de negócios.

- Componentes do Coração: três elementos definem Coração – propósito e paixão, sacrifício e ágape e nuance.

- Empreendedores predominantemente Coração começam com propósito e paixão: estes empreendedores são movidos por um senso de *propósito*, o apelo de uma grande visão acima da motivação de um produto ou do lucro. À volta do propósito de qualquer negócio existe um conjunto de valores ou princípios fundamentais – eles não precisam ser declarados, mas precisam ser *sentidos*. Estabeleça valores fundamentais coletiva e autenticamente, e faça com que sejam valores passíveis de comprometimento.

- Sacrifícios, ética do trabalho e ágape: o conceito de *ágape*, ou autossacrifício, é uma qualidade que define empreendedores, especialmente fundadores, movidos por Coração. As pessoas mostram-se altamente dispostas a abrir mão de suas vontades e necessidades pessoais para melhorar seus negócios quando sentem que a causa é digna da atenção e do sacrifício.

- Expondo a nuance: o elemento *nuance* do Coração é essencial. Ele estabelece a autenticidade infundindo no negócio todas suas sutilezas, peculiaridades e imperfeições. Muito do que torna um negócio singular resulta da soma das nuances que somente os genuinamente movidos por Coração podem proporcionar.
- O que o Coração não é: coração não tem nada a ver com *luxúria*, ou com romantismo intelectual efêmero. Coração também não pode ser definido apenas por trabalho duro, enquanto sacrifício e ágape representam o segundo elemento que define Coração. Trabalho duro sem paixão é apenas isso – trabalho duro. O trabalho duro de um Coração autêntico gera um maior comprometimento e ímpeto em relação ao propósito do negócio, enquanto o trabalho duro em algo sem vínculo com o propósito gera indiferença e até ressentimento.
- Os fundadores são os líderes espirituais do Coração: dentre todos os papéis da construção de negócios, o de fundador é o que é mais movido por Coração. Mais do que qualquer outro, o posto de *Fundador* é o mais desejado e mais bem recompensado.
- Inveja de gravidez e rejuvenescimento: o Coração prospera e produz seu maior impacto durante dois estágios: na fundação e nos momentos de rejuvenescimento, ou *extensão* do crescimento. Fundação refere-se ao início – à gestação, onde uma série de "projetos de paixão" repetitivos ajudam a modelar a ideia rumo ao primeiro momento de prova. O período de extensão ocorre muito mais adiante, quando as empresas arriscam a se tornar vítimas de seu próprio sucesso. Novos competidores e inovações requerem que praticamente todos os negócios passem por um momento de renascimento, exigindo novamente as competências do fundador.
- Quando o Coração falha: existem três limitações do Coração. A primeira é a necessidade do desejo e da paixão de Coração

de serem justapostas pela capacidade e pela aceitação do mercado, a segunda está na tradução de uma visão "pensar grande para um plano começar pequeno" e a terceira está na intersecção entre prova de conceito e expansão, em que a predominância de Coração pode ter retornos reduzidos.

- Fazendo a mágica acontecer: a intersecção perfeita entre Coração, capacidades e aceitação do mercado.

- Prova definitiva e perguntas Norte Verdadeiro para Coração: começa com uma reflexão sobre os valores de uma pessoa, comparando-os com o que essa pessoa estaria fazendo se dinheiro e aclamação não fossem o objetivo. Começar com propósito e paixão é a alavanca mais poderosa para criar um negócio duradouro excepcional.

3

INTELIGÊNCIA: QI É APENAS O COMEÇO

"Algumas pessoas são simplesmente melhores." É um dos dizeres favoritos para nós. Ocorre também que algumas pessoas são simplesmente, digamos, *mais inteligentes* do que outras. E isso importa? Com certeza: ter um nível básico de inteligência é o alicerce para qualquer carreira. E se você possui aquele nível raro de inteligência que lhe coloca verdadeiramente entre os melhores (comumente chamados de *gênios*), provavelmente terá sucesso em qualquer rumo profissional.

Mas para a maioria dos empreendedores e construtores de negócios um nível básico de Inteligência é suficiente. Confie em nós quando dizemos que não é preciso ser um gênio para se tornar um grande construtor de negócios. Provavelmente você já tem o nível de QI necessário e também possui certa combinação dos diferentes *tipos* de Inteligência que aumentam seu potencial de sucesso. É a capacidade de usar esses diferentes tipos de Inteligência voltados para (conforme discutiremos) o *reconhecimento de padrão* que é essencial.

Inteligência

A medida padrão de Inteligência, que chamamos de *Inteligência Intelectual* (ou cognitiva), reflete destreza analítica e disciplina intelectual. Os outros tipos de Inteligência são *Inteligência Prática, Inteligência Interpessoal e Inteligência Criativa*. Sem as outras, a Inteligência Intelectual apenas pode levar você a grandes ideias tecnicamente, mas que não dispõem de aplicação ou de apelo ao consumo. Ou pior, as ideias podem ser comercialmente atraentes, mas os indivíduos com alta Inteligência Intelectual podem achar que são capazes de fazer tudo isso sozinhos.

No entanto, combine as Inteligências Intelectual, Prática, Interpessoal e Criativa e você terá o discernimento, a sensibilidade e a receptividade aos quais nos referimos como *Inteligência Empresarial*. A prova de fogo da Inteligência está em saber como combinar e equilibrar essas quatro variantes conforme você passa de uma decisão para a próxima. Por exemplo, diminuir a ênfase na Inteligência Intelectual quando a situação requer uma abordagem mais de Inteligência Prática, ou acionar a Inteligência Interpessoal quando apenas a análise talvez não proporcione uma resposta prática.

Algo que afeta cada uma de nossas categorias de Inteligência e as vincula é sua habilidade de ligar os pontos e reconhecer padrões. O termo *reconhecimento de padrão* descreve de modo geral a forma como os bebês aprendem, mas neste capítulo e ao longo deste livro usaremos este termo para nos referirmos a como os adultos alcançam o máximo de desempenho e se entrosam com mais sucesso no mundo. Ocorre que a maneira como os bebês assimilam por meio de padrões, é semelhante a como os melhores pensadores e líderes empresariais aprendem e atuam. De fato, deveríamos retroceder no tempo e pensar mais em como éramos quando crianças! As pessoas abençoadas com a habilidade de reconhecer padrões são capazes de identificar macro e micro tendências com mais antecedência e facilidade. Elas conseguem ver tanto lá na frente quanto "na esquina". O reconhecimento de padrão está no cerne da definição de Inteligência Empresarial – a habilidade de reconhecer aspectos e padrões dentro do espectro das Inteligências Intelectual, Prática, Interpessoal e Criativa.

Em seu livro publicado em 2009, *The wayfinders: Why ancient wisdom matters in the modern world*, o antropólogo Wade Davis discute a habilidade dos polinésios antigos de navegar centenas de quilômetros ao longo do Oceano Pacífico sem a orientação de uma bússola ou de qualquer outro tipo de instrumento. Como eles faziam isso? Eles desenvolveram uma incrível inteligência contextual que buscava associações entre mudanças no clima, na água e na vida marinha a seu redor: "Eles aprenderam a perceber ligeiras variações na formação das nuvens, as várias tonalidades do céu, o número de estrelas que podiam ver no firmamento no halo entre as nuvens, a forma como os golfinhos nadavam para regiões mais abrigadas no oceano quando uma tempestade se aproximava, a salinidade e o gosto da água, eles usavam percepções sutis, algumas conscientes, outras inconscientes, para desenvolver mapas surpreendentes da realidade"[1]. Essa capacidade de reconhecimento de padrão permanece como o que consideramos a essência da Inteligência no mundo dos negócios atual.

Definição de Inteligência Empresarial

FIGURA 3-1

Inteligência Empresarial — substantivo: padrão de reconhecimento abrangendo Inteligência Intelectual, Inteligência Prática, Inteligência Interpessoal e Inteligência Criativa, especialmente em empreendedorismo.

Padrão de reconhecimento

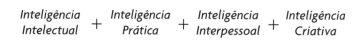

Jack Hildary, fundador do *site* de classificados de emprego Dice.com, define esta competência inata como a habilidade de "reconhecer padrões de sucesso ao longo do tempo"[2]. Por sua vez, sua habilidade de absorver e classificar padrões geralmente leva à criação e utilização de hábitos práticos repetitivos que, com o tempo, se tornam automáticos. Obviamente, damos muito valor ao reconhecimento de padrão. Você pode ser fora de série em qualquer uma de nossas quatro categorias de inteligência, mas se não conseguir identificar prontamente, extrair e estruturar padrões entre os diferentes tipos de Inteligência, seus *insights* ficarão comprometidos. Nas próximas páginas resumiremos os melhores *Hábitos de Inteligência*

que coletamos de alguns dos empreendedores mais bem-sucedidos do mundo, assim como de nossas próprias experiências, para mostrar como cada uma de nossas quatro categorias de Inteligência aplicam-se diretamente à construção de negócios. A seguir, apresentamos os quatro tipos de Inteligência que consideramos componentes críticos para o sucesso do empreendedorismo e da construção de negócios. Por fim, veremos como essas categorias se combinam para criar a Inteligência Empresarial.

Inteligência Intelectual

Para a maioria das pessoas, a palavra *inteligência* assume a conotação de Inteligência Intelectual. Independentemente de estarmos falando de uma facilidade com números, de uma capacidade de decifrar tendências ou a habilidade de destrinchar dados sobre o consumidor, praticamente todo bom construtor de negócios tem alguma habilidade analítica inata ou adquirida que leva a uma tomada de decisão mais bem informada e objetiva.

Curiosamente, em nossa pesquisa CICS, a Inteligência, em especial no que tange a Inteligência Intelectual, obteve de modo geral uma classificação inferior em importância comparada às outras qualidades da construção de negócios Coração, Coragem e Sorte. Ao que parece, a construção de negócios requer um nível básico – isto é, um nível *absoluto* – de capacidade cognitiva, mas, uma vez que você esteja nesse nível, tem tanto potencial para ser bem-sucedido na construção de negócios quanto qualquer um. De fato, Inteligência parece ser um requisito em todos os ciclos da construção de negócios, mas apenas ela não pode garantir sempre o sucesso.

Se analisarmos o número de pessoas com QI excepcionalmente alto que acabam em lugares como a Harvard Business School, a McKinsey & Company ou o Goldman Sachs (para citar apenas algumas marcas de ouro), torna-se claro que a Inteligência Intelectual, de fato, tem alguma correlação com o sucesso empresarial. Todas essas instituições selecionam com base em altos níveis de Inteligência Intelectual. E as pessoas que passam nessa seleção ganham acesso privilegiado a professores, ex-alunos, recrutadores e colegas que os colocam num ecossistema que aumenta sua probabilidade de sucesso.

Talvez não surpreenda, então, que uma pesquisa conduzida em 2010 pelo *U.S. News & World Report* tenha mostrado que as faculdades de primeira linha estejam desproporcionalmente representadas nos currículos dos CEOs. Essa pesquisa constatou que os 500 melhores CEOs da revista *Fortune* receberam cumulativamente 99 graduações das Universidades de Harvard, Columbia e da Pensilvânia. Algumas das maiores universidades estaduais, incluindo a Ohio State e a University of Michigan, também tiveram um *ranking* excelente – um ponto de interesse adicional é que a Universidade de Wiscosin passou à frente de Stanford. No entanto, apenas um de cada três dos 500 melhores CEOs da *Fortune* possui um MBA. Dezenove não têm diploma de curso superior.

Portanto, a Inteligência Intelectual pode abrir portas e ajudar você a resolver muitos problemas analíticos básicos. Mas, depois disso, sua importância geralmente míngua. Durante as fases de concepção, lançamento e início de uma empresa, a Inteligência Intelectual, às vezes, pode ser tanto um obstáculo quanto um benefício. Como capitalistas de risco, vimos nossa parcela de apresentações e participamos como juízes em várias competições de planos de negócios. O que surpreende é quantas vezes vemos pessoas pensarem, pesquisarem e analisarem em excesso – e essa declaração vem de um grupo bastante analítico. – Não se trata de você ser analítico ou não, mas de quando analisar e de que análise poderá ajudá-lo a alcançar o que quer. Existem algumas coisas que são mais bem "pesquisadas" simplesmente fazendo-as e outras pensando e analisando fontes primárias e secundárias. Em meados da década de 1990, nosso coautor Tony estava na faculdade de Administração e ficou bastante claro para a maioria que alguma coisa importante estava acontecendo com a Internet. Nos poucos anos seguintes, muitas pessoas tentaram analisar e prever o que aconteceria. Diversos planos de negócios foram desenvolvidos como parte de projetos de estudo de campo e de competições de plano de negócios, mas pela estimativa de Tony, uma porcentagem de no máximo um dígito deles de fato se materializou em negócios. Para muitos, foi gasto tanto tempo estudando tamanho do mercado, projeções, cenários competitivos e outras análises clássicas de planos de negócios, que os empreendedores potenciais ou se convenceram de desistir da oportunidade (com informações "precisamente incorretas" em vez de "aproximadamente corretas"), ou perderam uma janela de grande oportunidade.

Em nossa pesquisa, foram nos estágios de evolução, crescimento e maturação do ciclo de vida de uma empresa que encontramos as correlações mais evidentes entre Inteligência Intelectual e sucesso executivo. Às vezes, é necessário um novo plano de negócio nesses pontos de inflexão. Em outras ocasiões, trata-se de entender que é preciso fazer concessões para evoluir o negócio.

Os exemplos mais claros de Inteligência Intelectual envolvem simplificar o complexo com lógica. A economista Esther Duffo e seus colegas do laboratório Abdul Latif Jameel Poverty Action no MIT se concentraram em repensar a pobreza global por meio de um método científico e de experimentos randomizados. Numa palestra do TED em 2010, Dufflo descreveu como ela buscou resolver um debate importante da política de como estimular o uso de mosquiteiros para diminuir a disseminação da malária. Ela começou dividindo o problema em três perguntas objetivas:

- Se as pessoas precisarem pagar pelos mosquiteiros, elas os comprarão?
- Se as pessoas receberem os mosquiteiros de graça, elas os usarão?
- Mosquiteiros oferecidos gratuitamente desestimulam compras futuras?

Em vez de ser ideológica sobre essas perguntas, Dufflo buscou testes empíricos que as respondessem. Ela conduziu um experimento no Quênia em que distribuiu cupons para as pessoas (com vários níveis de desconto) para a aquisição de mosquiteiros e comparou com a compra dos mosquiteiros sem descontos. Como era de se esperar, houve uma relação indireta entre preço cheio e disposição de compra do mosquiteiro. Constatou-se também que aqueles que receberam o mosquiteiro de graça não se mostraram menos propensos a usá-lo do que aqueles que o compraram. Por fim, aqueles que receberam o mosquiteiro gratuitamente se mostraram *mais* propensos – do que os que pagaram de $ 1 a $ 3 pelo mosquiteiro – a comprar um mosquiteiro um ano mais tarde por $ 2. Distribuir mosquiteiros não desencoraja compras futuras – encoraja. Uma questão de política intensamente debatida foi respondida examinando-se as perguntas certas e os métodos de mensuração certos por meio de um experimento simples. Isso é Inteligência.

Da mesma forma, *start-ups* da Internet usam esse tipo de teste "A/B" com diferentes características de produto ou diferentes experiências do usuário para ver o que funciona melhor com o usuário final. Essa filosofia desenvolvimento-de-produto-novo com desenvolvimento ágil ou interativo está fundamentada no mesmo método científico que os experimentos de Duffo com o mosquiteiro.

Recordando, a seguir está o que observamos sobre Inteligência Intelectual:

1. Níveis altos de Inteligência Intelectual podem ser mais importantes para a expansão do negócio em grandes organizações do que nos estágios iniciais de empresas nascentes.
2. Empreendedores e construtores de negócios necessitam certo nível de Inteligência Intelectual, mas esse nível provavelmente não é tão alto quanto eles imaginam. O componente crítico é, na verdade, um conjunto de *hábitos* de Inteligência Intelectual que descrevemos a seguir.
3. Notas altas em exames de seleção para ingresso no curso superior ou diplomas de universidades de primeira linha são apenas um vetor da Inteligência. Outras variedades de Inteligência sempre entrarão em jogo.

A habilidade de organizar, simplificar e priorizar talvez seja a qualidade mais importante que vemos em indivíduos voltados para Inteligência. Em contraste, a pessoa predominantemente Coração tende a tomar decisões com base na paixão e na intuição (num padrão mais orgânico) e o indivíduo predominantemente Coragem pode estar determinado a avançar inexoravelmente (no estilo "gerente de lista de checagem") dando menos atenção à prioridade. Ambos poderiam aprender com o construtor de negócio predominantemente Inteligência.

Nós endossamos fortemente os três hábitos de Inteligência Intelectual a seguir (em destaque nos quadros abaixo) que vimos líderes com Inteligência Intelectual usarem em seu benefício. Dois dizem respeito a processos disciplinados: escrever um memorando anual para o conselho e criar uma estrutura para reuniões mais curtas e melhores. O terceiro, sobre usar o conjunto apropriado de informações *versus* as métricas de resultados, envolve ser mais inteligente quanto à análise.

Hábito #1 da Inteligência Intelectual Mais Inteligente

Escrever um memorando anual para o Conselho

No final de cada ano, reunimo-nos com os CEOs de cada uma das empresas de nosso portfólio. Pedimos a eles que enumerem suas principais prioridades para o próximo ano, assim como as lições que aprenderam ao longo dos 12 meses anteriores: Que padrões eles observaram em seus negócios? O que decidiram fazer com essas lições?

Realizamos este exercício na forma de um memorando do CEO para o conselho. Pode parecer simples, mas deixa clara a visão global e cria um mecanismo de alinhamento entre conselhos e CEOs. É também uma das melhores ferramentas de foco que conhecemos. De alguma maneira, ou formato, os melhores construtores de negócios que já conhecemos são altamente disciplinados em registrar suas prioridades com regularidade.

O resultado? Pôr as coisas no papel clarifica os pensamentos. E revisitar e pôr em circulação esses pensamentos gera alinhamento. A seguir está nosso plano de cinco pontos sobre como empreendedores e construtores de negócios devem considerar o desenvolvimento e o uso de um memorando do CEO para o conselho:

1. No final do ano, o CEO deve preparar um memorando sobre as cinco prioridades mais importantes para os próximos 12 meses. Uma nova prioridade não pode ser acrescentada enquanto uma das anteriores não for concluída. Muitos empreendedores e construtores de negócios potenciais fracassam em razão do que é conhecido como *Shiny Ball Syndrome* (Síndrome do Objeto Brilhante) – quando algo novo atrai a atenção deles antes que uma prioridade seja concluída.

2. Dessas cinco prioridades, a primeira quase sempre deve ser: "Consolidar o plano financeiro". O memorando deve referir-se às metas de receita e lucro líquido, ou à data de quando gerência e conselho chegarão a um acordo sobre essas metas. Planos de remuneração devem estar alinhados às metas financeiras.

3. Prioridades adicionais, além de consolidar o plano financeiro, refletem as iniciativas estratégicas mais importantes para o ano, que podem incluir o lançamento de novos produtos, melhorias no atendimento ao cliente ou novas localidades no mercado.

4. Então, usamos esse memorando como base para discussões de atualização e reuniões do conselho. Por exemplo, ao longo do ano, a primei-

ra página da apresentação de cada reunião do conselho geralmente reitera e atualiza as principais prioridades estabelecidas no memorando anual. A pauta de prioridades do memorando serve para relembrar o conselho e os membros da gerência o que é mais importante, além de proporcionar a oportunidade de se aprofundar em quaisquer das prioridades específicas.

5. Comunicar lições aprendidas também é imprescindível. Podemos aceitar fracassos, mas não podemos aceitar deixar de aprender com os erros. Uma vez ao ano, um CEO deve compartilhar com o conselho e com os funcionários as lições mais importantes que aprendeu ao longo dos últimos 12 meses e o que elas significam para o progresso da organização.

Sabemos que a maioria dos CEOs acha que já realiza alguma versão desse exercício, mas raramente vemos isso feito com simplicidade e consistência. Será que eles de fato documentam as prioridades e lições de forma que isso se torne um critério para avaliação anual? Ao longo do ano, ele deve se tornar o guia *Dia da Marmota* das prioridades para medir o progresso em comparação com a visão global. Antes de cada reunião do conselho, essa cópia do memorando do CEO para o conselho deve reaparecer como um "nivelador" e mecanismo de lembrança.

Hábito #2 da Inteligência Intelectual Mais Inteligente

**Use um painel de indicadores (*dashboard*),
mas foque nas informações inseridas, não no resultado**

Se a definição de prioridades com um memorando do CEO é o primeiro hábito da Inteligência Intelectual, o segundo é consultar regularmente um painel de indicadores (*dashboard*) de desempenho. Esse painel deve incluir tanto indicadores de tendências (*leading indicators*) quanto de ocorrências (*lagging indicators*) e deve enfatizar mais as informações inseridas do que o resultado.

Empreendedores predominantemente Inteligência de modo geral ficam obcecados por números, resultados e métricas (os autores admitem: às vezes, somos também!). Não há problema nisso, mas muitos construtores de negócios confessam que gastam tempo demais concentrados em metas de desempenho financeiro do que nas informações que geraram esses números. Eles vão diretamente aos resultados sem entender o que os causou. Por quê? Porque o conselho, os investidores e a gerência exigem medições objetivas de desempenho.

O desempenho financeiro, no entanto, é inevitavelmente um subproduto e uma consequência de alguma outra coisa. Resultados financeiros servem como um boletim de desempenho valioso, mas eles não nos ajudam a entender como obter esse desempenho ou, inclusive, *por que* obtivemos esse desempenho. Peça a uma equipe para perseguir resultados e você nunca terá certeza do que levou a esses resultados, mesmo que eles sejam positivos. E quando chega o momento de você examinar o resultado financeiro, geralmente é tarde demais para fazer alguma coisa. Se você se habituar a usar ambos os resultados e as métricas operacionais que conduzem ao desempenho, terá uma chance de influenciar os resultados com antecedência.

Escolha seu termo de preferência: *métricas operacionais, indicadores de tendências, métricas de consumo*. Essas informações têm correlação com, ou conduzem ao, resultado desejado para um negócio. Se você focar em informações que atraem o consumidor — incluindo os *porquês* da satisfação do cliente, conveniência ou qualidade do produto — pode avançar para o próximo *por quê*, que mede a retenção do cliente, ou a taxa de indicação do cliente (Net Promoter Score, por exemplo). Por fim, você se descobrirá menos preocupado com o resultado financeiro final.

Dois exemplos concretos acrescentarão mais luz. Em muitos de nossos investimentos no varejo ou em restaurantes, adotamos a proposta de valor *conveniência*. Quanto mais conveniente conseguimos tornar a experiência do consumidor, mais feliz o cliente ficará. Por exemplo, uma das empresas de nosso portfólio na Cue Ball, a MiniLuxe, está focada em ser "A Starbucks dos salões de manicure". Seu painel de indicadores mede a taxa de "recusa" semanal de atendimento (quando um cliente potencial não consegue agendar um horário) — uma promessa de conveniência não cumprida. O objetivo é encantar os clientes para que eles retornem. Quanto mais propensos os clientes se mostram a retornar, mais aptos estão a indicar sua experiência para outros — o que se traduz não só em receitas maiores, mas também numa maior *qualidade* das receitas.

Para medir a conveniência, usamos indicadores como taxa de recusa e tempo de espera do atendimento. Conveniência significa manter esses números os menores possíveis. Se detectamos a possibilidade de um problema crônico, buscamos uma solução por meio da melhoria do sistema de agendamento ou contratando funcionários extras. Outras métricas incluem avaliações semanais de higiene, lealdade do cliente e avaliações periódicas da satisfação do cliente. Consideramos essas métricas operacionais juntamente aos resultados financeiros, mas nosso objetivo é sempre desvendar a correlação entre impulsionadores operacionais e resultados financeiros.

As empresas devem se concentrar em três a cinco indicadores que representem os impulsionadores mais críticos de criação de valor. Concentrar-se nesses indicadores alinhará uma organização rumo a fazer a coisa certa de maneira replicável e em mesma escala. Um painel de indicadores semanais ou mensais que evidencie não só o resultado financeiro, mas também as métricas operacionais é algo inteligente, sensato e praticável. Esse painel de indicadores deve ser um relatório, baseado em exceções, que lhe permite descobrir desvios da normalidade.

As pessoas geralmente baseiam seu comportamento na forma como seu desempenho é medido. Adiante, estão algumas diretrizes para como criar uma cultura guiada por métricas operacionais que focam nas coisas certas:

1. Certifique-se de que a gerência entende a diferença entre indicadores de tendência (métricas operacionais) e indicadores de ocorrência (resultados financeiros). O segundo serve para analistas financeiros. Os primeiros são para gestores e levam automaticamente a métricas financeiras.

2. Comunique claramente as métricas operacionais mais importantes para a organização. É preciso um pouco de reflexão para filtrar as várias opções possíveis. Selecione apenas de três a cinco métricas operacionais que mais se correlacionam a suas metas financeiras e faça com que as pessoas foquem nelas.

3. Examine com regularidade o painel de métricas operacionais e preste atenção nas exceções. Use um *flash report* ou um painel de indicadores que incluam informações sobre métricas de consumo e operacionais que você compartilha com seu pessoal, e você conseguirá fazer uma varredura da saúde de seu negócio rapidamente. O objetivo é focar nas exceções – isto é, onde você está perdendo o controle. Um painel de indicadores é semelhante a uma bateria de exames de sangue ou de sinais vitais de rotina. Importam menos aqueles que estão dentro dos limites normais e mais quando estão fora desses limites, ou "em risco".

Hábito #3 da Inteligência Intelectual Mais Inteligente

Não perca nem mais um minuto: faça reuniões mais curtas e melhores

Fora a construção de relacionamentos, conhecemos apenas três propósitos funcionais para se fazer uma reunião de negócios:

- informar as pessoas e mantê-las atualizadas;
- buscar informações ou a opinião das pessoas; e
- pedir aprovação.

Use estes propósitos para determinar por que você está fazendo uma reunião, então explique esse motivo para os presentes. Reuniões frequentemente terão múltiplos objetivos, mas forçar-se a esclarecer a pauta de acordo com esses três propósitos resultará em reuniões mais eficientes com menos desperdício de tempo.

Considere uma reunião que define sua pauta de metas com as frases: "Quero atualizá-los sobre esses dois assuntos"; "Preciso de sua opinião sobre este item"; e "Gostaria de pedir sua aprovação sobre estas questões importantes". É isso aí – uma regra simples de reunião com três propósitos que estrutura os objetivos da reunião sob a perspectiva do participante.

Um de nossos mantras de negócios é: *Nossas forças são nossas fraquezas e nossas fraquezas são nossas forças.* Com sua preocupação inata em focar prioridades e análises voltadas para métricas, o indivíduo com Inteligência Intelectual tem uma vantagem poderosa em relação a seus pares quando desafiados pela priorização, análise e processos. No entanto, essa mesma atenção também pode trabalhar contra. Ele deve entender a inspiração e a visão geral, e de tempos em tempos deixar de lado os dados e as informações recebidas e apelar para seu instinto ou julgamento em relação a mudanças que devem ser feitas. Resumindo, às vezes, a inspiração e o julgamento podem capturar uma visão em grande angular que a foto instantânea analítica em close perde.

Já vimos pessoas com níveis extremamente altos de Inteligência Intelectual tão emaranhadas em números, gráficos e diagramas que acabam ignorando uma solução prática que está cara a cara com elas. O resultado? "Paralisia por análise", ou como Dick gosta de dizer: "Você nem sempre precisa apelar para o microscópio". Qualquer ação é melhor do que nenhuma ação. Quando entram em ação, pessoas com grande Inteligência Intelectual podem se deparar prevendo criticamente informações que ainda estão ganhando forma ao seu redor. Elas se esquecem do *Just do it* ("Simplesmente faça") da Nike.

Em sua busca por estarem corretos e embasar respostas, pessoas Superintelectualmente Inteligentes podem se tornar seus próprios inimigos. Os três autores gostam de relembrar uma reunião que tiveram com consultores jurídicos para analisar as complexas consequências tributárias de uma transação em particular. Após passar longas horas com os advogados tentando determinar o impacto de cada cenário e como melhor redigir os contratos para diminuir a tributação, um de nossos colegas perguntou sobre a conta relativa à solução para a potencial economia de ser tributariamente "mais inteligente". Ocorre que o trabalho jurídico necessário para reduzir a carga tributária da transação custou mais caro do que a potencial economia com os impostos! Ficamos completamente perdidos num momento em que fomos Inteligentes Intelectualmente em excesso. Como acontece com tudo, equilíbrio é a chave.

É aí que a Inteligência Prática entra em jogo.

Inteligência Prática

Inteligência Prática é uma qualidade associada tipicamente a alguém que ascendeu ao sucesso por meio da experiência, tenacidade e de alguns joelhos ralados. Mais frequentemente, sem uma educação formal, essa pessoa aprende com as experiências da vida e vence quaisquer obstáculos em seu caminho para atingir o sucesso profissional. O construtor de negócios com Inteligência Prática é o antropólogo empresarial definitivo – que observa eventos e pessoas ao seu redor, absorvendo e processando suas observações e experiências. CEOs como Jim Skinner do McDonald's ou Brian Dunn da Best Buy começaram de baixo. Skinner foi gerente de um restaurante e Dunn vendedor da loja. A trajetória de carreira sala-da-expedição-para-sala-da-diretoria pode ser menos comum nos dias de hoje, mas nem mesmo a maior Inteligência Intelectual pode substituir a intuição e a sabedoria prática acumuladas com o aprendizado e a experiência da vida real.

Vitais para o crescimento de um negócio, os indivíduos com Inteligência Prática trazem consigo uma perspicácia e uma energia que vencem a estagnação. Eles interpretam situações e contextos em vez de estatísticas. Baseiam-se na observação, na experiência e no bom senso para arranjar o que parece uma solução óbvia, que talvez nunca passe pela cabeça de seus colegas com Inteligência Intelectual. O indivíduo com Inteligência Prática bem-sucedido possui um pragmatismo inquietante sobre si próprio e pode ser qualquer um, desde um desafortunado corajoso e batalhador até alguém que é sistematicamente pragmático em suas decisões. Mas ele traz consigo uma capacidade de percepção e resposta altamente sintonizada que se adapta ao ambiente conforme necessário.

Experiência – e Inteligência Prática movida por pragmatismo – são um complemento necessário para a Inteligência Intelectual. A faculdade de Administração vai lhe ensinar a teoria e as melhores práticas do marketing e da negociação, mas a menos que você as execute, aprenda com seus erros e avance, não terá o conhecimento prático e intuitivo de como elas funcionam. Nossa opinião de longa data é que as escolas de administração deveriam gastar mais tempo instilando em seus alunos competências de vendas e comunicação. Ler incontáveis estudos de caso não substituirá a Inteligência Prática adquirida passando um ano na estrada vendendo de porta em porta.

Às vezes, Inteligência Prática pode proporcionar soluções inclusive para os problemas mais complexos, frequentemente porque também leva em consideração as ideias mais simples que os outros descartam. Ou restrições podem forçar você a ser criativo e pragmático. O Dr. Vilayanur S. Ramachandran, renomado neurocientista e chefe do Center for Brain and Cognition da Universidade da Califórnia, em San Diego, é conhecido por seus experimentos simples, sem uso de alta tecnologia num campo dominado por equipamentos de imagem de milhões de dólares. Considere, por exemplo, a dor crônica do membro amputado, em que o paciente sente dor ou cãibras em um membro que foi amputado. Em vez de terapias caras ou exames de diagnóstico por imagem – tratamentos que variam de estímulos elétricos na inervação, cirurgia complementar (remoção de fibroses próximas ao nervo), ao tratamento com antidepressivos – a solução do Dr. Ramachandran foi um espelho caseiro de US$ 5. Ele monta o espelho no coto do membro ausente e posiciona o membro oposto, o remanescente, de tal forma que seu reflexo no espelho seja visto pelo paciente no local onde o membro ausente deveria estar. Ele pede então ao paciente que movimente os dois membros ao mesmo tempo. Ver no espelho o reflexo do membro real (mas que parece ser o ausente) aliviou de fato os pacientes dessa dor terrível e "imaginária".

Na indústria de capital de risco, frequentemente encorajamos nossos colegas a ganhar experiência prática. Ter experiência operacional ajuda você a se tornar um capitalista de risco melhor, mas tornar-se um CR não necessariamente faz de você um operador melhor.

Considere nosso sócio na Cue Ball, John Hammel. Agressivo, teimoso, determinado e feliz consigo mesmo, John é um excelente exemplo de empreendedor com Inteligência Prática (no geral, ele personifica o perfil Coragem-Inteligência). Após crescer numa cidade industrial, John se formou em Harvard e passou vários anos como empreendedor dos segmentos de tecnologia e imobiliário. Reconhecendo que a comunidade médica e jurídica de sua cidade natal conduziam seus negócios em casas de três andares, ele construiu um prédio de escritórios no centro da cidade (em seus fins de semana de folga, sem dúvida). Ele obteve 100% de ocupação imediatamente. "Eu deveria ter feito um estudo?", John especula hoje, "ou pesquisado quantos médicos, dentistas e advogados havia lá?"[3] Ele não fez nem uma coisa nem outra. Em vez disso, com base em seu próprio instinto e na Coragem ele aproveitou uma oportunidade antes que qualquer outra pessoa o fizesse.

Hábito #1 da Inteligência Prática Mais Inteligente

Use a Regra dos Três Minutos

O empreendedor com Inteligência Prática é um antropólogo empresarial. Pedimos aos CEOs das empresas de nosso portfólio para examinarem a fundo – realmente a fundo – para conhecer cada dimensão imaginável de seus clientes. Isso significa conduzir pesquisas voltadas para o cliente que vão além das ferramentas tradicionais, tais como análises do tipo *clustering* (de agrupamento), ou *conjoint* (conjunta ou de preferências) para revelar o que os diferentes clientes querem mais. Muitos dos *insights* e padrões mais interessantes dizem respeito ao contexto em que um produto ou serviço está sendo usado. Felizmente, existem ferramentas de Inteligência Prática para ajudar aqueles com capacidade etnográfica menos natural.

Acreditamos que a regra dos três minutos é a melhor dessas ferramentas. Ela se baseia numa premissa simples: você pode aprender muito sobre os clientes descobrindo o que eles fizeram três minutos imediatamente _antes_ e três minutos _depois_ de usarem seu produto ou serviço. O contexto importa. Dentre os produtos da Thomson, havia um que oferecia análise de investimentos com dados de ganhos financeiros. Só quando Dick Harrington e Tony Tjan aplicaram a regra dos três minutos é que soubemos que, pouco depois de eles receberem nossos dados, muitos analistas diligentemente importavam e reformatavam os dados para uma planilha Excel. Essa observação nos levou a desenvolver um _plug-in_ para Excel com recursos de formatação aprimorados. O resultado foi um aumento significativo e quase instantâneo nas vendas.

A regra de três minutos também ajuda a identificar oportunidades de vendas não intuitivas. Em um de seus projetos de pesquisa de consumo no varejo durante seus anos de consultor, Tony notou que mães de primeira viagem geralmente compravam fraldas e câmeras digitais. Observar o comportamento de compra das pessoas nas lojas revelou que essas compradoras de fraldas tinham maior propensão em se interessar por acessórios e câmeras digitais (presumivelmente para capturar lembranças de seus pimpolhos de fraldas). Dispor juntas essas duas categorias de produto aparentemente sem ligação estimulou uma maior venda cruzada. Você deve acompanhar o padrão de compras dos clientes, ou observá-los enquanto usam seu produto para identificar o que de outra forma seria uma oportunidade de melhoria perdida.

Nosso amigo, o antropólogo de compras Paco Underhill, filmou centenas de milhares de horas de comportamento de consumo em cenários de varejo nos Estados Unidos e em outros países. Em seu livro Why we buy (em tradução livre, Por que nós compramos), ele descreve como os consumidores compram menos quando estão de mãos cheias tentando chegar ao caixa. Underhill concluiu que os gerentes deveriam considerar colocar cestas de compras no meio da loja para manter os clientes no modo "compras" por mais tempo, pois uma vez que estão no interior da loja, poucos se dão ao trabalho de voltar até a entrada para pegar uma cesta.[4]

É fácil tornar-se vítima dos padrões convencionais, não é mesmo? A regra dos três minutos é uma ferramenta para reconhecer novos padrões. Na Thomson, por exemplo, nos víamos como provedores de dados. Na verdade, éramos parte de um amplo fluxograma de soluções que incluía um outro _software_, nesse caso o Microsoft Excel. Nos exemplos de venda cruzada de fraldas e câmeras digitais e da cesta de compras de Underhill, a regra de três minutos nos lembra das vantagens de recoreografar o contexto da experiência de compra para satisfazer melhor aos padrões de consumo.

Os consumidores estão em busca de soluções. A regra de três minutos nos obriga a ver o contexto em que um cliente está usando nosso produto e, portanto, o quadro geral, com todas suas oportunidades adjacentes.

 Hábito #2 da Inteligência Prática Mais Inteligente

Valorize o Poder da Pausa

O tio de Dick Harrington tem um ditado: "Banque o tonto, ganhe inteligentemente". Não é de surpreender que o tio seja um grande jogador de pôquer abençoado por um fantástico controle emocional.

Acreditamos que essa filosofia tem aplicações que vão muito além do pôquer. Em geral, nosso impulso como humanos é de falar o que vem na telha. Isto é, falar primeiro e pensar e agir depois. É muito melhor parar e pensar antes de falar.

Muitos empreendedores são naturalmente extrovertidos e podem achar difícil adotar essa estratégia. No entanto, fazer uma pausa antes de reagir pode causar uma diferença significativa no resultado de uma negociação comercial. Considere a seguinte abordagem baseada nos comandos de um DVR para situações comerciais delicadas:

1. *Pause*. Pense sobre situações de negócios como um filme curto ininterrupto. Você é o diretor. Se a filmagem for interrompida por qualquer motivo – novas informações estão disponíveis; surge uma vantagem competitiva; houve mudança nos recursos disponíveis etc. – sua primeira atitude deve ser... fazer uma pausa.

2. *Play*. Passe o filme na sua cabeça. Agora considere diferentes cenários em que pode usar quaisquer das interrupções em seu benefício.

3. *Mute*. Lembre-se de apertar seu botão *mute* (mudo, sem som) interno. Assim, você manterá seus pensamentos para si, a menos que haja um motivo instigante para revelá-los. Pense como um jogador de pôquer. Existe alguma vantagem em revelar para os outros o que você sabe? Normalmente, não.

4. *Rewind and record again* (voltar ao início e gravar novamente). Redefina suas ações apropriadamente e aperte o botão "Gravar" novamente para avançar rumo a seu objetivo de vencer inteligentemente.

O ato de fazer uma pausa para contemplar os vários cenários possíveis é crítico. Assim como na lei da Física, toda ação provoca uma reação equivalente. A chave aqui é evitar consequências indesejadas.

Vamos ver um exemplo real da abordagem acima. Numa negociação recente para a aquisição de uma empresa, chamou nossa atenção que uma outra parte apresentou uma oferta. Conforme soubemos, a parte rival era um consórcio com alguém que planejávamos ter como parceiros nesse negócio. (Nós havíamos proposto a eles a oportunidade de parceria pouco antes do início da negociação.) Nossa vontade imediata era de chamá-los, fazer a crítica apropriada e então informar que nossa relação de parceria estava encerrada.

Em vez disso, fizemos uma pausa. Como tomar aquela atitude teria nos beneficiado? Não teria. Só teria feito nos sentirmos melhor naquele momento, mas ajudaria pouco em permitir nosso avanço rumo ao objetivo maior de fechar o negócio.

Ao avançar cuidadosamente para prever os possíveis desfechos desse filme chegamos a outra abordagem. Permaneceríamos calados e usaríamos o conhecimento que tínhamos em nosso benefício. Por quê? Vejamos cada um de nossos cenários:

- Cenário A: Ficar zangados com o resultado, nossos parceiros potenciais não tendo a oportunidade de se explicar, e nossa reação prejudicando a probabilidade de alguma vez virmos a trabalhar com eles.

- Cenário B: Ficar zangados antes de encontrarmos uma gama de parceiros alternativos com quem pudéssemos fazer um acordo, o que poderia significar nenhum negócio.

- Cenário C: Ficar zangados e anunciar que podíamos assumir o negócio sozinhos, fazendo com que a outra parte oferecesse um lance maior e vencesse.

Permanecendo calados, nós efetivamente bancamos os tontos e vencemos astutamente. Nosso conhecimento nos proporcionou dois *insights* inestimáveis. Primeiro, os outros concorrentes mostraram claramente o quanto queriam de fato fazer uma parceria conosco e, segundo, a tentativa de eles vencer a concorrência sozinhos mostrou falta de ética profissional e nos serviu de alerta de que não eram parceiros com quem gostaríamos de trabalhar. Em tempo, mobilizamos outro parceiro para a transação e propusemos um acordo conjunto para o preço acordado originalmente, o que a empresa-alvo aceitou.

Em momentos de muita emoção, é fácil esquecer o objetivo desejado. Nesse caso, era fechar o negócio a um preço aceitável. Nossos aliados para vencermos inteligentemente? Silêncio e controle.

John define Inteligência Prática como uma combinação de instinto com a habilidade de se conectar com um amplo espectro de pessoas de todas as origens, profissões e níveis de renda. Diz respeito a ser pragmático, receptivo e respeitoso com seu público e seu ambiente. Não se iluda, John também tem Inteligência Intelectual, mas sabe quando deixar de lado uma abordagem acadêmica a favor de uma outra mais pragmática, intuitiva e até mesmo obstinada.

Alguns dos melhores construtores de negócios com Inteligência Prática que conhecemos são, na verdade, antropólogos competentes. O indivíduo com Inteligência Intelectual pode possuir a capacidade de agrupar e dividir uma quantidade incontável de dados, mas o fundador com Inteligência Prática consegue adaptar e expandir seu negócio simplesmente observando o ambiente em que ele interage com seus clientes ou consumidores. Esse pragmatismo permite ao construtor de negócios com Inteligência Prática entender a noção de *contexto*. Dentre as lições de Antropologia mais importantes que aprendemos com empreendedores com Inteligência Prática está a *regra dos três minutos*, que envolve entender o que seu cliente fez três minutos antes e três minutos depois de usar seu produto. Essa regra é a primeira de um par de Hábitos da Inteligência Prática (em destaque nos quadros).

Inteligência Interpessoal

A Inteligência Interpessoal é um parente próximo da Inteligência Prática, mas têm características próprias. Não importa se estamos falando de empresas, marcas, escolas ou instituições, no final, tudo se resume a pessoas. Quando Ben Lerer, fundador e CEO do Thrillist, adquiriu o *site* de roupas masculinas JackThreads, o que estava realmente comprando, disse ele, era "um parceiro de negócios [Jason Ross fundador e CEO do JackThreads] que é (...) uma força da natureza e alguém de quem eu gostaria de ser sócio". Ele acrescenta: "No final das contas, sempre fiz tudo com base no meu instinto"[5]. Especialmente quando se trata de pessoas "ou você sente ou não sente. Quando sente, então, avança rápido. Quando não sente, fuja o mais depressa que puder".

Embora a Inteligência Prática de Lerer possa parecer puramente instintiva, construtores de negócios com boa Inteligência Prática possuem três habilidades que *podem* ser refinadas: intuir como as pessoas reagirão em determinadas situações, priorizar relacionamentos e desenvolver talento. A primeira é sentir como a constelação de potenciais relacionamentos entre pessoas pode se consumar – a habilidade de um adivinho de ver as coisas a partir do outro lado, por assim dizer, antes de acontecerem. A segunda é a habilidade de priorizar e administrar eficientemente os relacionamentos mais importantes para o sucesso, não num sentido Maquiavélico, mas de uma maneira intuitiva, prática e decente. E, por fim, a terceira é a habilidade de desenvolver e reter pessoas boas procurando a fundo o que as motiva. Em breve veremos um Hábito de Inteligência para cada uma dessas habilidades, mas primeiro vamos descrevê-las.

Um construtor de negócios com Inteligência Prática adota um padrão de reconhecimento que decodifica e intui como as pessoas reagirão. Essa habilidade responsiva e intuitiva proporciona a ele uma vantagem considerável, pois ele pode acrescentar suas percepções sobre a opinião dos outros a sua tomada de decisões. A compreensão das intenções e ações dos outros ajuda esse indivíduo com Inteligência Prática a estabelecer e manter relacionamentos fortes, e prever os próximos passos de seus concorrentes o ajuda a manter sua vantagem competitiva no mercado.

Em seu livro *Make your own luck* (em tradução livre, *Crie sua própria sorte*), os autores Eileen Shapiro e Howard Stevenson contam sobre a decisão da Kimberly Clark de aumentar o preço de suas fraldas assumindo que sua principal concorrente, a Procter & Gamble, faria o mesmo imediatamente. Surpresa: A P&G não aumentou seu preço, e ao lançar promoções e cupons de desconto, começou a dominar rapidamente o mercado. Se Thomas J. Falk, o CEO da Kimberly Clark, tivesse considerado como A.G.Lafley, o CEO da P&G, famoso por buscar participação de mercado, reagiria, provavelmente teria perseguido uma estratégia de precificação diferente[6].

Pessoas com forte Inteligência Prática são dotadas dessa habilidade de visualizar como os outros reagirão e se conectarão entre si. Stephen Schwarzman, CEO e cofundador do Blackstone, uma das maiores e mais bem-sucedidas firmas de investimentos do mundo, cita sua habilidade de entender como os outros pensam como um fator-chave de seu sucesso. Quando estudou em Yale, o futuro titã do *private equity* não cursou nem Economia nem Finanças, mas Cultura e Comportamento – uma mistura de Psicologia, Sociologia, Biologia e Antropologia. Hoje, como investidor e fundador de uma empresa, Schwarzman procura "ver cada situação sob a perspectiva de cada grupo e de cada pessoa envolvida nela (...) para descobrir se existe uma maneira de satisfazer a necessidade de todos, ou de prever o que as pessoas desejarão fazer"[7]. Sob seu ponto de vista, isso funciona bem porque "você sempre consegue ver as mudanças que estão a caminho no mundo como o resultado de pensar sobre o que está na mente de cada indivíduo envolvido na situação".

Além de conhecer a interação entre as pessoas, você deve saber que grupo de pessoas de fato impulsionará seu sucesso. Assim como é crítico conhecer seus principais clientes, é importante conhecer o pequeno grupo de relacionamentos que tem o potencial de realmente catapultar seu sucesso. Keith Ferrazzi, ex-diretor executivo de marketing da Deloitte Consulting e da rede Starwood Hotels, talvez seja mais conhecido por seu livro *Never eat alone* (em tradução livre, *Nunca coma sozinho*). Ele é irredutível em sua crença de que "a previsão do sucesso de alguém é o processo pelo qual essa pessoa administra relacionamentos"[8]. Os dois fatores-chave, diz Ferrazzi, "são a capacidade de uma pessoa de acelerar relacionamentos e, em seguida, administrá-los". O primeiro passo segundo Ferrazzi? Todo empreendedor deve conhecer as 25 pessoas mais importantes para o crescimento e o sucesso de seu negócio. É uma questão estratégica crítica. O segundo é o cultivo proativo e autêntico desses relacionamentos. Mas como você chega à sua pequena lista de principais relacionamentos?

Presumivelmente, seu grupo de principais relacionamentos que viram o jogo deve incluir pessoas que fariam parte do time dos sonhos de seu negócio, a lista de seu *Fantasy Talent Pool**, seu "*pool* de talentos". Uma das lições mais importantes que aprendemos com nossa experiência e nossas entrevistas com empreendedores, é que você deve começar sua rede de relacionamentos muito antes do que imagina.

---

* NT: *Fantasy Talent Pool* diz respeito ao time dos sonhos do *Fantasy football* – uma competição interativa em que usuários, ou torcedores, competem entre si como técnicos de um time virtual da NFL para o qual podem escalar, negociar ou eliminar jogadores reais, criando seu *pool* ou lista de talentos.

Embora a Inteligência Interpessoal seja inerentemente mais sentimento do que estrutura, queremos compartilhar alguns hábitos da Inteligência Interpessoal que podem acelerar sua intuição e sua perspicácia. Os três hábitos a seguir – como ter conversas críticas, cultivar uma rede de relacionamentos e motivar funcionários – podem ser implementados imediatamente e causar um grande impacto em seu sucesso. Além disso, também oferecemos uma perspectiva sobre o que fazer quando você está frente a uma situação de ter as pessoas erradas a bordo (veja no quadro "Na linha de fogo" um tipo especial de dilema).

Na linha de fogo

É fato. Grande parte das empresas novas fracassa, e isso ocorre frequentemente porque seus líderes tiveram dificuldade em tomar decisões duras em relação a pessoas.

Não há dúvida de que demitir pode ser muito difícil, mas você prejudica a organização inteira mantendo alguém que não tem qualificação para fazer o trabalho. E o processo de demissão é importante também para seu próprio sucesso, porque se você não for durão o bastante para tomar a decisão certa, isso pode acabar custando seu próprio emprego. Se você traz uma pessoa nova que não é tão boa quanto a anterior, ou se mantém alguém que prejudica a organização, então, isso diz bastante sobre você como líder e tomador de decisões. E o resto da organização certamente está lhe observando para ver se você toma as atitudes certas.

Ao decidir quem deve ser demitido, o melhor é não pensar na organização em termos das pessoas, mas sim em termos dos papéis que precisam ser desempenhados ou dos "chapéus" que precisam ser vestidos e então encontrar as pessoas adequadas. Essa maneira de pensar pode ser especialmente útil quando você está reestruturando sua empresa. Conforme um papel muda, redefina o que ele requer. O chapéu ainda serve para a pessoa que o está usando no momento? Caso não sirva, você terá de colocá-lo em outra cabeça.

Por fim, não se esqueça de que o processo de demissão pode ser uma força positiva poderosa. Ninguém que está se dedicando 100% ao trabalho quer olhar para o lado e ver uma pessoa que não trabalha nem a metade ganhando praticamente o mesmo – Dick Harrington.

Hábito #1 da Inteligência Interpessoal Mais Inteligente

Preparar-se para conversas críticas

Como os líderes só podem realizar coisas por meio dos outros, os melhores líderes sabem como travar conversas críticas e corajosas. Eles não só sabem como ter essas conversas, como também conseguem prever o provável desfecho delas.

Embora estejamos vivendo num mundo tecnologicamente avançado e digitalmente interconectado, as conversas mais importantes de liderança ainda acontecem pessoalmente. No que diz respeito a estar conectado e trocar informações, mecanismos de comunicação virtuais como e-mail, SMS, Twitter e Facebook são mais rápidos, baratos e convenientes do que as alternativas em pessoa, mas surgem problemas quando as pessoas usam essas ferramentas para enviar dissimuladamente mensagens críticas ou desafiadoras que podem afetar consideravelmente um negócio. Bons líderes abraçam a tecnologia que aumenta a produtividade da comunicação, mas também reconhecem a importância das conversas pessoais quando precisam tratar de assuntos difíceis.

Construtores de negócios devem aprender a dominar três tipos de conversas críticas: reuniões individuais, discussões com grupos pequenos e encontros formais para muitos no estilo auditório. O sucesso de cada uma delas depende dos participantes, do ambiente e da credibilidade e integralidade de seu intuito e de como você responde ao – e se envolve com – seu público.

Os participantes certos e o ambiente apropriado

Ao preparar uma conversa, certifique-se de que convidou as pessoas certas e escolheu o tipo certo de reunião. Você está conduzindo múltiplas conversas individuais quando deveria estar interagindo com um grupo (ou vice-versa)? Deveria restringir os participantes a certos membros do executivo? Você gosta de – ou evita – auditórios? O ambiente permite um bom contato visual? Transmite uma informalidade apropriada? Se necessário, promove um diálogo reflexivo? Experimente formatos diferentes, inclua (ou exclua) um ou dois hábitos, veja o que acontece e aprenda com isso.

Intuito crível e completo

Seu público deve entender e acreditar na intenção declarada da conversa. Ao preparar sua próxima conversa pessoal, enumere os resultados desejados, iniciando com alguns resultados concretos como: "Ela concordará com essas duas metas específicas de desempenho", e continuando até chegar aos mais abstratos como: "Ela sabe que eu realmente quero que tenha sucesso e que farei tudo o que puder para ajudá-la". Uma conversa pessoal pode abranger uma dezena de resultados desejados.

Tsun-yan avaliou, por objetivos, diversas conversas pessoais mantidas por CEOs e CXOs (diretor executivo e experiência do consumidor) e constatou que, em média, apenas 43% dos objetivos pretendidos foram atingidos. Durante conversas delicadas, até mesmo executivos seniores sentem dificuldade em ser diretos ou abrangentes em seus objetivos com a reunião. Além disso, eles tendem a comunicar mal mensagens abstratas (ex.: "Quero que ela pense que eu continuo acreditando em seu potencial") mais ainda do que mensagens concretas (ex.: "Você não entregou os resultados projetados para o segundo trimestre"). Devemos acrescentar que essas mensagens abstratas geralmente são as mais importantes de ser transmitidas corretamente!

Encorajamos os construtores de negócios a prepararem uma lista completa de intenções e, dependendo de sua dificuldade em transmitir as mais abstratas, discutir com antecedência como melhor fazer isso. Sem considerar com antecedência e cuidado o intuito desejado para uma reunião, você diminuirá drasticamente suas chances de sucesso na mesma.

Receptividade e envolvimento emocional
Ao criar uma conexão atenciosa e emocional, os melhores líderes vão além de ser bons ouvintes. Eles sentem e respondem às necessidades dos outros conforme elas surgem, criando assim confiança. Embora não abram mão de seus valores, os bons líderes mostram-se dispostos a ajustar seus objetivos durante uma conversa com base no que descobrem sobre as necessidades dos outros. Isso não significa que concordam com tudo que a outra parte quer, apenas que permanecem abertos a um conjunto compartilhado de resultados.

A capacidade de se envolver em conversas pessoais diretas, persuasivas, é uma habilidade essencial de liderança. Os executivos raramente pedem ajuda para aprimorar suas habilidades de conversa. Eles estão muito mais propensos a pedir ajuda para melhorar o trabalho em grupo no topo, criar uma maior autonomia nos escalões mais baixos, catalisar inovações e ajudar a alinhar melhor expectativas mais amplas. Se você investigar muitas dessas questões que lhe são familiares, normalmente descobrirá que as conversas certas ou nunca aconteceram ou não produziram os resultados necessários. Empresas e líderes simplesmente não podem se dar esse luxo.

Hábito #2 da Inteligência Interpessoal Mais Inteligente

Cultive sua rede de relacionamentos: triagem e foco

Li Lu, fundador e presidente do conselho da Himalaya Capital Management, certa vez compartilhou uma dica que aprendeu com seu amigo íntimo e mentor, Charlie Munger, vice-presidente da Berkshire Hathaway Tudo se resume à seguinte equação matemática básica: de cada 100 pessoas que conhecemos, a maioria pode sobreviver sem nunca mais encontrar 15 dessas pessoas novamente. No entanto, sentimos imediatamente uma forte primeira impressão positiva e uma conexão com cinco dessas pessoas. Concentre-se nelas. Embora, de modo geral, criaremos algum tipo de relacionamento com 80 daquelas 100 pessoas (100 pessoas menos as 15 que "demitimos" imediatamente e as cinco que queremos "contratar" para nossa rede de relacionamentos), Li sugere que deixemos o "intermediário remanescente" para o acaso.

Ao focar em cinco dentre 100, você tem maior probabilidade de cultivar indivíduos que podem genuinamente afetar o sucesso de seu negócio. Mais uma vez, isso não sugere descartar por completo o "grosso intermediário" de seus novos relacionamentos, apenas que você seja mais seletivo sobre como passa seu tempo. Hoje, com o advento do Facebook e do Twitter, onde se tornou sinal de influência ostentar um enorme volume de amigos ou seguidores, há muito a se dizer sobre filtrar seu ciclo de conhecidos para aqueles que podem fazer diferença para você.

Resumindo, toda vez que for a uma grande reunião ou evento, reflita depois sobre as cinco pessoas que você deveria se esforçar para manter contato. Deixe as outras para o acaso.

Considere combinar essa regra dos "5%" de Munger com a recomendação do guru do relacionamento Keith Ferrazzi de conhecer e reciclar a lista de 25 pessoas neste mundo que poderiam levar seu negócio para o próximo nível. Elas podem ser potenciais clientes, funcionários ou parceiros. A questão aqui é que conhecendo e trabalhando em suas metas de relacionamento, você obtém um indicador precoce de sucesso – quanto mais forte for sua habilidade de construir alguns desses 25 relacionamentos, maior é a probabilidade de resultados financeiros futuros serem fortes.

Hábito #3 da Inteligência Interpessoal Mais Inteligente

Foque na recompensa intrínseca tanto quanto ou mais do que na extrínseca

Existe um segredo muito simples para atrair e criar lealdade e retenção duradoura de funcionários (e não, não se trata de dinheiro, benefícios ou opções de ações). É proporcionar a seu pessoal papéis significativos.

Isso não é um sonho idealista que todos almejam e valorizam, mas uma condição básica do comportamento humano e da Psicologia, que muitas empresas e líderes frequentemente esquecem: as pessoas são movidas por valores intrínsecos tanto quanto ou mais do que por recompensas extrínsecas.

Observe seu círculo social e você perceberá que alguns de seus amigos mais brilhantes trabalham em lugares que pagam uma ninharia em relação ao que poderiam estar ganhando em outros lugares. Eles permanecem nesses empregos pela realização e pelo senso de propósito que esses lugares proporcionam além do trabalho.

Na vida, as pessoas barganham "amor ou dinheiro" o tempo todo. O que as empresas podem fazer para minimizar essa barganha? Isso se resume a criar um equilíbrio entre as recompensas intrínsecas e as extrínsecas. A primeira representa o coração e a alma de uma organização e a razão de uma pessoa trabalhar lá. A segunda é o pensamento prático e o bolso. A seguir estão quatro pontos de *design* para revelar o segredo de uma lealdade duradoura dos funcionários:

1. *Ajude a criar um papel significativo.* Pergunte numa entrevista o que a pessoa estaria fazendo se tivesse todo o dinheiro que sonha; explique e relembre ao funcionário porque seu papel é importante e como ele se posiciona no todo. Esse é o pilar e o componente mais crítico de uma retenção duradoura.

2. *Proporcione feedback.* Faça isso regular, honesta e conscientemente.

3. *Ofereça desenvolvimento profissional.* Tenha em mente o plano de carreira do funcionário; pergunte o que a pessoa mais gostaria de aprender. As pessoas querem saber para onde estão indo e que você se preocupa em ajudá-las a chegar lá.

4. *Agradeça.* Isso significa oferecer reconhecimento tanto intrínseco quanto extrínseco. Reafirme seu apreço pelo papel dessa pessoa (uma

simples nota escrita ou um agradecimento verbal de tempos em tempos vale muito) e pague um salário justo.

Deixar as pessoas felizes no trabalho não é tão difícil quanto parece.

Inteligência Criativa

Nossa última categoria, Inteligência Criativa – que inclui a habilidade de lançar mão de padrões que os outros não usam, e até mesmo criar novos –, é essencial para qualquer construtor de negócios realmente visionário. Mas é também a mais difícil de adquirir. Descrevemos a Inteligência Criativa para reconhecer seu papel e sua importância na criação de negócios e no empreendedorismo, assim como para você identificar e abraçar esse tipo de talento quando se deparar com ele. Se você o vir – agarre-o.

Colocando de forma simples, as pessoas com forte perfil de Inteligência Criativa são aquelas que geralmente descrevemos como visionários, geradores de ideias ou inovadores. A forma como eles adquiriram essa habilidade é menos clara do que os mecanismos e os hábitos por trás dos outros tipos de Inteligência. Argumentamos que é possível praticar e adquirir Inteligência Intelectual, Inteligência Prática e Inteligência Interpessoal, mas a capacidade Inteligência Criativa é diferente.

Como pessoas como Guy Laliberté, fundador do Cirque du Soleil, visualizaram o que ele faz como uma nova expressão e redefinição do "circo"?

Ou como Steve Jobs viu oportunidades na Apple e na Pixar que os outros não viram? Qual foi a força que levou Akio Morita da Sony a decidir que precisava renovar a marca e posicionar sua empresa em torno do que ele queria que as pessoas *sentissem* com seu produto? Esses e outros inventores, os que viram o jogo e os pensadores desgarrados são pessoas que possuem a habilidade de "enxergar um passo a frente", de redefinir seu negócio (ex.: do que realmente é feito um circo) e inclusive de remodelar toda uma indústria. Eles fazem isso usando o que aparentemente é uma misteriosa e intuitiva Inteligência Criativa para pressupor o que repercutirá nas pessoas.

Tais forças e personalidades criativas são raras. Vemos e conhecemos muito poucas pessoas que conseguem conceber ideias, mas aquelas que têm *ambas* as ideias que movem fronteiras e a habilidade de traduzir sua criatividade para a realidade formam esse grupo especial. Movidas por uma paixão profunda vinda do Coração e pela habilidade proporcionada pela Inteligência Criativa, elas conseguem produzir não só bens de consumo e serviços, mas também *experiências* de consumo que frequentemente parecem mágicas. Pessoas bem-sucedidas com sua Inteligência Criativa frequentemente têm Coração como qualidade paralela (ou dominante) que guia seu propósito e sua paixão. Tendo o Coração conduzindo o *porquê* do que fazem, a Inteligência Criativa dessas pessoas expressa o *como* de maneiras novas e singulares.

Aqueles com Inteligência Criativa geralmente entendem o que os consumidores "não sabem que não sabem". Isso, é claro, tornou-se uma qualidade notória associada a Steve Jobs, que era famoso por desconsiderar pesquisas de consumo em favor do que tinha certeza que os consumidores da Apple queriam.

Como existem, quase por definição, poucos mecanismos que podem aumentar significativamente a Inteligência Criativa, o que os construtores de negócios com essa qualidade têm que os outros não têm? E o que podemos aprender com eles?

Aqueles com grande Inteligência Criativa são fenomenais em sentir e interpretar padrões. A forma como eles pesquisam esses padrões pode ser instrutiva. A equipe da Pixar no filme *Vida de Inseto* fixou câmeras minúsculas sobre peças de Lego e as posicionou num local com terra, grama e plantas bem na frente do estúdio. As peças tinham rodinhas e estavam presas a uma vara para ser movimentadas pelo local e permitir que entendessem a vida sob a perspectiva de um inseto. Quem *faz* isso?

Obviamente, é importante para qualquer empreendimento enxergar o mundo através de novas lentes e oferecer novas maneiras de fazer as coisas. Isso requer interligar as Inteligências Intelectual e Prática com essa Inteligência Criativa mais amorfa. O psicobiólogo americano Roger W. Sperry foi um dos primeiros a propor que a mente possuía duas formas distintas de raciocínio: com o *hemisfério direito* que observa o mundo visual e holisticamente antes de decompô-lo em seus elementos; e com o *hemisfério esquerdo,* de orientação mais verbal, que foca em informações antes de reuni-las numa visão mais abrangente e global. Historicamente, nos referimos a esses dois tipos de raciocínio como *lado esquerdo* e *lado direito* do cérebro, sendo o esquerdo mais analítico e o direito mais artístico. Construtores de negócios jovens frequentemente falham no raciocínio com o lado esquerdo, apesar de não darem muita atenção ao lado da Inteligência Criativa. Embora seu lado direito do cérebro lhes permita trabalhar em grupos, usam analogias com base em experiências passadas pessoais ou dos outros e aprendem por meio de pistas visuais.

A Inteligência Criativa também pode ajudar os líderes a entender o que uma marca *diz*, especialmente se precisa de uma mudança. A Sony foi lançada e prosperou inicialmente como Tokyo Telecommunications Engineering Corporation, um senhor nome. No entanto, seu cofundador, Akio Morita, percebeu que a identificação pelo nome da marca era tão importante para o sucesso da empresa quanto bons produtos. Ele queria um nome fácil de pronunciar e fácil de lembrar. Sua abordagem para o novo nome baseava-se no que este transmitia e como repercutia: o nome foi criado a partir da combinação da palavra *sonus*, "som" em latim, com *sonny*, um termo que Morita considerava "amigável" e que parecia com *sun*, "sol" em inglês. Praticamente todos a seu redor achavam que ele era louco de mudar o nome de uma empresa bem-sucedida, mas, em 1958, ele escolheu Sony, uma decisão que teve um resultado muito bom para o negócio.

Portanto, a Inteligência Criativa é uma fonte de inspiração para a semente de uma ideia nova, ou uma invenção. Vem acompanhada de uma habilidade de conduzir pessoas para áreas de novas possibilidades e entendimento. Essa Inteligência Criativa é algo muito mais difícil de transformar em hábitos para aprender seu mistério e sua mágica.

Existe algo como Inteligência demais?

Existe algo como Inteligência demais? Não estamos prestes a dizer para você que Inteligência não é importante. Mas, às vezes, um empreendedor pode achar que deve simplesmente pôr de lado a Inteligência.

Para entender isso melhor, vejamos alguns dos principais aspectos em que as pessoas predominantemente Inteligência são diferentes. Nos resultados de nossa pesquisa E.A.T. (resumidos na Figura 3-2), pessoas predominantemente Inteligência mostraram diferenças claras sobre como responderam às perguntas mais importantes quando se trata de entender como alguém lidera. Empreendedores predominantemente Inteligência mostraram-se cinco vezes mais propensos a atribuir seu sucesso à "capacidade intelectual" em comparação à sua "iniciativa de fazer coisas que os outros têm medo". Eles se mostraram também três vezes mais propensos a reportar que os amigos lhes dizem que são "brilhantes" (em comparação a "corajosos"). E não há dúvida de que indivíduos com QI alto são astutos – pessoas predominantemente Inteligência estão cinco vezes mais propensas a acreditar nos amigos que dizem que eles têm "um QI acima da média" em comparação a uma "visão e paixão acima da média". Assim como em muitas coisas, esses pontos fortes também podem ser fraquezas.

FIGURA 3-2

O que significa ser predominantemente Inteligência?

Percentual que escolheu essa opção

Objetive sucesso graças à:			Os predominantes inteligência	Todos os outros
Minha iniciativa em fazer coisas que os outros têm medo	← - - - - →	Minha capacidade intelectual	93%	17%
Minha paixão pelo que faço	← - - - - →	Minha mente	57%	32%

Qual declaração repercute mais?				
Minha iniciativa em fazer coisas que os outros têm medo	← - - - - →	É importante que eu resolva problemas complexos	57%	16%
Eu mando ver: a maioria das coisas podem ser resolvidas com ação, esforço outempo	← - - - - →	Eu penso primeiro; posso resolver a maioria das coisas quando uso a cabeça	79%	41%

Meus amigos provavelmente diriam que:				
Sou corajoso	← - - - - →	Sou brilhante	86%	25%
Tenho visão e paixão acima da média	← - - - - →	Tenho um QI acima da média	93%	22%

Por exemplo, um excesso de Inteligência Intelectual pode impedir um empreendedor de capturar a visão geral. Steve Papa, fundador da empresa de *software* Endeca, explica que sua companhia emprega desenvolvedores de *software* altamente competentes que, às vezes, são "inteligentes demais para seu próprio benefício". Seus produtos são orientados para alcançar o nível de complexidade que eles desejariam. No entanto, acontece que 99% de seus clientes estão em busca de simplicidade. A Endeca arriscou alienar este mercado focando em refinamentos tecnológicos que a maioria dos consumidores considerava desnecessários. O fato é que o brilhantismo analítico da equipe estava prejudicando as vendas. "Por um longo tempo", relembra Papa, "achamos que aqueles grupos não entendiam para onde nosso *software* caminhava, mas éramos *nós* que não entendíamos o que nosso *software* devia ser".

Um empreendedor com Inteligência Intelectual também deve lidar com seu instinto exageradamente crítico conforme detecta e tenta corrigir quaisquer falhas que existem no plano. *E se houver uma probabilidade de 2% de estarmos interpretando erroneamente nossos resultados? E se nosso mercado for menor do que imaginamos? E se uma empresa com um propósito semelhante fracassou no passado?* Todas essas preocupações são válidas – mas, para chegar a algum lugar, os empreendedores também precisam estar dispostos a ter um pouco de fé. Segundo Papa: "O consultor administrativo clássico (...) enumeraria todas as razões por que algo não vai funcionar, mas frequentemente não me diria as razões por que algo funcionaria, ou o que seria preciso fazer para isso dar certo". Abordar uma possibilidade incerta sob a perspectiva de que isso *poderia* dar certo permitiu a Papa adotar uma abordagem não convencional, não comprovada quando ele criou seu negócio. Gerenciar e alavancar sensatamente a Inteligência ajudou Papa a construir um negócio de sucesso: pouco tempo depois de termos conversado com Papa, a Endeca foi comprada pela Oracle por cerca de US$ 1 bilhão.

Outra abordagem das limitações da Inteligência Intelectual vem de Ajay Piramal, presidente da Piramal Enterprises Limited, que transformou uma tecelagem dirigida por sua família em um conglomerado altamente bem-sucedido, que inclui a Nicholas Piramal, a quarta maior empresa farmacêutica da Índia; a Morarjee Goculdas Spinning & Weaving e a Piramal Glass. "Como empreendedor, uma pessoa não pode atuar unicamente com base nos relatórios e nas análises disponíveis", diz

Piramal. "Todo mundo tem acesso a dados. A planilha do Excel vai mostrar os mesmos valores a todos e, então, esse empreendedor deve decidir se o mesmo valor '100' pode ser transformado em '200' ou mais."[9]

A Inteligência Intelectual não é a única categoria que pode exagerar as coisas. Um construtor de negócios com Inteligência Prática corre o risco de tornar-se extremamente autoconfiante a ponto de "sentir" seu caminho para o sucesso ou usar um *script* do passado que funcionou repetidas vezes. Valorizamos muito a experiência, no entanto, hoje não é ontem. Informações surgem. Regras mudam. Dentre os fatores críticos do sucesso da Endeca, Steve Papa conclui, está sua habilidade em se adaptar a crises econômicas e à "flutuação de ideias". Papa acrescenta: "Existem pessoas que se sentem confortáveis com mudanças, que aceitam novas informações e adaptam rapidamente sua forma de pensar; mas existem outras que verão essas informações com descrédito até que detectem o surgimento de um padrão". Isso pode significar ater-se a visões tradicionais até que a oportunidade de mudar escorregue entre seus dedos. Nem sempre é possível esperar que o mundo dos negócios desenvolva um novo padrão claro – uma adaptação inteligente significa não esperar para mudar até que não haja outra opção.

E o prêmio vai para... Reconhecimento de padrão: Inteligência Empresarial

A esta altura, esperamos que você concorde conosco que Inteligência – particularmente a Intelectual clássica, QI – frequentemente é supervalorizada. Afinal, em sua lista das qualidades CICS mais importantes, os fundadores e os construtores de negócios novatos, colocaram o obsoleto QI na lanterna quanto à importância. Kimbal Musk observa que: "Existem as pessoas com alto QI, e existem as espertas e as empenhadas. É como no basquete: você pode ter um cara com mais de dois metros, mas um cara com 1,70 diligente pode desbancar o grandalhão. Para a maioria das *start-ups*, não é necessário um QI de 200. Você pode estar na média dos 100 e se sair muito bem".

O que *é* um requisito para o sucesso empresarial é o amálgama das quatro variedades de Inteligência que enumeramos anteriormente, que se unem para formar o que chamamos de Inteligência Empresarial. Simplificando, Inteligência Empresarial é a habilidade não só de combinar as qualidades já vistas, mas também de modificar e moderar seu volume dependendo da pessoa, da situação ou do ambiente em questão.

Inteligência Empresarial pode parecer algo consciente e astuto, mas não é. É intuitiva e experimental, visionária e prática. Por analogia, um mestre do xadrez não tem necessariamente consciência de quais habilidades e qualidades ele leva para uma partida. Quando lança uma jogada contra um adversário aleatório, ele precisa considerar tudo o que sabe: o jogo, os manuais que estudou, em que direções pode movimentar as peças. Simultaneamente, ele se lembra dos adversários com quem já jogou, das táticas e estratégias que memorizou por meio de tentativa e erro, assim como do relógio e do cronômetro. Agora ele estuda a linguagem corporal de seu adversário, sua feição, ou sua falta de expressão; o que as mãos e a mente de seu adversário devem estar fazendo; e suas próprias prováveis jogadas. Ao mesmo tempo, a mente de nosso mestre do xadrez está filtrando padrões e hábitos de inteligência. Agora é hora de formular uma estratégia. Ela será impactante ou convencional, indireta ou óbvia?

Resumindo, nosso mestre do xadrez precisa ativar ou desativar sua Inteligência Intelectual, Inteligência Prática, Inteligência Interpessoal e Inteligência Criativa agilmente, enquanto resgata e aplica hábitos que aprendeu ao longo da vida.

Da mesma forma, um indivíduo dotado de Inteligência Empresarial pode identificar a situação geral dentre uma gama de padrões. No entanto, qualquer um numa posição de liderança sabe que interpretar padrões de dados, obsevar tendências de negócios e de ambiente e administrar um amplo espectro de interações pessoais é apenas o começo. O líder com Inteligência Empresarial deve também detectar os padrões que residem *dentro* dos padrões. Enquanto avalia rapidamente a tendência e a temperatura de eventos com curso acelerado, esse líder deve também ajustar metas individuais ao objetivo central da organização. Sua meta é identificar e prever o final do jogo, enquanto mantém cada elemento de curto prazo da empresa em andamento. Podemos aprender com a Toyota, cujos administradores ficaram famosos por entender os padrões subjacentes e as causas de uma situação perguntando "por quê?" cinco vezes.

O que você pode fazer para melhorar sua Inteligência Empresarial? Observe as ações dos outros. Estude livros. Estude Artes. Faça um curso de Psicologia. Permaneça atento a decisões de liderança que viu em publicações de negócios.

Ou, melhor de tudo, aprenda fazendo. Vá para sua mesa. Dimensione suas opções. Arrisque. Tome uma decisão. Não tenha medo de fracassar ou de cometer erros. Use o fracasso como um ponto de partida, mas não cometa o mesmo erro duas vezes. Faça uma autoavaliação contínua do que funciona e do que não funciona para você. E leia os Manifestos de Sabedoria que incluímos no final do livro, que focam principalmente em Inteligência Empresarial. Aconselhamos você a arrancar as páginas – caso o livro seja seu.

Nossa opinião? Você provavelmente é muito mais inteligente do que pensa.

O CAPÍTULO EM RESUMO

Inteligência: QI é apenas o começo

- Inteligência: diz respeito a reconhecer padrões, a identificar macro e micro tendências mais cedo e mais rápido, conectando diferentes observações e diferentes tipos de inteligência.

- Tipos de Inteligência: há a Inteligência Intelectual, a Inteligência Prática, Inteligência Interpessoal e a Inteligência Criativa – que juntas formam a Inteligência Empresarial e o padrão de reconhecimento subjacente.

- Inteligência Intelectual: é marcada pela habilidade analítica inata que possibilita uma tomada de decisão melhor, bem-informada, objetiva e baseada em fatos. A Inteligência Intelectual é mais importante para a expansão do negócio em organizações de grande porte do que em *start-ups*.

  - Hábitos: um memorando anual para o conselho com suas cinco prioridades principais. Um foco exagerado em informações/indicadores de tendências em relação a resultados/indicadores de ocorrências. A chave para reuniões melhores e mais curtas.

- Inteligência Prática: habilidade de levar praticidade e ímpeto a um negócio e de usar a experiência e o bom senso para fazer as coisas.
    - Hábitos: A regra dos três minutos ressalta a importância de entender o contexto em que seu cliente usa seu produto. O segundo hábito da Inteligência Prática é "Bancar o tonto, ganhar inteligentemente", apertando mais seu botão *mute* – parar, pensar e, só então, agir, em vez de reagir.
- Inteligência Interpessoal: indivíduos com Inteligência Interpessoal podem ter melhor percepção e mais empatia com as pessoas ao seu redor. Sua compreensão intuitiva das intenções dos outros permite que eles respondam e se conectem melhor.
    - Hábitos: Saber quando travar conversas críticas, triar e priorizar relacionamentos com a regra dos 5%, e usar fatores intrínsecos (ex.: um papel significativo) tanto quanto (ou até mais) fatores extrínsecos, como salários, para motivar as pessoas.
- Inteligência Criativa: proporciona para as pessoas a habilidade de conceitualizar, inovar e detectar padrões que os outros não conseguem, gerando ideias novas e inesperadas. A Inteligência Criativa tende a se manifestar mais em indivíduos orientados para o lado direito do cérebro. A proveniência desse conjunto de habilidades é tão incerta quanto à profundidade de seu impacto num negócio.
- Inteligência Demais: empreendedores movidos por Inteligência, às vezes, podem falhar em enxergar o quadro geral, focando excessivamente nos detalhes e tornando-se "precisamente incorretos". As Inteligências são essenciais, mas, no final, os empreendedores devem estar dispostos a arriscar na fé.
- A combinação perfeita: cada tipo de Inteligência tem seus riscos e problemas. A Inteligência Empresarial diz respeito a combinar os diferentes tipos de Inteligência, a modificar seus níveis de acordo com a situação em questão e a aplicar as estratégias apropriadas e as práticas comprovadas. Indivíduos com Inteligência Empresarial enxergam não só os padrões, mas também o quadro geral que eles formam.

4

CORAGEM: como INICIAR, PERSISTIR e EVOLUIR

O empreendedorismo frequentemente é uma empreitada solitária, marcada por rejeições e fracassos repetidos. Examine a fundo histórias de sucesso nos negócios "da noite para o dia" de qualquer fundador ou equipe e, geralmente, você descobrirá uma jornada de múltiplas etapas tortuosas com altos e baixos extremos.

Lançar qualquer coisa nova significa um compromisso com nadar (ao menos por um tempo) num mar de ambiguidade. Isso pode ser apavorante. Muitos líderes empresariais passam a maior parte de seu dia – física ou psicologicamente – sozinhos, convencidos de que ninguém entende suas ideias. Isso não é *normal*. A maioria dos humanos se sente naturalmente inclinado ao *status quo*. As pessoas geralmente preferem as rotinas estabelecidas e comprovadas aos planos e visões potencialmente revolucionários de um fundador.

É por isso que Coragem é uma qualidade essencial para o sucesso da construção de negócios. A Coragem proporciona frieza e firmeza para iniciar e ignorar quaisquer críticas que você venha a ouvir, perseverar, defender confiantemente uma ideia e saber quando tomar a atitude rápida necessária. Pessoas com alta constituição Coragem-Coração parecem melhores em gerenciar e inspirar os outros *durante* essa lacuna de tempo para que ela se feche logo. De fato, a combinação Coragem-Coração está entre as mais comuns para aqueles que iniciam negócios. Nenhum empreendimento se torna grande sem um líder lobo solitário à frente da matilha que ousa desconsiderar as convenções.

Considere, por exemplo, Mike Yavonditte, ex-CEO da Quigo (empresa de tecnologia especializada em anúncios contextuais, que compete diretamente com o AdSense do Google) e agora fundador do Hashable. Conversando conosco de frente para uma parede de vidro pela qual podíamos ver os engenheiros da Hashable trabalhando, ele compartilhou suas perspectivas sobre Coragem. "Competíamos com o Google todos os dias, e isso exigiu Coragem. Muitas pessoas disseram que éramos loucos. Fomos lá, entra dia, sai dia, por um bom tempo, para enfrentar um grande competidor. Não sabíamos se daria certo, mas perseveramos. Acho que a perseverança é uma característica crítica comum a pessoas bem-sucedidas."[1] Essa atitude funcionou bem para Yavonditte – após recusar uma oferta de aquisição de mais de US$ 150 milhões (para a consternação de muitos envolvidos no negócio), ele pressionou e finalmente vendeu a empresa por US$ 350 milhões.

"Construir uma empresa envolve muitos altos e baixos e muito desapontamento", afirma Yavonditte. "Muitas coisas dão errado, muitas pessoas desapontam você e o mercado poderá desapontar você e a maneira como as pessoas reagem a seu produto ou serviço poderá desapontar você." O essencial, ele diz, é a vontade de continuar trabalhando e persistindo.

É por isso que construtores de negócios precisam de Coragem. Neste capítulo, descrevemos os diferentes tipos de Coragem, discutimos a necessidade de Coragem nos diferentes estágios de um negócio e ressaltamos as lições de alguns empreendedores e construtores de negócios movidos por Coragem.

Um trabalho interno

Confiar em sua Coragem, diz o cirurgião cardíaco e apresentador da TV Dr. Mehmet Oz, é, na verdade, uma realidade física e neurológica. Quando estamos estressados e ansiosos, nossas terminações nervosas gastrointestinais nos dão um aviso instintivo sobre como devemos agir e reagir. Durante essas situações, nossas "entranhas" trabalham em consonância com a região primitiva de nosso cérebro associada a respostas instintivas. Indivíduos predominantemente Inteligência, que tendem a processar informações na parte frontal do córtex cerebral, às vezes precisam aprender a deixar de lado seu processo complexo de tomada de decisão, especialmente durante momentos de crise e controvérsia. O próprio Oz tomou uma decisão movida por Coragem quando mudou seu foco da sala de cirurgia para os estúdios de TV – um passo que não foi nada óbvio para alguém com uma carreira tão brilhante e respeitada como cirurgião.

Coragem é a qualidade crítica que nos ajuda a controlar o medo. Não se iluda: pessoas intrépidas e corajosas não são destemidas; elas são simplesmente melhores que os demais em lidar com isso, ou até mesmo em prosperar em ambientes baseados no medo. Um indivíduo corajoso não é alguém que não sente medo; é alguém que age *a despeito* de seu medo.

Personalidades *alfa* – viciados em adrenalina, *traders* turbinados, empreendedores seriais – parecem ter nascido com uma necessidade por cenários e comportamentos de alto risco, de muita ação. Outros indivíduos predominantemente Coragem desenvolveram ao longo do tempo

Definição de Coragem

FIGURA 4-1

Coragem – substantivo: a ousadia de fazer as coisas acontecerem com disposição de agir; especificamente em momentos críticos de iniciação, persistência e evolução.

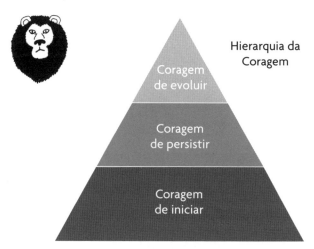

uma capacidade de tolerância ao risco. Alguns argumentam que os melhores empreendedores não são tão adeptos ao risco quanto são tolerantes ou mitigadores do risco – pessoas que são boas em reconhecer riscos e então gerenciá-los.

Sua fantástica frieza e presença de espírito permitem que eles mostrem liderança durante situações de grande estresse, seja ao recuperar uma empresa em decadência, ou ao se reinventar depois de um revés traumático na carreira. Temos o mais alto respeito por indivíduos predominantemente Coragem porque eles avançam quando os outros simplesmente ficam parados. Podemos aprender muito com eles.

Durante o início da bolha da internet, o cofundador da Intel, Andy Grove, escreveu um livro chamado *Only the paranoid survive* (em tradução livre, *Somente os paranoicos sobrevivem*), argumentando que os grandes construtores e desenvolvedores de negócios *devem* temer a concorrência, as datas de lançamento de produtos, a variação da dívida líquida (*cash burn*), sua luta para atrair os melhores talentos e muitas outras coisas[2]. Esse tipo de paranoia gera a firmeza que estimula a confiança, resiliência e a presença de espírito – novamente, coragem não diz respeito a banir o medo, mas a transformar a negatividade em produtividade.

Isso dito, as Coragens não são criadas da mesma maneira. Na amostra de empreendedores de nossa pesquisa, constatamos que aproximadamente 35% possuíam Coragem como uma qualidade primária ou secundária. Conforme prosseguimos com as entrevistas, constatamos que dentre as qualidades desses líderes estava não só a habilidade básica de iniciar uma ação, mas também a capacidade de perseverar e transformar a si e suas empresas quando necessário. Surgiu assim uma hierarquia de Coragem implícita (veja "Definição de Coragem"): muitas pessoas demonstraram habilidade básica de agir diante do risco, poucos demonstraram persistência incansável à frente de dificuldades e menos ainda mostraram a habilidade de reconhecer a desconfortável necessidade de evoluir.

A seguir, exploramos cada uma dessas características.

Coragem de Iniciar

Você é um título de dívida ou uma ação? Você está disposto a abrir mão da certeza para perseguir algo com valor e propósito? Ou seu lado prático e realista vai impelir você em direção a escolhas mais conservadoras? É preciso Coragem para começar algo, tanto nos primeiros estágios da criação de uma empresa como também nos estágios posteriores de crescimento mais lento – quando a necessidade de mudança é evidente, mas muito poucas pessoas podem fazer essa mudança acontecer. Os empreendedores e construtores de negócios precisam de um mínimo de Coragem para conseguir iniciar e agir. A Coragem de Iniciar propicia aquela fé quando poucas provas sugerem que sua empreitada renderá frutos.

A Coragem é o alicerce da liderança otimista. Fundadores devem liderar com a visão de que estão fazendo algo excepcional. Confiança, paixão e convicção são qualidades contagiantes. Estando munido de Coração e otimismo torna-se mais fácil iniciar. Sem mencionar que uma pessoa dotada de paixão pode controlar seu medo com mais facilidade.

Coragem de Persistir

Coragem de Persistir diz respeito a suportar o teste do tempo. Líderes empresariais que perseveram reconhecem um paradoxo fundamental na jornada da construção de um negócio: o equilíbrio delicado entre se recusar a aceitar o fracasso e aceitá-lo quando ele surge.

Sob a perspectiva dos movidos por Coragem, as pessoas precisam adotar a atitude de Vince Lombardi de "odiar perder" mais do que "amar vencer". Elas também devem desenvolver a capacidade de superar suas perdas com humildade e reflexão. A filosofia ideal? *O fracasso não é uma opção, é uma realidade.*

A Coragem de persistir diz respeito a permanecer forte e determinado em sua visão quando você sabe que está certo (e os pessimistas que vão para o inferno). Você tem a resiliência para persistir – e a capacidade estratégica de se levantar quando está por baixo?

Coragem de Evoluir

Coragem de Evoluir é a habilidade que as pessoas têm de protagonizar uma mudança dentro de si – mudar de opinião, aceitar uma derrota e responder apropriadamente a novas informações sem permitir que seu orgulho próprio distorça ou lese os fatos.

A Coragem de Evoluir está no topo de nossa pirâmide. As pessoas e os planos necessários para iniciar e consolidar um negócio são diferentes daqueles necessários para expandir e adaptar esse negócio para o próximo nível. Nesses momentos críticos, indivíduos com Coragem de Evoluir são capazes de abraçar seu camaleão interior. Eles colocam seu sucesso em risco para ultrapassar limites e liderar o próximo capítulo do crescimento de uma empresa. Tornar-se um camaleão não significa mudar de cor de hora em hora ou diariamente. Significa permanecer atento e responsivo a condições ambientais e limitações cíclicas. Nessas limitações críticas do crescimento de uma empresa, aqueles com Coragem de Evoluir são capazes de mudar o rumo de uma companhia em face de novos competidores ou novos comportamentos de consumo, ou são capazes de reconhecer a necessidade de saírem do papel de liderança para o bem maior da empresa.

Alguns leitores com Coragem de Evoluir descobrirão que se enquadram em duas ou mesmo nas três categorias de nossa hierarquia de Coragem. Outros notarão que exibem apenas uma. Sozinhas, ou em qualquer combinação, essas categorias preveem como indivíduos predominantemente Coragem agirão em situações de estresse, dificuldade ou incerteza. A seguir, exploraremos cada categoria mais detalhadamente.

Coragem de Iniciar: a base de tudo

Empreendedores com forte perfil Coragem sentem-se mais confortáveis ao desafiar o *status quo*, definir tendências e colocar sua reputação à prova. Seu credo pode bem ser: *Ação, não estagnação e não reação.*

Se você está pensando "Esse definitivamente não sou eu", pare por um segundo. Considere as vezes em que você de fato colocou algo em risco: sua faculdade, ou seu trabalho, quando ainda estudante buscou criar uma empresa nascente de sucesso; sua zona de conforto, quando mudou para uma cidade do outro lado do país para assumir um emprego novo; seu orgulho, quando tentou puxar conversa com estranhos que aparentemente não estavam tão interessados em você quanto você neles. Muitos de vocês provavelmente começaram ou ingressaram numa empresa pela qual mantinham uma profunda paixão – assumindo um risco e abrindo mão de uma carreira mais convencional. Ocorre que, aqueles que seguem a estrada menos trilhada de Robert Frost, tendem a construir uma Coragem mais sólida. Assim como os "brotos verdes" podem ser um augúrio de árvores mais altas, essas ações revelam o potencial de desenvolver uma Coragem verdadeira.

Em nossa entrevista com Mehmet Oz, ele refletiu sobre os momentos no centro cirúrgico onde tinha de tomar decisões fazer/não fazer. Um transplante de coração não está evoluindo bem, o eletrocardiograma mostra que o coração está falhando, pressionar o coração com o dedo pode apenas diminuir o sangramento. E agora? "Primeiro", Oz enfatiza, "você age, e rápido". Ponderar sobre alternativas não resolve o problema de ninguém (especialmente o do paciente). Você consegue aprender a conviver muito melhor com ter empreendido uma ação que levou a um erro do que conviver com não ter empreendido ação nenhuma. Deixar de agir quase sempre leva ao fracasso, enquanto tomar uma decisão promete no mínimo a possibilidades de um resultado positivo.

Portanto, essa base da nossa estrutura de hierarquia da Coragem, a Coragem de Iniciar, é a qualidade mais comum e essencial dos indivíduos movidos por Coragem. Se você é predominantemente Coragem, sempre priorizará tomar uma decisão em vez da indecisão. Mesmo depois de considerar os piores cenários, você invariavelmente decide que vale a pena entrar no barco.

O mundo está com excesso de geradores de ideias e com falta de pessoas dispostas de fato a executar suas ideias. Até mesmo durante o *boom* das empresas *ponto.com*, em meados ao final da década de 1990, surpreendentemente, poucos daqueles que cursavam as melhores escolas de Administração nos Estados Unidos lançaram novas empresas, considerando o grande número dos que confessavam empolgação por ideias novas. Segundo Tony se lembra, em 1998, dois anos antes do auge das *ponto.com*, menos de dez alunos do segundo ano da Harvard Business School iniciaram suas próprias empresas, numa turma com cerca de 900.

A manutenção desse *boom* na China e em outros países do BRIC (Brasil, Rússia, Índia e China) no início da década de 2000 foi outro fenômeno parecido. Muitas pessoas viram e comentaram sobre as mudanças nesses países e o explosivo padrão de crescimento. Mesmo assim, quantos reformularam suas carreiras para tirar proveito de seus *insights*?

Cada um dos autores deste livro empreendeu ações decisivas como pivôs de guinadas importantes na tecnologia e em mercados emergentes, com consequências transformadoras. Enquanto ainda cursava a faculdade de Administração de Empresas, Tony fundou a ZEFER, uma empresa pioneira de estratégia e desenvolvimento para a internet que, em cinco anos, atingiu mais de US$ 100 milhões de receita e cerca de 1.000 funcionários. Dick, depois de passar sua carreira no segmento de jornais, viu o impacto da internet e decidiu tirar sua empresa, a Thomson, dos jornais e abraçar a nova era de oferecer serviços digitais para profissionais. Na década seguinte, essa decisão levaria a cerca de US$ 30 bilhões em geração de valor. Tsun-yan, após anos como um bem-sucedido diretor sênior da McKinsey na América do Norte, decidiu, em 2000, mudar-se para Cingapura para comandar o desenvolvimento do escritório da McKinsey, na Ásia – o que lhe permitiu estabelecer relacionamentos próximos com pessoas que estão entre os mais proeminentes líderes de negócios e empreendedores do planeta.

A Coragem de Iniciar com frequência está altamente correlacionada com a predominância de Coração. Um perfil altamente Coragem-Coração, que se traduz num indivíduo com grande paixão e determinação, é uma combinação poderosa. Se as pessoas possuem muito Coração – e, portanto, uma profunda paixão por suas ideias – acham mais fácil empreender uma ação. Isso dito, o Coração sozinho não compele um indivíduo a agir. Todos nos lembramos de nossos amores secretos e furtivos da adolescência. Quantas vezes não fizemos nada sobre isso? A história "garoto conhece uma garota, está caído por ela, mas não se declara" (ou vice-versa) de incontáveis filmes água com açúcar claramente refletem a verdade da vida! Isso também se aplica aos negócios!

Dan Pallotta é um excelente exemplo de empreendedor com Coragem de Iniciar. Ele passou de organizador de eventos a arrecadador de fundos no Harvard College, para criar provas *cross-country* de ciclismo que coletivamente arrecadaram mais de US$ 300 milhões para fins beneficentes. A Pallotta TeamWorks, a entidade com fins lucrativos que organizou os eventos, também levou um modelo controverso do setor privado para a esfera social.

No seu livro publicado em 2009, *Uncharitable* (em tradução livre, *Descaridoso*), Pallotta identifica várias "regras" da filantropia que limitam seu potencial, incluindo salários baixos, extrema aversão ao risco, gastos mínimos com publicidade e promoção e indisponibilidade de investimentos de capital de risco e de *private equity*[3]. Pallotta teve a Coragem de

Iniciar uma abordagem criativa, inovadora para a arrecadação de fundos para filantropia e persistir nisso a despeito das pesadas críticas dos custos para os participantes (incluindo os honorários profissionais de Pallotta). Sua premissa básica e modelo foi trazer os salários, a inovação e o investimento de capital típicos do setor privado para o terceiro setor[4].

Outro exemplo de empreendedor com Coragem de Iniciar é Kishore Biyani, fundador do Future Group, na Índia. Inspirado pelos grandes bazares de Mumbai, Biyani queria criar "a informalidade e a descontração de um bazar indiano (...) num ambiente moderno". Ele enfrentou rejeição e escárnio quando criou o negócio, conforme contou ao jornal *The National*, com sede em Dubai: "As grifes nunca queriam nos fornecer seus produtos, os bancos nunca queriam estender o financiamento", então acrescentou, "mas isso é o engraçado". Em 1996, as maiores lojas em Kokata tinham 370 m². Ele convenceu o proprietário de um espaço de 930m² a alugá-lo e logo montou ali a primeira loja de departamentos Pantaloons. Em pouco tempo ele começou a procurar espaços ainda maiores, inaugurando o primeiro Big Bazaar, em 2001. Agora ele é conhecido como o "rei do varejo" da Índia.

Ao longo dos anos, conhecemos dois tipos "falso-positivos" de empreendedor. O primeiro é alguém que se convenceu de que é um empreendedor, mas que não tem uma ideia (muita Inteligência, pouco Coração); enquanto o segundo é um idealista apaixonado que cogita ideias continuamente sem pô-las em prática e é o primeiro a criticar ideias no mercado com "tive essa ideia primeiro, mas...".

A conclusão: Ideias não significam nada sem uma ação prática, motivo pelo qual estabelecemos a Coragem de Iniciar como o requisito mínimo de Coragem.

Coragem de Persistir: Perseverança e resiliência frente à incerteza

Pense na Coragem de Iniciar como a disposição de participar de uma prova de corrida de 100 metros. Se você vencer, a medalha de ouro é sua. Se perder, bem, ao menos a prova toda levou menos de 15 segundos e os resultados foram imediatos.

Por outro lado, a Coragem de Persistir – o segundo nível de nossa hierarquia de Coragem – é como uma exaustiva corrida de longa distância.

Uma prova especialmente castigante é a Ultramaratona de Leadville, que percorre uma distância de aproximadamente 160 quilômetros entre os picos das Montanhas Rochosas no entorno da antiga cidade mineira de Leadville, no Colorado. Provavelmente, você nunca ouviu falar dessa corrida, e é menos provável ainda que esteja interessado em participar dela. Sim, uma corrida de 160 quilômetros pelas Montanhas Rochosas. A uma altitude de 4.400 metros. Posição, preparar, largar!

Os atletas que vão a Leadville a cada verão não estão competindo pela glória, fama ou por um contrato multimilionário com a Nike. Não, eles são a epítome da Coragem de Persistir. Com ou sem uma medalha de primeiro lugar, a jornada pessoal e a realização (treinar e completar essa prova) já são, em si, a recompensa. Essa mentalidade em particular é do que trata a Coragem de Persistir. Um atleta com a persistência e a energia para participar de uma corrida de 160 quilômetros e um empreendedor que passa uma década navegando nos altos e baixos da jornada de construir de um negócio têm muito em comum.

Um aspecto-chave aqui é a habilidade de enxergar que um objetivo maior faz o sacrifício de curto prazo valer a pena. Coragem de Persistir tem menos a ver com eliminar o medo do que com manter a perspectiva nas expectativas. Você não consegue ser bem-sucedido em vendas, por exemplo, a menos que tenha o senso crítico e a perspectiva para perceber que vem desperdiçando muito de seu tempo e esforço. (As escolas de Administração fariam um grande bem ensinando essas competências.)

Ter Coragem não significa assumir riscos às cegas, mas ter *consciência* do risco, como atesta a história de uma das famílias mais abastadas do Canadá e seu desafio em desenvolver o distrito financeiro londrino, Canary Wharf.

Paul Reichmann, da Olympia & York, é um empreendedor famoso que se dispôs a transformar bairros inteiros ou áreas de cidades. Algumas de suas primeiras iniciativas funcionaram muito bem. O empreendimento de Reichmann First Canadian Place, em Toronto, concluído em 1976, e abrangendo todo um quarteirão da cidade, contém o arranha-céu mais alto do Canadá. Ainda hoje, é o marco do distrito financeiro no centro de Toronto. Em seguida, em 1977, veio a surpreendente aquisição de vários prédios comerciais em Nova York, não muito depois de a Big Apple quase quebrar, e a construção do complexo World Financial Center em Manhattan.

Mas a história de Paul Reichmann que personifica o líder predominantemente Coragem vem de seu gigantesco projeto de transformação da região, próxima às docas então abandonada – Canary Wharf. Criado em 1988, o Canary Wharf, que se estende por mais de cem acres, enfrentou dificuldades desde o princípio, incluindo a oposição local, a relutância dos locatários em renovar os contratos e a ausência de infraestrutura de transporte. Os problemas de Reichmann foram complementados por uma profunda depressão em Nova York, onde a Olympia & York havia se tornado o maior locador.

A Olympia & York quebrou em 1992, arruinando todo o portfólio de propriedades de Reichmann, grande parte de sua fortuna pessoal e seu *status* no mundo dos negócios. Destemido, ele liderou um consórcio que reassumiu o controle do Canary Wharf, em 1995, fez uma oferta pública, em 1999, e finalmente viu o empreendimento cumprir sua promessa quando a nova linha de metrô Jubilee conectou a área ao resto de Londres e a indústria financeira em franco crescimento rapidamente ocupou um prédio novo reluzente após outro.

Em 2004, Reichmann, com 74 anos de idade, lutou para reaver o controle de Canary Wharf, mas perdeu para o Morgan Stanley. Dois anos mais tarde, ele tentou novamente e, aos 76 anos, lançou um fundo de investimentos de US$ 4 bilhões. Embora tenha conseguido recuperar uma participação de 8,45% no Canary Wharf, acabou perdendo grande parte disso também depois da crise em 2009[5].

Certa vez, numa reunião em que Tsu-yan participou, Reichmann pediu a todos os presentes para estipularem uma quantia de dinheiro com a qual viveriam satisfeitos. (O valor dele foi surpreendentemente baixo.) "Supondo que pudéssemos reservar esse dinheiro para satisfazer nossos desejos", ele disse, "o que vocês fariam com o resto do dinheiro? Como vocês abordariam as mesmas decisões de negócios com esse excedente de numerário?" É possível começar a entender por que Reichmann tem tanta coragem de agir em busca de sua visão. Tanto antes quanto agora, sua perspectiva é de que os empreendedores devem arriscar qualquer coisa acima daquele valor para perseguir e manter seus sonhos.

> *A maior parte dos "sucessos da noite para o dia" sofre de amnésia sobre os dias de luta e provação que os levou a este sucesso instantâneo.*

Coragem de Evoluir: adaptando-se ao ambiente

A mariposa talvez não seja a escolha mais óbvia para um modelo de empreendedorismo de sucesso. Esses insetos alados, nativos do Reino Unido, pousam no tronco das árvores para descansar. Sua coloração já foi predominantemente branca e bege com pontos escuros salpicados nas asas. Essa tonalidade era uma camuflagem: as árvores na Inglaterra eram comumente cobertas por um líquen branco, e ao abrir suas asas enquanto descansavam, as mariposas conseguiam ficar praticamente invisíveis para os pássaros e outros predadores. No entanto, um extremamente desafortunado 0,1% da população de mariposas, carregava o gene dominante para asas cinza-escuro.

Então, no século XIX, uma coisa engraçada aconteceu na Inglaterra. A Revolução Industrial estava a todo vapor e nas cidades no entorno dos polos industriais como Londres e Manchester, o tronco das árvores logo ficou coberto por uma fuligem escura. No piscar de um olho revolucionário, o padrão de camuflagem dominante da mariposa tornou-se uma desvantagem. Embora a maior parte da população de mariposas da região tenha sofrido com isso, a minúscula fração que carregava o alelo de asas escuras sobreviveu e se multiplicou. Na verdade, sobreviveram tão bem que, em 1895, os cientistas reportaram que as áreas no entorno de Manchester eram o lar de uma população com 98% de mariposas escuras. A mariposa como espécie sobreviveu a uma mudança exógena, potencialmente catastrófica, em seu ambiente *evoluindo*.

Obviamente, existem diferenças críticas entre insetos alados e empreendedores. Primeiro, os empreendedores (comumente) não se reproduzem duas vezes por ano, tampouco evoluem naturalmente com estímulos externos – embora, como capitalistas de risco, gostaríamos que sim! Mas bons empreendedores sabem que, para sobreviver, devem ter a autoconscientização de se adaptar a mudanças ambientais e, às vezes, dar guinadas drásticas (para um exemplo, veja o quadro "Mantendo-se firme à âncora: Coragem de Evoluir e jornais"). Novas informações, tecnologias, regulamentações, novos concorrentes e outras mudanças setoriais sempre estarão a caminho. Por isso, a necessidade do nível superior de nossa hierarquia de Coragem, a Coragem de Evoluir.

Dick Harrington em Mantendo-se firme à âncora: Coragem de Evoluir e jornais

O fim dos jornais impressos ficou evidente para mim em torno de 1998 numa temporada de esqui em Vermont. Um homem me contou que era dono de uma concessionária de automóveis que começava a presenciar o impacto negativo dos consumidores buscando informações sobre preços na internet. Ele falou sobre a falta de disposição das pessoas em negociar, visto que a pesquisa prévia de conteúdo e as ferramentas *online* ofereciam fontes alternativas para carros, incluindo informações sobre quais opções comprar e quais não, juntamente a outras táticas de negociação que favoreciam o consumidor.

Logo ficou claro que em breve, as pessoas não só estariam pesquisando carros na internet, mas, na realidade, comprariam os carros *online*, o que significava que comprariam outros produtos *online* também. Os anúncios que saíam agora nos jornais e em outras publicações passariam para a internet. Naquele momento, eu soube que, em pouco tempo, os jornais impressos seriam coisa do passado. Era hora de cair fora.

A decisão de vender o negócio de jornais impressos da Thomson não veio sem certo nível de emoção e tremor. A Thomson Corporation, da qual eu era CEO, foi construída com base no sucesso dos jornais. Além disso, os jornais representavam o espírito e a alma da família fundadora. A empresa cresceu da publicação de um único jornal para 250 jornais ao redor do mundo. Eles eram o âmago da identidade da empresa.

A perspectiva da perda dos jornais da Thomson não era algo fácil de aceitar, também sob o ponto de vista financeiro. Na época, nosso negócio crescia em média 9% ao ano, num momento em que a maioria dos outros jornais na América do Norte registrava um crescimento de 2% a 4%. Várias pessoas do Conselho de Administração foram convencidas de que era loucura vender quando íamos tão bem – por que não segurar um pouco mais?

Então era necessário um nível de Coragem, Inteligência e Sorte – sem mencionar um planejamento cuidadoso – para discutir a venda com o dono representante da família, que era um sentimentalista por natureza. Mas a despeito de quão corajosa minha atitude parecesse, meu estilo de Coragem era e ainda é tudo menos impulsivo. O mundo era naquela época e continua sendo complexo demais para simplesmente se criar um sentimento de Coragem do nada. A Coragem precisa de uma âncora, e minha âncora sempre foi a absorção constante de informações da indústria e do cliente. Então, nesse sentido, é a combinação de Coragem com Inteligência em ação. Eu havia examinado cuidadosamente o crescimento projetado para a internet e a mudança nas preferências de nossos clientes, e quando decidi que o futuro não estava nos jornais impressos, sabia que deveria me manter firme nessa decisão: posto de outra forma, se você lançou a âncora, mantenha-se firme a ela ou terá um desastre em suas mãos.

Todos temos de combater nossos medos. Para nós, era um ato de fé. Embora tivéssemos traçado a trajetória esperada, não sabíamos, na realidade, exatamente aonde iríamos parar. E mesmo tendo nos denominado uma empresa de *e*-informações (caramba, tudo era "e" na época), não sabíamos, ao certo, o que aquilo significaria — tudo isso ainda era fantasticamente novo. Como CEO, minha própria carreira estava em jogo, pois agora eu seria pessoalmente responsabilizado se a venda fracassasse. A solução para mim era simplesmente manter o compromisso com minha convicção e minha decisão e me forçar a exorcizar minhas dúvidas. Uma vez que tivéssemos vendido, não teria volta. Tudo o que podíamos fazer era nos manter firmes à âncora e não olhar para trás.

Acabamos tendo todo o apoio da família e dos acionistas, pois mostramos que não tínhamos permitido que nosso amor pelo negócio nos deixasse cegos para o rumo a ser tomado. A maioria das empresas e dos construtores de negócios, inevitavelmente, depara-se com dilemas quando precisam pensar em se redefinir e saltar para o desconhecido.

Recentemente, durante uma palestra que fiz num evento, um homem aproximou-se de mim e se apresentou. "Dick" ele disse, "Digo para as pessoas que você é o cara mais inteligente da indústria dos jornais que conheço".

Olhei para ele surpreso. "Mas nós os vendemos."

Ele sorriu. "É isso mesmo."

Existe uma linha muito tênue entre perseverança e teimosia. Saber quando ser determinado e quando se adaptar é uma das qualidades mais importantes que um construtor de negócios pode possuir e uma característica fundamental da Coragem de Evoluir.

É fácil falar depois do fato ocorrido: chamamos alguém que se mantém firme a suas ideias e convicções a despeito de críticas e do menosprezo de "determinado", "obstinado" ou "visionário com convicção". No entanto, quando alguém está errado sobre suas ideias, chamamos essa pessoa de "teimosa", "obtusa" ou simplesmente "burra". Como os empreendedores estão sempre buscando introduzir novas ideias, por definição, eles lideram no início de uma empreitada com uma qualidade de antagonismo e teimosia. O difícil é perceber quando eles precisam mudar seu curso ou aceitar que estão meramente errados.

As empresas que não sobrevivem são aquelas que não adaptam suas práticas e produtos a mudanças ambientais. Deixar de empreender mudanças internas quando uma empresa iniciante começa a crescer – deixar de expandir – é apenas um desses exemplos. Outro é a tendência de nos basearmos no que funcionou no passado, ou mesmo de nos apaixonarmos por uma ideia ou negócio. Como muitos nos advertiram, e como vivenciamos em nossos empreendimentos passados, você nunca deve se apaixonar por uma ideia de negócio. Às vezes, você precisa se "desapegar" tão rápido quanto se "apegou".

Essa coragem de se desapegar de sucessos passados e evoluir para atender a novas necessidades não está limitada aos empreendedores. Titãs corporativos enfrentam o mesmo desafio, e muitos não se saem melhor. A lista daqueles que fracassaram após um sucesso inicial, e que depois precisaram se desapegar do passado e buscar uma nova evolução, é muito longa. Apenas para citar alguns: Polaroid, Kodak, Xerox (até Anne Mulcahy se tornar CEO), Motorola e IBM (até Louis Gerstner chegar). Todas enfrentaram enormes declínios quando sucessos passados se transformaram em obstáculos emocionais. O banco J.P. Morgan assumiu um risco enorme para evoluir na década de 1970, no auge de seu sucesso. A firma atuava puramente como financiadora de qualquer empresa que precisasse de crédito. Numa iniciativa para evoluir, a firma fez duas coisas. Primeiro, concentrou seu foco apenas em seus 100 clientes principais. Segundo, expandiu sua atividade de financiadora para banco de investimentos e serviços de consultoria. O J.P. Morgan foi uma das raras empresas que, no auge de seu sucesso, apostou tudo num tipo diferente de futuro, a despeito do questionamento sobre o que a mudança significaria para sua cultura e o que exigiria de seus talentos.

Em seus 14 anos de existência, a Athenahealth passou por múltiplos triunfos, reviravoltas e tempestades, dentre os quais, enfrentou o inverno nuclear da bomba *ponto.com* e emergiu fortalecida, como acabou confirmando uma das ofertas públicas mais bem-sucedidas de 2007. Assim como a história de transformação da Thomson apresentada no quadro "Dick Harrington, em mantendo-se firme à âncora", a Athenahealth é um caso de estudo de Coragem de Evoluir. A Athenahealth foi fundada em 1997 como um conjunto de 12 centros obstétricos, em San Diego, tendo parteiras como responsáveis pelo nascimento de aproximadamente 2.000 bebês por ano. No entanto, apenas um ano após a criação ficou claro para o cofundador da empresa, Jonathan Bush, e sua equipe, que possuir uma empresa de serviços de saúde não seria um bom modelo de negócio. Eles não estavam plenamente certos sobre que rumo tomar, mas sabiam que haviam criado a empresa para oferecer um atendimento clínico mais eficiente e acessível. O grupo decidiu que a melhor oportunidade de realizar sua visão seria mudar seu foco em cuidados médicos para oferecer um *software* de contas médicas e de gerenciamento de atendimento. A Athenahealth se desfez de suas clínicas e, a despeito de alguns cocorrentes de peso como a GE e a Siemens, Bush e sua equipe foram em frente acreditando que eram capazes de criar uma solução padronizada mais simples. A mudança não foi fácil. Houve discussões com VPs e, inclusive, alguns meses sem salário para os executivos. No final, resiliência, aceitação, aprendizado e a evolução a partir de alguns fracassos permitiram que a Athenahealth desenvolvesse um aplicativo *online* para gerenciamento de receitas e soluções para prontuário médico eletrônico. À época da redação deste livro, a Athenahealth havia registrado 47 trimestres consecutivos de crescimento da receita, com uma média anual de US$ 250 milhões, empregando 1.300 funcionários e um valor de mercado avaliado em US$ 2 bilhões[6]. Nada mal para uma empresa incerta sobre seu rumo inicial.

Teimosia é excelente quando se está certo, mas terrível quando se está errado.

Manifestando Coragem

Conforme construímos nossa pirâmide de Coragem, percebemos que a Coragem se manifesta principalmente sob duas formas: (1) episodicamente, durante momentos críticos que requerem decisões avançar/não avançar; e (2) longitudinalmente, durante períodos que requerem uma enorme perseverança. Nos negócios, quando os líderes empresariais enfrentam a necessidade de tomar uma decisão e arcar com as consequências, as formas acima representam os dois tipos mais frequentes de decisões baseadas em Coragem. Um exemplo da primeira – manifestações pontuais de Coragem – pode ser: abandonar seu maior cliente, que agora quer impor várias condições onerosas? N. R. Narayana Murthy da Infosys fez exatamente isso. Um exemplo da segunda – Coragem aplicada longitudinalmente – pode ser a equipe da Athenahealth, cuja persistência apenas aumentou em face do fracasso e de competidores de peso.

A chave para um sucesso duradouro, em nossa visão, é um equilíbrio entre Coragem pontual e prolongada. Os melhores líderes empresariais que conhecemos possuem a habilidade de agir com o instinto certo (como uma misteriosa serena presença de espírito frente a decisões avançar/não avançar) e de perseverar durante longos períodos desafiadores de volatilidade sustentada. Usamos o termo da biologia evolutiva *equilíbrio pontuado* para caracterizar a jornada do empreendedorismo: longos períodos de estagnação (que requerem grande perseverança) pontuados por momentos críticos de tomada de decisão, que podem tanto levar uma empresa para seu próximo nível de crescimento como afundá-la.

A Coragem que você tem e a Coragem que pode alcançar: o que os astronautas, os atletas com alto desempenho e os cirurgiões cardíacos podem nos ensinar sobre negócios

O que torna uma pessoa corajosa? A Coragem pode ser desenvolvida? Pode ser prevista?

A disposição em assumir riscos nasce da combinação de alguns elementos. Sua personalidade, suas experiências, seu "treinamento" para lidar com o risco e sua rede de suporte. Todos eles são contabilizados em sua prontidão de aceitar e abraçar o risco que o empreendedorismo requer. Conforme diz Malvólio, em *A décima segunda noite*, de Shakespeare, "alguns nascem grandes, alguns alcançam a grandeza e a alguns a grandeza lhes é imposta". Quanto a isso, grandeza e coragem são semelhantes. Alguns indivíduos nascem com uma inclinação natural a um comportamento corajoso, alguns absorvem isso durante seu crescimento e outros aprendem durante momentos de acerto de contas.

Natureza

Fatores externos à parte, alguns indivíduos são simplesmente mais ávidos por risco do que outros. Embora você não possa escolher com que grau de Coragem irá nascer, pode ser útil saber se você é naturalmente destemido, geneticamente avesso ao risco, ou alguma coisa no entremeio.

Provavelmente, sua propensão é de analisar os riscos cuidadosamente, pesquisar mais ou fugir do convencional socialmente. Todos esses atributos são positivos; mas, correndo o risco de sermos repetitivos, a base para a Coragem no empreendedorismo é a disposição de assumir riscos. Em nosso trabalho diário de selecionar negócios como investidores e consultores, estamos principalmente avaliando pessoas e suas propensões a serem fortes empreendedores. Grande parte disso é sentirmos uma chama interior natural, o desejo de fazer algo acontecer e a necessidade de *compartilhar* esse risco. (Ficamos cautelosos quando as pessoas nos dizem que precisam continuar a ter um certo nível de renda garantida pela valorização do patrimônio.)

Frequentemente existe uma correlação entre muito Coração e Muita Coragem. Nossa pesquisa constatou que mais de $^2/_3$ dos fundadores predominantemente Coragem eram subpredominantemente Coração, e que cerca de metade dos fundadores predominantemente Coração eram subpredominantemente Coragem. Acreditar num propósito e desafiar a si próprio a alcançá-lo são fatores que se reforçam mutuamente. Visto de outra forma: se existe Coração por trás de uma ideia, a "recompensa" por persegui-lo é maior do que apenas o resultado financeiro, portanto, o cálculo risco-recompensa feito por uma pessoa predominantemente

Coração-Coragem tende ao risco, visto que a recompensa tem um componente intrínseco que a torna mais desejável.

Influência do ambiente e contexto

A tolerância ao risco não é uma qualidade imutável. Ao se colocar em determinados ambientes-alvo, os construtores de negócios podem fazer um autotreinamento para se tornarem mais ativos, ou se sentirem mais confortáveis em assumir riscos.

Experiências da infância também desempenham um papel em moldar futuros "assumidores" de risco. A atitude de seus pais em relação a trabalho e recompensa, e a habilidade deles em te proporcionar uma vida modesta ou confortável, foram fatores críticos em sua Coragem, seu ímpeto e sua motivação em ser bem-sucedido. Nesse caso, menos tende a ser mais. Quase 65% dos bilionários da revista *Forbes* começaram com praticamente nada, falando em termos de dinheiro[7].

Experiências educacionais positivas com empreendedorismo durante a infância desempenham um papel substancial. Seus pais, amigos ou professores encorajaram você a aprender o valor do dinheiro montando um pequeno negócio – como uma barraquinha de limonada ou de guloseimas, entregando jornais, limpando a neve da calçada ou qualquer outro tipo de empreendimento de "criança"?

Oitenta por cento dos fundadores predominantemente Coragem tiveram um negócio quando crianças

A construção de negócios é uma viagem. Quanto mais quilômetros você percorre, quanto mais entroncamentos você encontra e explora e quanto mais decisões críticas acompanharem essa viagem, mais confortável você se sentirá com o risco. Uma grande aquisição ou venda que gerou medo da primeira vez acaba se tornando algo natural depois que você já viu o mesmo filme algumas vezes. Aqueles que têm a oportunidade de gerenciar uma crise, uma integração complicada pós-fusão, a reestruturação ou recuperação de uma empresa, ou qualquer outro desafio de negócios e ainda obter sucesso, ganham uma perspectiva inestimável.

Resumindo, quanto maior sua experiência, mais confortável você se sentirá com empreitadas que outras pessoas de fora veem como risco.

Treinamento

Determinadas profissões a parte do empreendedorismo são autosseletivas de indivíduos predominantemente Coragem: policial, oficial das forças armadas, trabalhador da área da mineração, astronautas e médicos cirurgiões, para citar algumas. Mas essas profissões também desenvolveram programas de treinamento que ajudam esses indivíduos a se prepararem melhor para reveses e cenários desfavoráveis.

A prática leva à redução de risco. O treinamento de pilotos para aviação comercial, o programa de treinamento da Nasa, as estratégias de risco e programas de mitigação adotados por grandes corporações – como essas práticas de treinamento podem ser aplicadas a empresas menores de crescimento rápido?

Como empreendedor, você provavelmente terá de lidar com o gerenciamento de, no mínimo, um ônibus espacial com problemas no foguete de lançamento. Os astronautas treinam durante anos para lidar com essa e outras emergências. Como eles são treinados para lidar com cenários avançar/não avançar? O quanto é físico? O quanto é psicológico? Alguns padrões interessantes surgiram de nossas conversas com pessoas predominantemente Coragem como o ex-astronauta Scott Parazynsky (veja o quadro a seguir "A abordagem da Engenharia para o medo: uma conversa com Scott Parazynsky") e como o marinheiro Steve Callahan, que sobreviveu 70 dias à deriva no mar (veja o quadro "Sobrevivência dos mais preparados: uma conversa com Steve Callahan").

Planejamento para o cenário mais desfavorável. Você pode ganhar tranquilidade se prever e entender o que pode dar errado. Frequentemente, perceber o risco que uma situação apresenta excede o verdadeiro risco, levando a um comportamento irracional. Os autores sempre aconselharam os jovens formandos em Administração de Empresas altamente avessos ao risco sobre como iniciar um empreendimento. Frequentemente perguntamos: qual é para você o cenário mais desfavorável? *Se você tentar lançar sua* start-up *durante dois anos e fracassar, ainda consegue garantir o emprego que estava considerando numa consultoria mais con-*

servadora, na gestão de marcas ou num banco? Normalmente, a resposta era sim. Portanto, a habilidade de perseguir uma empreitada arriscada torna-se mais palatável quando os formandos entendem tanto a validade de seus diplomas quanto a falha de lógica em pensar que sua segunda opção desaparecerá se eles perseguirem a primeira.

A abordagem da Engenharia para o medo: uma conversa com Scott Parazynsky

Dr. Scott Parazynsky, veterano de cinco voos no ônibus espacial e de sete caminhadas no espaço, é a única pessoa que esteve no espaço *e* escalou o pico do Monte Everest. Ele agora é diretor executivo de Tecnologia e diretor executivo médico no Instituto de Pesquisas do Hospital Metodista em Houston.

Que papel a Coragem desempenhou em sua vida?
As pessoas pensam "Ele é valente." Posso afirmar para você o quanto errado isso é! Sou um gerenciador de risco extremamente cuidadoso. Antes de aceitar participar da missão *Hubble*, procurei entender como cada elétron daquela espaçonave poderia falhar. Com conhecimento e treinamento, qualquer pessoa se sente confiante em abordar ambientes de alto risco.

Os empreendedores podem ser definidos menos como pessoas que "assumem riscos" do que pessoas que "mitigam riscos"?
Sim. Os empreendedores adoram adrenalina, mas para serem bem-sucedidos, eles também precisam mitigar riscos. Você deve pensar bem sobre louvar o bombeiro herói que entra num prédio em chamas onde a chance de salvar alguém é muito pequena ou nula, e o bombeiro que avalia que ao salvar a vida de outra pessoa estará colocando todos os demais em risco. O empreendedor bem-sucedido consegue pesar riscos e recompensas ao mesmo tempo.

Quanto pragmática é sua abordagem para desafios complexos?
Eu adoto a abordagem da Engenharia para o medo e desafios. Penso que pessoas que fazem isso tendem a ser muito bem-sucedidas[8].

Treinamento para crises comuns. No mundo do empreendedorismo, as situações normalmente não são tão repentinas, como de vida ou morte, quanto os exemplos reais de indivíduos lutando contra os desafios do espaço ou do oceano. Mas sobreviver no mundo real ou no mundo dos negócios geralmente parece o mesmo. Ambos podem ser inquietantes e desgastantes. Nosso conselho? Prepare-se para crises pensando com antecedência sobre o que você faria em diversas situações difíceis: perder abruptamente um funcionário importante (qual é seu plano de sucessão?); ter problemas com os sistemas de tecnologia (você tem um plano de redundância?), precisar demitir várias pessoas para preservar o caixa (quais são as melhores práticas para processos e comunicações?) e responder a uma aquisição hostil (qual a melhor forma de você negociar sua permanência ou saída?). Saber quais dessas crises e dilemas importantes podem ser amenizados (discutiremos sobre isso mais adiante) aumentará sua Coragem de Persistir.

Suporte e Rede de Relacionamentos

Saber que você pode contar com uma rede de amigos, familiares e pessoas amadas permite que você assuma riscos que de outra forma não consideraria. Sua rede de relacionamentos tem a função tripla de rede social, grupo de empatia e comitê informal de prestação de contas, ou responsabilização (por exemplo, quando você conta a seus amigos íntimos e familiares que está planejando fazer alguma coisa, o medo de decepcioná-los aumenta sua probabilidade de levar a iniciativa a diante). A mudança positiva de comportamento geralmente é mais influenciada pela rede de seus pares e, de forma semelhante, o apoio e o incentivo à responsabilização proporcionada por um grupo comprometido com seu sucesso é um dos patrimônios mais importantes para qualquer empreendedor.

Sobrevivência dos mais preparados: uma conversa com Steve Callahan

Em janeiro de 1982, o arquiteto naval e marinheiro Steve Callahan passou 70 dias à deriva no mar após, acredita-se, uma baleia ter se chocado contra a embarcação que ele próprio havia construído e na qual navegava sozinho entre as Ilhas Canárias e Antígua.

Como pensa um "sobrevivente"?
No filme Apollo 13, os engenheiros cogitavam continuamente ideias sobre como consertar a nave. Por fim, um deles deixa escapar: "Não me importa para o que ela foi feita. O que ela é capaz de fazer?" Isso resume como pensa um sobrevivente.

Como você se preparou para a sobrevivência?
O planejamento para o cenário mais desfavorável foi parte de minha preparação. Uma crise é sempre mais caótica do que um treinamento poderá reproduzir, mas o treinamento pode, no mínimo, ajudar você a saber quais passos críticos deve dar. Uma de minhas expressões favoritas é "Murphy era um otimista." Você deve lidar com os desafios com qualquer alternativa que estiver à sua disposição.

Que pensamento lhe manteve forte?
Se não conseguia ter controle sobre minha realidade, procurava influenciá-la, e isso, combinado com um pouco de sorte, me ajudava a sobreviver. Desenvolvi uma rotina diária para me ajudar a normalizar a experiência.

Além disso, as pessoas mais próximas de você são as com maior probabilidade de sentir os efeitos de seu zelo empreendedor. Seus amigos íntimos, seu companheiro e sua família serão os mais afetados se você passar seu dia inteiro programando, recrutando novos membros para a equipe, arrecadando dinheiro ou montando protótipos no porão ou num escritório tacanho. É essencial que sua rede de suporte entenda a atividade empreendedorismo que você está perseguindo – menos quanto aos detalhes técnicos do que quanto aos sacrifícios e prováveis riscos envolvidos.

Mentores que tiveram sua própria experiência empreendedora são pontos de conexão críticos da rede de suporte. Eles podem oferecer conselhos e sabedoria com base em suas próprias dificuldades e sucessos, e fazer perguntas instrutivas. Acima de tudo, os mentores refletem e moldam comportamentos que situações de alto risco requerem. Certamente, líderes jovens podem aprender lições em outros lugares, mas nada deixa uma impressão tão indelével quanto observar de perto um mentor demonstrar a coragem de agir, persistir e evoluir – e inspirar líderes jovens a evoluir.

Para este fim, os relacionamentos pessoais de um construtor de negócios são de enorme importância. Esteja você criando sua própria empresa, ajudando uma *start-up* a evoluir e se transformar num negócio de porte, ou entrando para ajudar a salvar uma marca em declínio, sua rede de suporte irá lhe proporcionar tanto a força emocional necessária quanto irá ajudá-lo a desempenhar melhor seu trabalho quando as coisas ficarem difíceis. Estudos mostram conclusivamente que indivíduos com fortes redes de relacionamento têm uma vida mais saudável e feliz. Mudanças positivas e negativas de comportamento acontecem com mais frequência por meio de redes formadas por pares do que por outros mecanismos. Aqueles líderes de torcida amigos e tranquilos que estimulam os empreendedores durante os altos e baixos da construção de um negócio não são apenas bons de se ter por perto. São essenciais.

Por fim, você pode aumentar sua propensão para Coragem se fizer uma parceria com aqueles ou dispostos a juntar-se a você na jornada ou a apoiá-lo incondicionalmente. Quando Tony decidiu iniciar uma empresa enquanto ainda cursava a faculdade de Administração, seus pares dispostos a tomar parte na iniciativa criaram a confiança que a camaradagem sempre desencadeia. A equipe inicial que você reúne obviamente é formada pela rede de relacionamentos com ligação mais direta a sua empreitada. Mas, a partir daí, considere círculos concêntricos de suporte: familiares, mentores, amigos íntimos e contatos relevantes de negócios e do setor. Aprenda a comunicar abertamente seus estresses, desafios e sucessos. Ao mesmo tempo, não deixe que os outros determinem seu caminho, considerando que a aversão ao risco, influenciada por pares, pode ser contagiosa entre amigos. As pessoas que estão seguindo caminhos mais conservadores geralmente querem justificar suas decisões pessoais e podem subconscientemente desencorajar sua jornada empreendedora.

Quais são os principais dilemas de decisão que você vai enfrentar?

Fechamos este capítulo com alguns dos principais dilemas de decisão que os empreendedores enfrentam – situações críticas que testam a Coragem de Iniciar, a Coragem de Persistir e a Coragem de Evoluir. Conheça esses dilemas antes que eles aconteçam, e você será mais eficiente quando tiver de enfrentá-los.

Dilema: Necessidade de mudar a visão original e a estratégia

Todo negócio enfrentará mudanças e pressões externas de novos competidores, novas normas regulatórias e novas tecnologias – apenas para citar algumas situações – e uma mentalidade predominantemente Inteligência que complementa uma forte Coragem facilitará a tomada de decisão. É mais fácil ajustar – ou *pivotar** – a estratégia se você sente a disposição e ouve a voz do consumidor para avaliar mudanças no padrão de demandas dele.

Em última análise, o cliente deve direcionar as opções de estratégia, desenvolvimento de produto e de precificação. *Pivotar* é uma parte praticamente esperada da jornada de empreendedorismo nas atuais empresas de tecnologia e internet, com suas culturas e metodologias de desenvolvimento interativas e flexíveis. Os líderes devem comunicar as razões das mudanças e dos pivôs não como desvios de uma estratégia maior, mas como ajustes baseados em fatos claros e *feedback*. Em pouco tempo eles conseguirão comemorar o sucesso conforme os clientes gravitam em direção a essas mudanças.

Dilema: *Rico* versus *Rei*

O Coração diz uma coisa enquanto a Inteligência diz outra: faz sentido "se demitir"? Noam Wasseman, professor de gestão empreendedora na Harvard Business School, descreve alguns cenários comuns que ele coloquialmente chama de dilema rico *versus* rei. Isso vai desde buscar um cofundador (o que significa dividir o controle com um parceiro), a ceder o controle de uma empresa a capitalistas de risco e acreditar que um CEO, não você, pode conseguir aumentar o valor de sua empresa. As opções *rei* geralmente permitem aos fundadores manter o controle das principais decisões e, com frequência, manter maior participação acionária embora, possivelmente, com o valor reduzido da empresa. As opções *rico* permitem que a empresa e a participação do fundador aumentem potencialmente de valor, embora o fundador tenha de sacrificar o controle. A chave aqui é reconhecer que não existe uma única resposta certa.

---

* NT: Conceito de *pivot*, ou *pivotar*, em negócios: girar em outra direção e testar novas hipóteses, mantendo sua base para não perder a posição já conquistada e readaptando o que já construiu a favor de uma nova estratégia.

O dilema rico *versus* rei se resume a quanto cada opção corresponde à motivação do fundador. A decisão que obtiver um investimento externo é outra concessão comum. Há ocasiões em que um capital adicional e investidores experientes podem claramente ajudar uma empresa a criar um valor maior duradouro. Empreendedores que valorizam o controle, às vezes, fazem escolhas ruins, seja recusando capital (e um crescimento futuro) em geral, ou barganhando com qualquer um que lhes ofereça maior valorização e controle de sua empresa, quando, na verdade, outras capacidades são necessárias.

Dilema: Saber quando mudar os membros de sua equipe fundadora

Lealdade cega é uma das principais razões por que as empresas falham em crescer. O Coração batalha pelo impulso humano de permanecer fiel às pessoas que nos ajudaram a chegar onde estamos hoje, enquanto nossa Inteligência nos diz que nosso negócio requer um rumo diferente. Para ter sucesso, você deve estar disposto a se submeter e aos membros de sua equipe ao propósito institucional geral da empresa que você criou. Os papéis precisam evoluir juntamente ao crescimento da empresa, e lealdade cega aos colegas pode interromper esse crescimento. Conhecemos diversos líderes que deixaram de reconhecer as limitações de seus cofundadores elevando-os a níveis acima de suas competências, assim como conhecemos líderes que deixaram de alavancar os talentos de seus cofundadores, levando, assim, ao descontentamento e, por fim, ao êxodo. Seus cofundadores estão rumando para papéis evolutivos positivos ou para papéis existentes?

Dilema: Mantenho ou vendo meu negócio?

Para ser sincero, esse é um dilema extremamente delicado e extremamente pessoal. Alguns empreendedores preveem uma estratégia de saída desde o primeiro dia, enquanto outros entram num negócio pelo Coração, movidos por pura paixão e propósito (só cogitam vender suas empresas muito mais tarde). Vender não é algo binário. Segundo o dilema rico *versus* rei de Noam Wasserman, isso pode significar pegar dinheiro de fora como investimento enquanto se constrói o negócio. Mas em última análise, a escolha de vender um negócio e "sair com o dinheiro" é agridoce. Por um lado, é uma marca de sucesso, com recompensas financeiras potencialmente consideráveis. Por outro lado, os empreendedores podem sentir que venderam sua grande razão e propósito de ser e inclusive que traíram seus funcionários e clientes. Se você está enfrentando esse dilema, faça a si próprio as perguntas de diagnóstico apresentadas no quadro "Vender ou não vender?".

Vender ou não vender?

Você precisa vender?
Construa coisas com valor duradouro que possuam um fluxo de caixa superior e você terá o controle sobre quando vender. Uma mentalidade de criação de valor de longo prazo gera menos problemas de momento de saída do que uma captura de valor oportunista. Simplificando: construa para criar valor, não para vender.

Você está levando a maximização de valor longe demais?
Tentar prever perfeitamente a valorização máxima é uma bobagem. Com muita frequência, as pessoas não avaliam honestamente qual é troca ajustada ao risco entre o que será necessário para obter mais valor no futuro e o que você pode obter hoje.

Pode se livrar de alguns de seus ativos?
J.P. Morgan disse "Ganhei todo meu dinheiro vendendo cedo demais"[9]. Se você pode realizar alguma liquidez, explore isso seriamente.

Qual é o contexto do mercado?
Se há muitos compradores, talvez seja hora de sair. Mas você está obtendo o melhor preço? Pergunte-se se o mercado está comprador ou vendedor.

Você quer vender?
Você vai ficar feliz vendendo? Ou vai se sentir como se tivesse posto na "liquidação"? Você está confundindo vender com querer um papel diferente? Separe seus motivos financeiros daqueles não financeiros.

Recapitulando dilemas e os limiares dos indivíduos predominantemente Coragem

Criar um negócio do zero exige a coragem de assumir riscos a despeito das possíveis, e até mesmo das prováveis, consequências negativas. Ter coragem de Iniciar, Persistir e Evoluir é essencial para todos os estágios da construção de um negócio. Pergunte a qualquer empreendedor famoso e ele dirá que a Coragem de agir em momentos críticos é o único elemento mais inspirador – e, portanto, memorável – de sua liderança. (Isso é *ex post facto* – a partir do fato passado.) Antes dessa importante descoberta, no entanto, muitos membros da família e colegas sem dúvida disseram-lhe que ele estava absolutamente louco de pensar que poderia fazer sua ideia funcionar.

Conforme ressaltamos no início deste capítulo, a jornada empreendedora e de construção de negócios pode ser solitária. Se você está iniciando seu próprio empreendimento, ou atuando como agente de mudança em uma empresa mais madura, certamente precisará ficar sozinho em alguns momentos.

Empresas bem-sucedidas são empresas vigilantes. Elas nunca descansam. Elas nunca relaxam. Como líder, os desafios que você enfrenta podem ser diferentes daqueles que enfrentou no passado, mas ainda assim exigem sua atenção. Mesmo que você esteja no topo de sua indústria, a disposição de *continuar lutando* é uma ilustração admirável da Coragem de Evoluir. Em situações em que os outros podem retroceder ou se tornar complacentes, o empreendedor corajoso irá em busca de maneiras de mudar, adaptar-se ou garantir novos mercados, sem deixar de prever a concorrência a toda hora, em todo lugar.

Os dilemas que descrevemos neste capítulo complementam os principais pontos de inflexão do ciclo de vida de uma empresa. A passagem do estágio de fundação, para o estágio de consolidação, para o crescimento e, por fim, para os estágios de evolução e expansão, são todos momentos que exigem que um fundador reexamine o que o negócio requer. Em cada desses estágios, todos os construtores de negócios necessitam de certo limiar de Coragem. São momentos de "reflexão" em que você deve perguntar a si próprio se é a pessoa certa para levar a empresa ao próximo nível, e o que precisa mudar em si e na empresa para fazer isso acontecer. Você vai manter o amigo que o acompanha desde o primeiro dia no papel X, a despeito de saber que ele não é mais a pessoa certa para a função e que, no mínimo, precisa evoluir para o papel Y? Você está disposto a ter aquela conversa difícil? Você está disposto a ser objetivo, e tem a sensibilidade para identificar o momento certo para dobrar a aposta em vez de cair fora?

Resumindo, "ter coragem" é uma parte importante de qualquer estratégia de negócios a longo prazo.

Comum a todos os dilemas talvez seja o tema recorrente de como melhor equilibrar perseverança com flexibilidade. É o paradoxo do empreendedor. Um equilíbrio permanentemente delicado entre: (1) ter uma convicção inexorável e uma rejeição ao fracasso em relação a uma visão; e (2) aceitar e lidar com o fracasso quando o inevitável acontece. Isso leva à eterna pergunta que as pessoas predominantemente Coragem se fazem: "Ao que me atenho e o que mudo?"

Inúmeros empreendedores e construtores de negócios bem-sucedidos nos ofereceram sua solução: mantenha-se firme em relação a seus princípios fundamentais e com tudo o mais tenha coragem de adequar, *pivotar* ou mudar conforme o mercado ditar a necessidade desses ajustes. Ambos os termos desta equação – definir o que precisa ser mantido firme e constante *versus* o que está aberto a mudanças – exigem Coragem. A Coragem para começar algo, persistir nisso e, por fim, promover sua evolução é do que são feitos os empreendedores movidos por Coragem.

O CAPÍTULO EM RESUMO

Coragem: como Iniciar, Persistir e Evoluir

- O que a Coragem faz: ela permite aos empreendedores fazer as coisas acontecerem e se manterem confiantes em qualquer situação.

- Medo e Coragem: empreendedores movidos por Coragem não são destemidos; eles simplesmente sabem como lidar com – e talvez prosperar em – ambientes desfavoráveis.

- A hierarquia da Coragem:
  - Coragem de Iniciar: é preciso coragem para começar algo. A Coragem de Iniciar nos dá força para ter fé em um futuro incerto.
  - Coragem de Persistir: a Coragem de Persistir nos permite reconhecer que o fracasso não é uma opção, mas sim uma realidade. Diz respeito a permanecer forte e resoluto: perseverar a curto prazo para realizar nossas metas de longo prazo.
  - Coragem de Evoluir: um bom empreendedor tem a autoconscientização e a prontidão para mudar de rumo, evoluir ou reiniciar. A Coragem de Evoluir nos proporciona a habilidade de encenar a mudança dentro de nós mesmos, desencadeando nosso potencial interior para liderar durante pontos de inflexão e limiares naturais de um negócio.
- Coragem pode ser adquirida: embora alguns indivíduos possuam um nível inato de Coragem, na verdade, trata-se de uma qualidade passível de ser adquirida. Experiências da infância, treinamento para crises e a rede de suporte adequada podem aumentar nosso nível de Coragem.
- Quatro decisões comuns sobre dilemas que requerem Coragem: indivíduos predominantemente Coragem se distinguem especialmente durante momentos de decisão desafiadores.
  - Mudo de rumo e mudo o curso do negócio?
  - Substituo-me como CEO por outra pessoa?
  - Substituo/troco um membro antigo da equipe (ou mesmo um fundador)?
  - Vendo ou não?

  Esses pontos de inflexão representam "momentos da verdade" reais que testam a Coragem de um líder.
- Pessoas predominantemente Coragem são incansáveis: empresas bem-sucedidas são vigilantes e usam muito poucos intervalos para descansar e relaxar. Angústias e provações inevitáveis são parte do ciclo de crescimento de um negócio, e é a

Coragem, mais do que qualquer outra qualidade, que mantém a luta constante e proporciona a bravura para agir e se adaptar ao longo do caminho conforme necessário.

- Paradoxo do empreendedor: em última análise, o maior paradoxo para o empreendedor movido por Coragem é o equilíbrio entre recusar-se a admitir o fracasso e, simultaneamente, aceitá-lo quando ele surge. É uma reflexão eterna sobre onde se manter imutável e onde fazer ajustes – uma disputa interior entre convicção e humildade. Ter consciência disso ajuda a levar o dia adiante.

5

✣ O PAPEL INEVITÁVEL da SORTE no EMPREENDEDORISMO

Não existem garantias de sucesso no empreendedorismo. Seu conceito pode ser ousado, seu quociente de Coração alto, sua Inteligência e Coragem bombando, mas fatores externos que fogem a seu controle estão sempre em jogo. O ambiente de negócios é mutável, e os empreendedores nem sempre conseguem prever aonde seus conceitos, ou planos, irão levá-los. Problemas de último minuto ou VIA (Variáveis Imprevistas Assassinas) estão sempre à espreita, ameaçando especialmente nos estágios iniciais de um negócio. Um cliente pode ficar inadimplente, uma fonte prometida de financiamento pode desaparecer, o mercado mundial pode azedar – qualquer uma dessas situações pode mudar sua trajetória num instante. Mas, então, você pode ter Sorte. Sua ideia de negócio pode ter um ponto de intersecção com o memento e a cultura, como se fosse destino.

A Sorte importa. Sem ela, Coração é um sonho adiado, Inteligência é simplesmente mais uma pessoa brilhante ou bem-informada andando pela rua e Coragem é uma intensidade sem foco ou uma resiliência estoica esperando algo aparecer. Seja ela uma descoberta oportuna, uma coincidência, ou um conceito que desencadeia uma necessidade profunda que os consumidores nunca perceberam que tinham, a Sorte sempre terá um papel na jornada de um negócio. Embora relativamente poucos construtores de negócios atinjam o sucesso unicamente com base na qualidade Sorte, não duvidamos de que ela seja algo necessário. Francamente, é a única qualidade que nunca é demais.

As questões em torno do papel que a Sorte desempenha são: como explicar o acaso, a boa ou a má Sorte? Podemos domá-la para que nos influencie da forma que gostaríamos? Qual é a melhor maneira de sobreviver a um período de *má* Sorte? Resumindo, como você cria a boa Sorte e aceita a má Sorte?

Por sua definição clássica, a Sorte é ingovernável; tem pensamento próprio. Situações fora de nosso controle sempre vão acontecer – motivo pelo qual reconhecer e entender o papel que a Sorte desempenha em nossa vida empreendedora serve para nos lembrar de nossas limitações. Sucesso, dinheiro e respeito podem levar à arrogância (assim como Ícaro), portanto, é importante contrabalançar poder com humildade. E observamos que humildade e vulnerabilidade, estar aberto a novos relacionamentos e valorizar que, às vezes, simplesmente recebemos uma mão em boa hora, ajuda a mantermos a fé, a coragem e o ímpeto. E há o seguinte: isso também traz mais sorte.

Comece a examinar a carreira de qualquer líder empresarial bem-sucedido e você encontrará ao menos uma história sobre o papel proeminente que a Sorte desempenhou em seu sucesso ou fracasso. Repetidamente, em nossas entrevistas e pesquisas, alguns dos maiores empreendedores e construtores de negócios do mundo falaram sobre a Sorte e sua habilidade em criá-la ou influenciá-la. Uma minoria nada insignificante (mais de $1/5$) das centenas de criadores e construtores de negócios que entrevistamos foi qualificada como predominantemente Sorte em seu perfil CICS. Em suas experiências de negócios, a Sorte não esteve totalmente fora de seu controle, mas, na verdade, foi algo que pôde influenciar.

O segredo? Sorte diz mais respeito à atitude certa e relacionamentos certos do que a qualquer outra coisa. Nosso conceito de Sorte tem suas raízes no que chamamos de uma Atitude de Sorte e uma Rede de Relacionamentos de Sorte, ou simplificando uma Rede de Sorte. A primeira é resultado de humildade, curiosidade intelectual e otimismo. A segunda deriva da Atitude de Sorte e acrescenta atributos como vulnerabilidade, autenticidade, generosidade e abertura. A Rede de Sorte de alguém representa os relacionamentos imprevisíveis, aparentemente casuais e fortuitos que ajudam essa pessoa a progredir.

Em nossa pesquisa E.A.T., usamos pares de perguntas do tipo escolha única, em que os participantes eram forçados a optar entre dois traços de personalidade. A Figura 5-2 mostra como os indivíduos predominantemente Sorte responderam a certas opções em relação a seus correlatos com diferentes traços predominantes. Existem alguns aspectos interessantes a serem observados. O primeiro é a alta porcentagem de empreendedores predominantemente Sorte que atribuem grande parte de seu sucesso não às qualidades mais predominantemente Coragem de "fazer o que os outros temem ou de ser resiliente", mas a "estar aberto a experimentar coisas novas" e "estar no lugar certo na hora certa". Seja em

Definição de Sorte

FIGURA 5-1

Sorte — substantivo: a interseção da atitude certa com a rede de relacionamentos certa; o resultado de uma Atitude de Sorte (humildade, curiosidade intelectual e otimismo) e de uma Rede de Sorte (subconjunto da rede de relacionamentos de uma pessoa) composta de relacionamentos inesperados, mas altamente úteis.

nossa pesquisa de opinião ou em nossas entrevistas com empreendedores, observamos de forma consistente uma humildade e uma curiosidade intelectual subjacente nas pessoas predominantemente Sorte. Quando perguntamos se consideravam mais importante pessimismo ou otimismo, por exemplo, otimismo foi o que repercutiu mais nos indivíduos voltados para Sorte. E, por fim, um reflexo adicional de sua humildade e autoconscientização é como eles enxergam as percepções dos amigos sobre seu sucesso, ressaltando que "os amigos estariam mais propensos a dizer que eu fui 'extremamente afortunado' e 'tive mais sorte que a maioria das pessoas'".

FIGURA 5-2

O que significa ser predominantemente Sorte

PERCENTUAL QUE ESCOLHEU ESSA OPÇÃO

Objetive sucesso graças a:			Os predominantes inteligência	Todos os outros
Fazer coisas que os outros têm medo	← - - - - - - - →	Estar aberto a experimentar coisas novas	86%	64%
Ser resiliente	← - - - - - - - →	Estar no lugar certo na hora certa	57%	12%
Qual declaração repercute mais?				
No trabalho, sou mais empolgado do que a maioria	← - - - - - - - →	No trabalho, tenho mais sorte que a maioria	39%	9%
Sou persistente	← - - - - - - - →	Sou otimista	75%	31%
Meus amigos provavelmente diriam que:				
Vencia apesar de todas as probabilidades	← - - - - - - - →	Sou brilhante	71%	48%
Se eu fracassar, não será por falta de poder intelectual	← - - - - - - - →	Tenho mais sorte do que a maioria	64%	32%

Definindo uma Atitude de Sorte

Algumas pessoas acreditam na Sorte – e essa crença as torna mais sortudas. A sorte faz parte de seu perfil otimista de sua abertura a coisas novas. Elas abraçam a noção de que existem forças maiores que fogem da sua compreensão, assim como encontros fortuitos que desempenham um papel crítico em seu sucesso.

Existem muitas coisas que compõem essa Atitude de Sorte, mas as mais importantes são a tríade humildade, curiosidade intelectual e otimismo. Vamos nos aprofundar em cada um desses elementos mais adiante neste capítulo, mas, por ora, daremos uma breve definição desses três fatores mais importantes para você criar sua Sorte.

- O fundamento da Atitude de Sorte é a *humildade*. O pesquisador em Administração de Empresas, Jim Collins, autor de *Good to great* (em tradução livre, *Empresas feitas para vencer*), esteve entre os primeiros a identificar a humildade como uma qualidade essencial dos grandes líderes[1]. Possuir o que chamamos de uma Atitude de Sorte começa com a conscientização sobre suas próprias limitações; a valorização dos esforços daqueles a seu redor e uma postura não condenatória. Se você se encontra numa posição de poder e liderança, isso nem sempre é fácil. Você precisa de bastante autoconfiança para conquistar o respeito dos outros, mas essa confiança (que geralmente vem com a autoridade imbuída pela posição) precisa ser contrabalançada com o reconhecimento de que existe muito mais que você desconhece. A humildade humaniza os líderes e permite que tenham mais sorte. É a raiz da autoconscientização que abre espaço para nossa próxima característica da Atitude de Sorte: curiosidade intelectual.

- *Curiosidade intelectual* é uma resposta ativa à *humildade*. A humildade leva à curiosidade intelectual, no mínimo, a capacidade de adquiri-la. Pense sobre isso. As pessoas extremamente confiantes, ou mesmo arrogantes, têm menos probabilidade de questionar suas premissas ou perspectivas pessoais sobre o mundo. Um empreendedor que intelectualmente curioso tem um desejo voraz de aprender mais sobre qualquer coisa. Ele devora livros, ouve sugestões e explora incansavelmente novas ideias. No final, graças à sua disposição em conhecer novas pessoas, fazer novas perguntas e frequentar novos lugares, ele tem uma oportunidade maior de se expor e ser recompensado pela Sorte.

- *Otimismo* é a fonte para uma mudança positiva. Se a humildade é o fundamento para a curiosidade intelectual, então, o otimismo proporciona a convicção, a inspiração e a energia que permite a realização de novas possibilidades. Mais, melhor e mais rápido é sempre possível no pensamento de um otimista. É uma profecia de autorrealização: pessoas que acreditam na possibilidade e enxergam o lado bom das coisas antes do lado ruim tendem a atrair ainda mais Sorte. Os otimistas costumam dar energia em vez de tomar. Sua positividade os coloca no caminho de um número maior de encontros "surpresa" com a boa Sorte. Movidos por uma crença inabalável no potencial para o melhor, eles tendem a agir no que descobrem nas buscas de sua curiosidade intelectual. Isso completa o círculo virtuoso da Atitude de Sorte: otimismo combinado com habilidades de execução é o que permite tirarmos o máximo proveito da Sorte que nos é concedida.

As pessoas com maior Sorte no mundo dos negócios são aquelas que dizem para si próprias: tenho humildade bastante para perceber que não sei como e que não consigo fazer a maior parte das coisas sozinho; curiosidade e coragem o bastante para perguntar o que pode ser embaraçosamente ingênuo; e abraço o otimismo do "copo cheio pela metade" do qual o resultado final sempre pode ser melhorado.

Definindo uma Rede de Sorte

Uma vez que você tem essa Atitude de Sorte, pode começar a construir uma Rede de Sorte, isto é uma rede de Relacionamentos de Sorte. No mundo atual socialmente conectado ao LinkedIn e ao Facebook, a noção de que a rede de relacionamentos de uma pessoa é o produto de um acaso fortuito pode parecer bobo, mas é absolutamente claro para nós que uma Rede de Sorte é produto tanto da arte quanto da ciência.

Do lado da ciência, existem processos claros e melhores práticas que podem ajudar a melhorar o tamanho e a qualidade da rede de relacionamentos de uma pessoa, desde os *sites* de *networking* mencionados – e outros – à gestão apropriada da lista de contatos e alguns dos Hábitos de Inteligência descritos na seção Inteligência Interpessoal no capítulo 3 (ex.: priorizar seus relacionamentos de maior impacto). Basta ser um estatístico de poltrona para dizer que quanto maior o número de pessoas cujo caminho você cruzou, maiores são as oportunidades que poderão surgir. Mas o lado Rede de Sorte do desenvolvimento de relacionamentos, o aspecto artístico desta dança, é um pouco mais interessante. Quem são as pessoas dessa rede dispostas a compartilhar os caminhos delas com você? Quando se trata de relacionamento, Tsun-yan observa que o poder de atrair é maior do que de impulsionar.

A Rede de Sorte é a fatia da rede de relacionamentos que parece mais um acontecimento fortuito, menos previsível e mais ortogonal, do que o lado da ciência. O VPL (Valor Presente Líquido) e a adequação estratégica de um determinado relacionamento na Rede de Sorte de uma pessoa são, na melhor das hipóteses, nebulosos, mas esta é a questão. Você nem sempre pode prever quais relacionamentos, serão importantes mais tarde em sua vida. Todos já vimos e experimentamos uma situação em que algum conhecido qualquer pode, repentinamente, tornar-se de grande valor. A irmã de um amigo do colégio se torna uma primeira funcionária importante; o amigo de um amigo de fora agora é um alto executivo de uma empresa de tecnologia onde você está tentando "entrar"; um cara que trabalha numa loja de tintas aprende programação, vira fera nisso e acaba como um de seus principais engenheiros (a propósito, esses são todos exemplos da vida real).

Indo um pouco além na argumentação, considere alguns exemplos ficcionais. No filme *Quem quer ser um milionário*, o protagonista consegue vencer um programa de conhecimentos na TV por causa de uma série de encontros aparentemente desconexos que, no entanto, no final, se tornam relacionamentos cruciais. Em *Forrest Gump*, a amizade improvável do herói com o tenente Dan resulta na criação da Bubba Gump Shrimp Company e, em seguida, na decisão de Dan de investir o lucro em ações da Apple Computer (será que eles ainda detêm as ações?).

Esse lado de arte e Sorte de uma rede de relacionamentos, como veremos, origina-se dos três elementos primários da Atitude de Sorte, mas também das características secundárias da construção de relacionamentos que são Vulnerabilidade, Generosidade, Autenticidade e Abertura. A Rede de Sorte reúne um conjunto de relacionamentos que desempenham papéis críticos no momento certo, mas que, *a priori*, não estava previsto que fariam isso. O benefício de ter uma Rede de Sorte é que ela é um curinga que pode causar um impacto imprevisível, porém positivo, em suas iniciativas de negócios e em sua vida de modo geral.

Mais adiante neste capítulo nos aprofundaremos em Atitude de Sorte e Rede de Sorte, mas primeiro vamos mudar um pouco a direção para examinar outros tipos de Sorte.

Tipos de Sorte

A Sorte vem em três formas: Sorte Pura, Sorte Constitucional e Sorte Circunstancial. Das três, a Sorte Circunstancial é a que pode ter mais influência. A Sorte Constitucional lida com elementos e ambientes em que você nasceu e a Sorte Pura é exatamente o que parece – e, portanto, com menos potencial em nossa esfera de influência.

Sorte Pura

Quando tiramos uma carta de um baralho, temos mínimos 2% de chance de que será um Ás de copas. Em suma, a probabilidade de que essa carta venha parar em suas mãos é pequena, mas existe uma chance mínima de que isso aconteça. A menos que tenhamos manipulado o baralho antes, não temos nenhum controle sobre o resultado. Qualquer carta que venha parar em nossa mão terá simplesmente a ver com a probabilidade neutra, ou, dito de outra forma, Sorte Pura.

Em alguns casos – pense na contagem de cartas no *blackjack* ou 21 –, é possível gerenciar o que parece ser Sorte Pura por meios analíticos e estatísticos. Isso resulta na transformação de Sorte Pura em Inteligência. Mas a verdadeira Sorte Pura não pode ser gerenciada dessa forma e, às vezes, as pessoas que ganham os maiores prêmios são aquelas que mais ignoram o risco. Uma pessoa pode apostar alguns trocados no cavalo 22 sem perceber que embora sua intenção fosse apostar US$ 7,00, acabou apostando US$ 700 por acidente. Opa! Seu cavalo ganha – e ele também. É improvável que ele tivesse apostado na probabilidade ou assumido o risco se soubesse quanto dinheiro estava em jogo. Como não podemos governar esse tipo de Sorte Pura, não falaremos muito sobre ela aqui.

Sorte Constitucional

Cada um de nós nasceu com uma determinada constituição num ambiente específico. Poderíamos ter nascido numa economia emergente de crescimento acelerado como o Brasil e a China, ou numa cidade do Velho Mundo, ou em algum vilarejo. Poderíamos ser produto de uma família de imigrantes, ou de pais que esperavam pouco ou muito, de um berço abastado, ou desprivilegiado. Herança, gênero, origem cultural, valores familiares e educação nos predispõem a certas oportunidades e resultados futuros.

Há muitos anos, quando Tsun-yan era um consultor jovem e inexperiente, um alto executivo criou um vínculo diferenciado com ele porque sentiu uma conexão com a origem chinesa de Hsieh. Ocasionalmente, no fechado mundo dos negócios, a Sorte de uma determinada origem cultural ou hereditariedade pode ser um fator positivo (embora tenhamos observado o contrário também). No caso de Tsun-yan, sua Sorte Constitucional – a Sorte com que ele nasceu – trabalhou a seu favor.

A época e a era em que você nasceu também podem influenciar a Sorte. Muitos empreendedores famosos se formaram e iniciaram suas carreiras durante o nascimento da internet comercial. Esse momento provou ser de extrema sorte para Tony. Ele não só foi capaz de aprender incontáveis lições fundando e construindo uma empresa da internet nos primórdios do comércio eletrônico, como também outras oportunidades surgiram para ele também. Ainda bem jovem, ele teve a oportunidade de conhecer diversos executivos da *Fortune 500*, porque esses executivos mais velhos batalhavam para entender o impacto da internet. Ele foi investidor anjo numa empresa nascente da internet que, em menos de um ano, foi vendida por cerca de US$ 1 bilhão. Certamente, outros elementos CICS desempenharam um papel importante, mas a Sorte Constitucional do momento oportuno foi claramente um dos fatores mais críticos que o beneficiaram.

Warren Buffett creditou grande parte de seu sucesso à Sorte. Ele alega que ganhou na "loteria ovariana" por ter nascido no momento certo num país em que suas competências de se manter atento ao mercado de capitais e ser capaz de alocar capital permitiram acumular uma grande riqueza[2]. É uma visão humilde de uma história de sucesso fantástico. Buffett usa a analogia da loteria ovariana para pedir às pessoas que imaginem que cada pessoa na Terra é representada por uma bola. Ele brinca que se fosse uma dessas bolas sorteadas durante uma era diferente, digamos, há milhões de anos, teria sido bastante inútil e, provavelmente, comido por um dinossauro. Da mesma forma, ele reconhece que seu dom em alocar capital é impulsionado pelas características do local onde está – se estivesse numa ilha deserta sem um mercado de capitais, o valor de sua competência seria praticamente nulo. Buffett calcula que quando nasceu, a chance de estar numa situação em que suas competências fossem valiosas era de uma em 50. Caso tivesse nascido numa condição familiar diferente, numa era diferente ou num outro país onde houvesse menos oportunidades para investidores, ele nunca teria a oportunidade de se tornar o sucesso que é hoje.

Como nossa natureza e a influência do ambiente definem nossa Sorte Constitucional, não podemos ajustá-la ou reinventá-la. No entanto, podemos decidir se queremos tirar vantagem dela. Depende de cada um de nós enxergar como nossa Sorte Constitucional pode ser alavancada e maximizada. Refletir e entender como usar nossos elementos constitucionais como *Alavancas da Sorte* é um exercício que sempre vale a pena praticar. Assim como a maioria dos leitores deste livro, se você refletir sobre o assunto, descobrirá que nasceu numa das situações de maior sorte do planeta.

Sorte Circunstancial

Você está planejando encontrar seu irmão mais velho para almoçar num restaurante novo. No último minuto, ele liga avisando que está atrasado. É um dia quente e ensolarado e, enquanto vai até um parque próximo, você avista uma velha amiga que não via há anos. Depois de contar entusiasmadamente a ela sobre seu novo negócio, sua amiga sugere que você converse com um conhecido dela que, um ano mais tarde, virá a ser o CEO de sua empresa e conduzi-la a um novo patamar de sucesso.

Se seu irmão tivesse sido pontual e você não tivesse ido matar tempo no parque, se não tivesse avistado sua velha amiga, se vocês dois não tivessem se reencontrado, se você não tivesse entrado em detalhes sobre sua empresa, se ela não tivesse recomendado o amigo como alguém confiável, então, o lucro de sua empresa talvez nunca tivesse multiplicado dez vezes sob o comando de um CEO excepcional. Você foi misteriosamente sorteado no curso dos eventos, uma categoria de sorte que chamamos de Circunstancial. Esse tipo de Sorte Circunstancial exemplifica como eventos aparentemente pequenos e triviais podem ter consequências com uma influência desproporcional. Depare-se com eventos triviais o bastante, e em algum momento algum deles acabará se tornando algo grande e significativo. (Contanto que esteja disposto a agir frente à sorte que surgiu para você.)

A hora certa é tudo, mas você não consegue definir a hora exata de nada.

Geralmente, chamamos "estar no lugar certo na hora certa" de acaso, coincidência, ou, até mesmo, de destino. Mas é possível influenciar a Sorte Circunstancial. "A hora certa é tudo, mas você não consegue definir a hora exata de nada", observa o empreendedor Kimbal Musk[3]. Portanto, simplesmente, tente e esteja no maior número de lugares que puder na hora certa."

A Sorte Circunstancial é possivelmente a responsável pela criação do Red Bull, a bebida energética agora onipresente nas bibliotecas das faculdades em época de exames finais e em eventos de esportes radicais ao redor do mundo. A bebida foi criada em 1978 quando Dietrich Mateschitz, um austríaco que estava na Tailândia trabalhando para uma empresa alemã de dentifrício, notou que os locais apreciavam muito uma bebida chamada Krating Daeng ("búfalo asiático" em tailandês). Sua curiosidade foi atiçada e Mateschitz decidiu experimentar aquele "búfalo líquido". O energético curou seu *jet lag*, e ele entendeu por que os caminhoneiros tailandeses gostavam tanto dela. Enxergando o potencial, ele teve o *insight* de gaseificar a bebida e vendê-la no Ocidente. A Red Bull despachou 4 bilhões de latas em 2010.

Como um empreendedor consegue ter mais Sorte do que outro? A probabilidade é de que pessoas que vemos como afortunadas estão conscientemente ou subconscientemente seguindo os princípios da Atitude de Sorte e da Rede de Sorte. Elas são humildes. São intelectualmente curiosas. São otimistas. E também tendem a desenvolver grandes redes de relacionamento, não tanto com afinco, mas dando atenção às pessoas de maneira natural, autêntica e generosa.

Por que (e como) a ignorância pode afetar a Sorte

A experiência nos mostrou dois tipos de empreendedores de sucesso que se beneficiam de uma variante estranha da Sorte Circunstancial. O primeiro grupo é composto de pessoas que, ao aceitar restrições, se tornam por sua vez mais criativas. As pessoas podem se tornar mais criativas, e quase por definição precisam ser, quando limitações lhes são impostas. Os membros do segundo grupo, que destacamos nesta seção, ignoram tais limitações – independentemente de elas existirem ou não na realidade. Eles geram ideias livremente porque a ignorância é sua amiga. Ter uma visão otimista do mundo no estilo Forrest Gump pode abrir novas perspectivas. Se você ignora, ou descarta os fatores de risco numa determinada situação de negócios, pode acabar sendo mais bem-sucedido. É curioso quando você pensa sobre isso: conhecer suas limitações pode estimular sua criatividade, mas desconhecê-las também pode conduzir você a um brilhantismo inovador.

O que achamos disso? Bem, se a necessidade é a mãe da inovação, essa variação inocente da ignorância – não estamos falando da estupidez deliberada aqui – pode ser o pai. Dizemos isso por duas razões. Primeiro, ignorância pode significar ter uma mente aberta livre de restrições; segundo, a ignorância pode aumentar suas convicções e seu destemor. Se você ignora os riscos envolvidos numa determinada situação, sua apreensão sobre ter sucesso ou não irá diminuir de acordo. É difícil ter medo do que você não sabe.

É por isso que nos estágios iniciais de uma empresa, uma cegueira para influências externas pode estimular ambas: criatividade e inovação (afinal, raramente perdemos o sono com os riscos que desconhecemos). Por essas mesmas razões, muitos *insights* ousados vêm dos mais jovens. A juventude não está carregada da experiência capaz de discriminar novas maneiras de pensar. Experiência e sabedoria podem ser necessárias para o crescimento e a sustentação de uma empresa, mas a ingenuidade e o pensamento disruptivo têm muito impacto na geração de ideias e comportamentos revolucionários. Portanto, dentro do contexto do empreendedorismo e da geração ideias, a ignorância – mais uma vez, aquela boa – pode criar um ambiente inspirador de receptividade e inovação. Não fará mal reconhecer esses momentos críticos na trajetória de uma empresa – entre outros, a fase de conceitualização e determinados pontos de inflexão no crescimento – quando uma abordagem inocente é um lucro.

Um mestre Zen talvez expresse isso melhor. Em seu livro, *Zen mind beginner's mind* (em tradução livre, *Mente zen, mente do iniciante*), Shunryu Suzuki argumenta que uma mente desprendida, livre de inclinações, preconceitos, julgamentos, criticismos e expectativas está viva e atenta para imaginar, observar, processar e inovar[4]. Ao combinar o *conhecido* com o *desconhecido*, o cérebro permite que a criatividade e a convicção – duas características essenciais do empreendedorismo – floresçam. A primeira é mais crítica durante os estágios iniciais – pensar grande – de uma empresa, enquanto a segunda é vital para mobilizar sua equipe a trabalhar continuamente com excelência. "Na mente do iniciante existem muitas possibilidades", segundo consta, é uma citação de Suzuki. "Na mente do experiente existem poucas."

Sorte Pura: até um relógio quebrado mostra a hora certa duas vezes por dia.

Desenvolvendo uma Atitude de Sorte

O tema deste capítulo é que existem coisas que você fazer para aumentar sua Sorte. É sobre isso que a Atitude de Sorte e a Rede de Sorte dizem respeito. Essa habilidade aparentemente inata que algumas pessoas têm de pegar uma onda perfeita quando ela se forma é, ao menos em parte, uma competência que pode ser desenvolvida. Então, vamos nos aprofundar um pouco mais, primeiro, na Atitude de Sorte.

Humildade

Sorte diz respeito à linha tênue entre controle e fora do controle, a reconhecer onde termina seu controle e onde começa o resto do mundo. Qualquer um que alegue que teve sucesso unicamente por esforço próprio está se enganando. É aí que entra a humildade.

Em nossas conversas com centenas de empreendedores e líderes empresariais para este projeto, somadas a outra centena deles que conhecemos ao longo de nossas carreiras, observamos algo surpreendente: um número desproporcional de construtores de negócios é humilde – sobre o que sabem e sobre o que não sabem, sobre suas próprias necessidades de desenvolvimento e sobre a equipe necessária para que o trabalho seja realizado – para que essa qualidade não seja importante. É o oposto de excesso de confiança, cuja audácia característica pode levar a visões grandiosas, mas que acabam em resultados desastrosos.

Se não fosse por essa humildade, o grande antropologista Clifford Geertz não teria feito uma de suas maiores contribuições ao campo. Quando foi a Bali, na década de 1970, a população local não foi receptiva à sua pesquisa. Ele e sua esposa foram vistos como estrangeiros. Então, ele buscou se integrar aos locais tendo a humildade e o respeito de seguir os costumes e as regras deles. Quando a polícia chegou para acabar com uma briga de galos ilegal que Geertz e sua esposa estavam assistindo com um grupo de balineses, os dois fugiram e se esconderam junto aos locais até que a polícia fosse embora. Os balineses caçoaram do casal – eles eram estrangeiros brancos, e não precisavam ter medo de serem presos –, mas também começaram a confiar neles e a respeitá-los.

Humildade na liderança começa com entender que o propósito por trás de uma visão vai além do indivíduo e, então, de perceber que alcançar essa visão vai requerer ideias, recursos e novas competências além das que você tem hoje. Existe sempre uma confiança silenciosa oculta naqueles que demonstram humildade, e uma insegurança gritante naqueles que demonstram arrogância. Pessoas humildes são recompensadas com mais Sorte, porque são rápidas em explorar novos métodos e ideias (a curiosidade intelectual que discutiremos a seguir) e também são rápidas em compartilhar crédito e reconhecimento com os outros, gerando maior lealdade e respeito. A Sorte vem com mais frequência para a pessoa que procura ganhar o respeito do que para aquela que o exige autoritariamente.

Curiosidade Intelectual

Fato: Se você foca continuamente em se aprimorar, criará um número maior de oportunidades, ainda mais fortuitas. Líderes empresariais que tornam um hábito questionar o convencional e buscam aprimorar a si e a seu negócio tendem a atrair a sorte. Por quê? Eles são ávidos por ler sobre coisas novas, reformular ideias, buscar informações externas, testar novas experiências e explorar novas fronteiras de sua própria curiosidade – e tudo isso aumenta a probabilidade de uma maior Sorte Circunstancial cruzar seu caminho. Isso pode parecer esforço e disciplina, mas tem mais a ver com a determinação de uma pessoa em aprender e com a abertura para o poder do autoaprimoramento. *Sempre existe mais para ver e para aprender*. Esse é um excelente mantra para interceptar e atrair a Sorte. Sem humildade e vulnerabilidade, nunca possuiremos a Curiosidade Intelectual que um grande líder necessita.

Um aspecto-chave é estar disposto a aprender de qualquer um. Quando perguntamos a Joe Grano, ex-CEO do UBS Paine Webber e que agora comanda a empresa de investimentos Centurion Holdings, quem o inspira, Joe respondeu: "Para ser franco, praticamente, todo mundo me inspira. Eu sinto tanto prazer em conversar com o jardineiro quanto com outros CEOs. Nunca conheci alguém de que não consegui aprender nada, e quando abordo relacionamentos com essa mentalidade, eles sempre são inspiradores"[5]. Os dados obtidos em nossa pesquisa E.A.T. refletiram essa atitude entre os indivíduos predominantemente Sorte. Eles tendem a buscar influências de muitas fontes diferentes, enquanto outros empreendedores que observamos tendiam a ser influenciados principalmente por familiares e relacionamentos profissionais (veja a Figura 5-3). Quanto maior o círculo, maior é a influência dessa fonte. Note como, para os empreendedores movidos por Sorte, os círculos estão com uma distribuição muito mais equilibrada. Isso reflete uma tendência em aprender, como colocou Joe Grando, de "qualquer um".

> *Indivíduos predominantemente Sorte apresentam uma distribuição mais equilibrada de suas fontes de influência, aprendendo de todo mundo.*

Intimamente relacionada à curiosidade intelectual está uma habilidade que emprestamos da Inteligência: observar padrões. Algumas variantes da Sorte se resumem a reconhecer um padrão onde os outros veem apenas uma série de eventos, tendências ou comportamentos. Observar não necessariamente significa absorver mais informações. É mais

FIGURA 5-3

Fontes de influência por predominância de CICS

PERCENTUAL MÉDIO ATRIBUÍDO A CADA FONTE DE INFLUÊNCIA

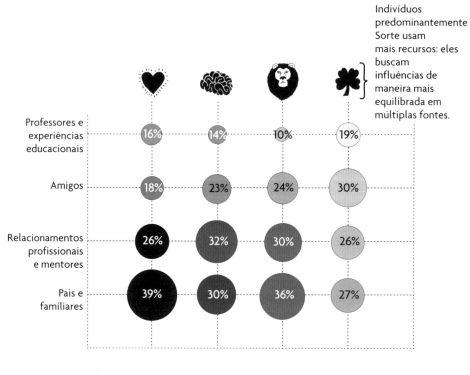

uma questão de combinar informações do mundo ao seu redor com outras informações, aparentemente sem qualquer relação, da cultura popular, de suas próprias experiências e intuições e do comportamento dos outros que o cercam. O reconhecimento de padrão pode se somar para impulsionar uma decisão atrás da outra, como aqueles que leram o capítulo 3 já sabem.

Na Thomson Corporation, a decisão de se desfazer do negócio central de jornais impressos veio de Dick ser curioso o bastante para observar as tendências que evoluíam ao seu redor. Estávamos cientes das transições em curso. Ele observou o crescente poder da internet e como ela mudou padrões na publicidade. Por fim, ele concluiu que a web iria prejudicaria seriamente os jornais – isso foi no final da década de 1990. Um tanto de Inteligência, um tanto de Coragem e a curiosidade Intelectual presentes numa Atitude de Sorte o levaram a sair quando ele o fez.

Resumindo, a necessidade de estar extremamente atento às mudanças que acontecem a seu redor e a disposição de agir em face dessas mudanças são essenciais. O que com frequência parece um momento "oportuno" ou "de sorte" tem mais a ver com manter uma mentalidade generosamente atenta.

Otimismo

Ocorre que se sentir com sorte e otimista pode dar confiança, melhorar o desempenho e nos estimular a querer ir mais longe; permite liberar as tensões e cria a ilusão de controle num universo aparentemente aleatório.

Michael Jordan usava sua marca registrada, a cueca azul, para atrair a sorte. Tiger Woods fez da camisa vermelha do domingo um ritual simbólico[6]. Alan Hassenfeld, ex-presidente da Hasbro, contou a história de que colocava sete moedas da sorte de dez centavos em seu sapato antes de uma crítica reunião de acionistas[7]. Amuletos da sorte podem de fato melhorar o desempenho?

Sim. Em um experimento, os psicólogos sociais Lysann Damish, Barbara Stoberock e Thomas Mussweiler da Universidade de Colônia deram a 28 golfistas uma bola com a marca "sorte". Por fim, esses indivíduos estudados acertaram, em média, 33% mais *putts* do que o resto do grupo, que jogou com bolas "normais"[8]. Existe um efeito placebo Sorte quando as pessoas acreditam que estão tendo ou estão mais predispostos a ter Sorte. Experimentos adicionais avaliaram os efeitos dos amuletos da sorte dos participantes tanto em relação à memória ou na solução de quebra-cabeças. Novamente, na presença de seus talismãs, os indivíduos tiveram melhor desempenho. Os pesquisadores teorizaram que ativar uma superstição e/ou um pensamento positivo levou ao estabelecimento de metas pessoais mais ousadas, assim como a uma maior persistência no desempenho de uma tarefa.

Com ou sem amuletos da sorte, os otimistas experimentam uma Sorte melhor em muitos aspectos de sua vida. Os psicólogos Christopher Peterson, Geroge Vaillant e Martin Seligman definem um *estilo explanatório pessimista* a percepção de ocorrências ruins como algo global (ex.: que afetam muitos aspectos da vida de um indivíduo), improváveis de mudar e pessoais. No entanto, definem como um *estilo explanatório otimista* a percepção de eventos ruins como irrelevantes, efêmeros, destinados a manter o equilíbrio, fora do controle de qualquer pessoa. Eles constataram que os calouros otimistas tendem a conseguir médias finais mais altas no primeiro ano da faculdade (eles têm menor probabilidade de deixar que uma nota ruim atrapalhe seu curso)[9].

O otimismo pode até prolongar a vida de um indivíduo. Usando respostas a questionários sobre experiências de guerra, a mesma equipe de pesquisadores avaliou 99 homens quanto a seu estilo explanatório. Após avaliar a saúde física desses indivíduos durante 35 anos, a equipe encontrou correlações claras entre otimismo e condições físicas e mentais. Parece que os otimistas estão determinados a melhorar sua saúde e se cuidam melhor. Adicionalmente, eles de modo geral ostentam uma rede de suporte de familiares e amigos mais forte[10].

Tony Hsieh da Zappos nos contou sobre um experimento intrigante conduzido pelo psicólogo britânico Richard Wiseman. Em 2003, Wiseman reuniu um grupo dividido equitativamente entre aqueles que se descreviam como "sortudos" e aqueles que se descreviam como "azarados". Em seguida, Wiseman incumbiu seus participantes a folhear um jornal. Aqueles que calculassem o número correto de fotografias dentro do jornal receberiam $ 100. Na segunda página, Wiseman incluiu esta mensagem em negrito com caracteres garrafais: "PARE DE CONTAR – HÁ 43 FOTOGRAFIAS NESTE JORNAL".

Os indivíduos sortudos mostraram-se muito mais propensos a notar a mensagem do que os azarados, e conseguiram terminar a tarefa dez vezes mais rápido. Por observarem atentamente, os indivíduos sortudos conseguiram aproveitar a oportunidade de abandonar a contagem desnecessária e ir alegremente pegar seu prêmio de $ 100[11].

Em testes de personalidade adicionais, Wiseman também descobriu que os participantes sortudos eram muito menos acometidos por ansiedade do que os azarados, o que confirmava estudos anteriores que mostraram que a ansiedade relativa a uma determinada atividade prejudica nossa capacidade de observar elementos no ambiente em nosso entorno.

Os pessimistas se concentram no que poderia ter sido melhor, enquanto os otimistas se concentram no que poderia ter sido pior. O que frequentemente vemos com descaso como Sorte é, na verdade, uma mentalidade de abertura, prontidão e otimismo.

Embora essa mentalidade seja até certo ponto congênita, você pode trabalhar para desenvolvê-la. Eis uma ferramenta prática para combater o pessimismo que existe em todos nós: a regra 24 x 3. Da próxima vez que você ouvir uma ideia nova, espere 24 segundos antes de dizer ou pensar alguma coisa negativa. Isso reforça uma competência fundamental dos otimistas e líderes: ouvir. Conforme você ganha a habilidade de parar por 24 segundos antes de deixar o crítico em você vir à tona, passe para o próximo nível e experimente 24 minutos. Com 24 minutos, você pode considerar melhor por que a ideia pode funcionar e por que pode desbancar a sabedoria convencional.

Jay Chiat em Liderando com otimismo

Tony Tjan teve mentores incríveis. Um deles foi o gênio da publicidade Jay Chiat. Jay pensava de maneira diferente e decididamente otimista. Depois que a Converse garantiu o patrocínio das Olimpíadas de 1984, Jay pintou Los Angeles (literalmente) com murais da Nike, o público supôs que o cliente de Jay, a Nike, e não a Converse, fosse o patrocinador oficial dos jogos.[12] Jay herdou duas lições de vida de Tony:

- Abrace as restrições como uma fonte de criatividade: grandes empreendedores raramente reclamam sobre o que lhes falta, mas, sim, focam no que têm e no que podem fazer com isso. O mesmo vale para os líderes.

- Concentre-se no positivo antes do negativo: inconformistas e empreendedores enfatizam o otimismo antes do pessimismo. Quando alguém lançar uma ideia para você, pare. Antes de sua mente saltar para os contras, concentre-se nos motivos pelos quais essa ideia pode ter sucesso. A lição de vida: lidere com otimismo.

E sim, você deve se esforçar para esperar 24 horas – um dia inteiro – antes de verbalizar os contras de algo. Na maioria das vezes isso não será possível. Nossa mente não consegue compartimentar tão facilmente. Mas a regra 24 x 3 é um tipo de meditação reflexiva para se desenvolver uma abordagem mais otimista em relação às ideias das pessoas.

Desenvolvendo uma Rede de Relacionamentos de Sorte

Uma Rede de Sorte é essencial para se entender a equação geral da sorte. Às vezes presente como um colaborador inescrutável da Atitude de Sorte, a Rede de Sorte representa os deslocados, os sósias, os heróis desconhecidos de sua agenda de contatos. Existem maneiras deliberadas, estratégicas e metodológicas de construir uma rede forte. Uma Rede de Sorte não é isso. É aquele grupo curioso de sua lista de contatos que visto de fora pode surpreender e parecer incoerente em termos de potencial de impacto e relevância. Os membros desse subgrupo podem não ser famosos ou poderosos; podem não fazer parte de seu setor; aparentemente possuem pouco valor estratégico. O que se sobressai sobre essa rede de relacionamentos é que eles são autênticos e generosos. São os relacionamentos que você está mais disposto a mostrar vulnerabilidade e abertura, relacionamentos mais profundos que a longo prazo influenciam direta e indiretamente sua vida profissional.

Os relacionamentos de uma Rede de Sorte são intrinsecamente gratificantes. Eles não são minuciosamente calculados ou estratégicos, mas são formados por amigos e conhecidos que trazem diversidade, abertura e um interesse genuíno em seu sucesso, independentemente de um objetivo comercial. Essas pessoas podem incluir um amigo antigo, um mentor, alguém que você mentora, um sócio, um cônjuge ou conhecidos do meio acadêmico. Conclusão: pode ser qualquer um, mas é seu relacionamento com essas pessoas que é diferente de simplesmente ter mais outro contato. Se considerássemos um gráfico de relacionamentos com dois eixos – o eixo Y representando a relevância/impacto para os negócios e o X a profundidade do relacionamento – os membros da Rede de Sorte têm maior probabilidade de serem as pessoas no lado direito do eixo X e relativamente em baixo, no eixo Y, de relevância/ impacto para os negócios.

Então, como uma Rede da Sorte pode ajudar? Em termos imediatos, é o suporte que os membros da Rede de Sorte frequentemente proporcionam o que mais tem valor. Mas existe também um potencial latente de longo prazo com maior relevância direta para os negócios. Também é possível explicar o valor de uma Rede de Sorte pela lógica simples. Se sua rede de relacionamentos é simplesmente igual à dos demais em sua atividade, você provavelmente acabará no mesmo rumo que seus pares. Se sua rede de relacionamentos é notavelmente diferente, tem grupos de pessoas peculiares aqui e lá, então existe uma boa chance de você acabar sendo diferente também. Para muitos dos predominantemente Sorte, esse caldeirão de contatos tende a produzir oportunidades incríveis com o tempo – oportunidades que ninguém, até mesmo os predominantemente Sorte, poderiam ter previsto.

Uma Rede de Sorte não é construída em torno de aspirações sociais, mas de um interesse genuíno em outras pessoas. A seguir, um exemplo simples que encontra relação com a maioria de nós. O *mentoring*, ou tutoria, proporciona uma recompensa psicológica no presente, mas, geralmente, não muito em termos de retorno sobre o investimento tangível a curto prazo. As pessoas podem ser bem-sucedidas nos negócios sem ter exercido muito isso. Mas, a longo prazo, alguém que tutorou um grupo de pessoas potencialmente brilhantes, terá desenvolvido relacionamentos de negócios valiosos com histórias profundas e genuínas. Isso tem sido verdadeiro para Tsun-yan e sua extensa lista de tutorados que se tornaram pares e líderes em diferentes organizações.

Essa Rede de Sorte é, em parte, o produto de uma Atitude de Sorte – aquela combinação mágica de humildade, curiosidade intelectual e otimismo. Mas existem quatro traços de atitude relacionados que estimulam seu desenvolvimento. Sete é um número da sorte, e existe o mesmo tanto de traços de caráter positivos que se reforçam mutuamente numa Rede de Sorte: humildade, curiosidade intelectual e otimismo, vulnerabilidade, autenticidade, generosidade e abertura. Assim como os Dez Mandamentos, não é fácil se lembrar de todos, ou distinguir suas nuances. Mas quando você os contempla, são praticamente irrepreensíveis em termos de um ideal. Poucos terão uma maioria desses atributos como parte de seu estilo natural, mas retornos crescentes de uma Rede de Sorte vêm para aqueles que aprendem a manifestar o maior número deles.

Humildade: ajuda os líderes empresariais a perceber suas próprias limitações e dependência dos outros (seja de sua equipe ou além) para realizar uma visão. Sendo assim, líderes humildes estão inclinados a ter um interesse geral em outras pessoas. Enquanto um empreendedor pode ver os outros com ar de superioridade, o líder humilde vê os outros com interesse e até mesmo com admiração. Conforme Dale Carnegie escreveu certa vez: "Você pode fazer mais amigos em dois meses interessando-se pelos outros do que em dois anos tentando fazer os outros se interessarem por você"[13]. Tenha a humildade de se interessar por mais pessoas – e observe como mais Sorte Circunstancial cruzará seu caminho. Pessoas com humildade costumam ser populares – vai entender – e os contatos da Rede de Relacionamentos de Sorte se mostram mais propensos a apresentar oportunidades interessantes, a oferecer ajuda e a compartilhar experiências com você.

Curiosidade Intelectual: estende o interesse geral por outros de um nível puramente funcional para um de profunda paixão e interesse por pessoas novas. Entrevistas conduzidas com participantes do experimento de Richard Wiseman sobre a contagem de fotos no jornal revelaram que muitos dos "sortudos" abraçavam ativamente a novidade e a variedade em suas vidas. Eles tinham uma curiosidade intelectual voltada para conhecer novas pessoas. Para combater a tendência de conversar sempre com as mesmas pessoas nas festas, um desses participantes contou a Wiseman que ele só falava com pessoas vestidas com uma determinada cor. Uma curiosidade genuína sobre pessoas diferentes o impelia a criar novos relacionamentos fora de seu círculo habitual, permitindo que ele explorasse novos prospectos.

A curiosidade intelectual também é o que permitiu a Alan Zafran, cofundador e sócio da Luminous Capital, uma consultoria de investimentos que administra mais de US$ 5 bilhões em ativos de clientes, a tirar proveito da Sorte Circunstancial que pôs em movimento sua carreira em investimentos.

Zafran relembra quando estudava em Stanford de uma noite chuvosa no *campus*, onde trabalhava no departamento de carreiras, mas não tinha um plano para a sua própria. "Eu estava com fome e não queria ir de bicicleta debaixo da chuva até o refeitório do centro acadêmico para pegar comida, então entrei de penetra no coquetel de uma reunião de MBA na sala ao lado"[14]. Apesar de saber pouco sobre os aspectos técnicos das finanças corporativas, Zafran sempre foi fascinado pelos conhecedores de Wall Street: O que fazia essas pessoas pensarem e agirem daquela forma? Por que faziam aquelas transações? Como chegaram ao *status* que tinham hoje? E essa curiosidade compensou quando Zafran se pôs a conversar espontaneamente com um banqueiro sênior durante o coquetel. Impressionado, o banqueiro convidou Zafran para ir a Nova York, onde ele se deu muito melhor fazendo perguntas do que as respondendo e recebeu uma proposta de trabalho que o conduziria ao longo de uma estrada do Goldman Sachs para o Merrill Lynch e depois para a Luminous Capital, onde ele tomaria a decisão precavida – não vamos chamá-la de Sortuda – de apostar contra hipotecas de risco.

Otimismo: permite que as pessoas vejam os outros como fonte de energia e a serem doadores de energia positiva. Sua sede de aprender, de encorajar os outros e seu positivismo em geral têm um efeito ampliador e multiplicador. Sua visão quanto à habilidade de fazer coisas melhores e maiores as inspira e a sua crença otimista nas pessoas, e a capacidade das pessoas de alcançar essas coisas estimula e inspira outros mais. É o otimismo e a habilidade de projetá-lo que ajudam uma pessoa a expandir sua Rede de Sorte para um grupo mais amplo.

Todos já estivemos na presença de tomadores de energia. Esses são os críticos naturais, aqueles mais rápidos de lançar um comentário sobre por que algo não vai dar certo. Você gosta de estar perto de pessoas assim? Os que acreditam em possibilidades costumam estar rodeados de pessoas mais interessantes. Quem você conhece que tem o grupo de relacionamentos mais autênticos? Quão otimista essa pessoa é?

Vulnerabilidade: assim como a humildade, baseia-se na percepção de que uma pessoa não sabe tudo. Especialmente importante, é a vulnerabilidade *ativa* – expor-se a um risco que pode deixá-lo com uma imagem de bobo se você fracassar. É aí que a vulnerabilidade vai além da humildade. Você pode ser humilde por não ostentar suas realizações e por agradecer e dar o crédito aos outros, mas a vulnerabilidade diz respeito a reconhecer ativamente pontos fracos e a assumir riscos em novos horizontes. Isso pode parecer sutileza em excesso, mas a nuance é importante porque tanto a humildade quanto a vulnerabilidade representam áreas de aprimoramento para muitos empreendedores. Pense sobre os líderes empresariais com quem você já trabalhou. Quantos deles compartilharam abertamente com você os pontos fracos e as necessidades de desenvolvimento que tinham? Eles adotavam a abordagem da análise 360 e do diálogo aberto com colegas, ou viam essas coisas como exigências penosas? A vulnerabilidade proporciona uma Rede de Sorte de melhor qualidade *atraindo* as pessoas para você. Quando um líder é vulnerável, as tropas geralmente se dedicam ainda mais porque as pessoas querem ajudar naquilo que acham que sua ajuda tem impacto. A humildade e a vulnerabilidade dizem respeito a perceber a necessidade de ajuda, com a segunda sendo o equivalente a um pedido implícito disso.

Autenticidade: já foi abordada antes. É o ingrediente secreto para a nuance do Coração, para o qual uma visão e uma paixão genuínas são essenciais. A autenticidade é bem explicada pelo último conselho que Apolônio ofereceu a Laertes em Hamlet: "Seja fiel a si próprio". Existe uma razão para essa citação ser tão repetida. Ela é boa!

Aqui a usamos no sentido de que suas tratativas, conversas e ações com sua Rede de Sorte são a verdadeira expressão de seus interesses e sentimentos. Tsun-yan expressa esse estado como *autocongruência*. Em outras palavras, eu falo o que penso, o que eu penso é o que sinto e o que sinto é quem sou. Pare e leia isso novamente. Você está realmente interessado na história do músico promissor? Nos pensamentos filosóficos de um simpático estudioso de políticas? Ou nos experimentos de um pesquisador acadêmico? As pessoas de Sorte estão. Não finja poder influenciar a Sorte retroativamente. Você não pode fazer uma engenharia reversa com ela. Interesses dissimulados, sejam oriundos de uma obsequidade benevolente ou de uma manipulação menos honrável, não vão ajudar sua Rede de Sorte a prosperar. Um relacionamento autêntico com um contato de Sorte fará mais por sua felicidade e chance de sucesso do que um relacionamento forçado com alguém que você acha poderoso ou importante.

Generosidade: não é perguntar o que você consegue obter com um novo relacionamento, mas como você pode ajudar a pessoa. Ajudar cinco pessoas novas provavelmente se provará muito mais útil para você ao longo de sua carreira do que tentar obter favores rápidos de cinco contatos novos. Quando você descobrir e se conectar com pessoas excepcionais que estariam fora do seu alcance, não as conheça simplesmente – leve a sério a percepção de Keith Ferrazzi sobre liderar com generosidade[15]. Os relacionamentos das Redes de Sorte são estreitados apostando-se em pessoas boas, sendo sua vez de oferecer um conselho ou talvez de fazer uma apresentação útil. No mínimo, você se sentirá bem por ter dado uma mão – é melhor dar do que receber quando se tem alguém a quem vale a pena dar.

Abertura: na visão das pessoas de Sorte, diz respeito a ser receptivo a coisas que talvez fujam do padrão convencional. Um exemplo simples é como as pessoas de sorte aceitam a inteligência e a sabedoria de todas as fontes num esforço para ampliar sua visão de mundo. Você só dá crédito aos fatos se eles saem nos jornais ou se você ouve as pessoas cujo poder de autoridade pode não ser grande, mas cuja experiência de vida é? O fenômeno do *software* de fonte aberta e o *crowdsoursing* de maneira mais generalizada foram criados com base nessa noção – *insights* e um bom trabalho podem vir de qualquer lugar. Não estamos sugerindo que toda decisão seja posta em votação pelas massas, mas só faz sentido consultar um grupo mais amplo do que a si próprio.

Seja a sabedoria coletiva de um grupo de consultoria ou o ponto de vista coletivo dos clientes ou a opinião coletiva dos funcionários, a arte de ouvir e aceitar as informações dos outros é uma habilidade que sempre pode ser aprimorada.

Os indivíduos predominantemente Sorte também são abertos o bastante para evitar a armadilha da avaliação relativa, que o economista Dan Ariely descreve como julgar alguém não com base num conjunto global de pessoas, mas no microcontexto de seus pares[16]. Por exemplo, um aluno de MBA pode não ter a mesma perspicácia em finanças que seus colegas, mas quando comparado numa base mais ampla, ele pode se sobressair por sua obstinada ética do trabalho, atitude positiva e curiosidade insaciável. Que sorte seria poder conhecê-lo. Embora, às vezes, seja eficiente ater-se a determinados padrões e regras, as pessoas de Sorte são bastante abertas para sentir quando essa rigidez tira a visão do quadro geral.

Por fim, abertura diz respeito a estimular os líderes a pensarem menos sobre si como o melhor atleta do que como a melhor pessoa para criar um time de primeira e utilizar o potencial coletivo.

Atitude de Sorte, Rede de Sorte

"Sorte", diz Tsun-yan, "é aquele fator que explica o resultado de um negócio acima e além do que seria razoavelmente esperado". A incerteza pode proporcionar algo acima e além das expectativas, mas "a incerteza deve vir de encontro com algo mais para proporcionar um resultado de Sorte". Esse algo a mais é a Rede de Sorte. Afinal, o que é uma rede de relacionamentos senão estruturas ou, redes de pesca, que lançamos para pescar relacionamentos que abrem as portas para um universo de variáveis mutáveis? Eventos casuais resultantes dessa rede indubitavelmente se espalharão de maneira positiva em sua vida.

Mas, repetindo, a Sorte não vem simplesmente a seu encontro. Você precisa de uma Atitude de Sorte e de uma Rede de Sorte para pegá-la.

Quando a má Sorte nos visita

Assim como temos momentos e períodos de "boa maré", quando praticamente tudo o que tocamos sai do jeito que queremos e quando estamos no topo da onda, também enfrentamos períodos em que a vida é uma ressaca de erros, oportunidades perdidas e tapetes puxados debaixo de nossos pés. Mesmo que uma equipe tenha um desempenho excepcional, fatores externos podem conspirar contra ela – um novo competidor importante, uma mudança imprevista no ambiente regulatório, um ataque terrorista etc. O fracasso não necessariamente reflete uma ineficiência sua como pessoa, a má Sorte acontece. É como você lida com ela que pode distingui-lo.

Seja num contexto ou no outro, você fracassou. Talvez você tenha contextualizado isso em termos menos severos do que total *fracasso*, mas ao se olhar francamente no espelho, pode certamente apontar para um ou dois erros significativos. Em primeiro lugar, parabéns e bem-vindo ao clube. Você é normal. Todos já estivemos lá. Em segundo, a menos que seu fracasso envolva um crime capital, agora você tem a oportunidade de aprender com seu erro, recuperar-se e melhorar sua abordagem no próximo desafio. Nesta seção, apresentamos uma história de fracasso ("Tony Tjan e o IPO que não aconteceu") e uma *checklist* para lidar com o fracasso ("Nossas cinco perguntas que ajudam a superar o fracasso").

Tony Tjan e o IPO que não aconteceu

Em meados da década de 1990, junto a um ex-colega da McKinsey e vários colegas de classe da faculdade de Administração, fundei a ZEFER, uma das primeiras empresas de estratégia e desenvolvimento para a internet nos Estados Unidos. Naquela época, as empresas estavam apenas despertando para as oportunidades comerciais da web, e nosso *timing* não poderia ter sido melhor. Graças à abordagem interdisciplinar da ZEFER, entre negócios, *design* e tecnologia, estávamos prontos para tirar proveito de uma das aberrações mais espetaculares da história empresarial.

No início de 2000, a ZEFER já empregava 900 pessoas, havia levantado fundos de dezenas de milhões de dólares e ostentava uma receita anual que chegava a mais de US$ 100 milhões. Grandes clientes globais como Thomson, McKinsey, Morgan Staley, Siemens e outros haviam nos encarregado de desenvolver e implementar suas estratégia de internet.

Éramos os queridinhos da indústria e então decidimos abrir o capital.

Após meses de intensa preparação de documentos regulatórios e outros tantos procedimentos que uma oferta pública inicial requer, na primavera de 2000 nos preparamos para nossa turnê de abertura de capital (o processo de promover nossas ações para investidores potenciais). Durante duas semanas exaustivas, uma unidade de elite de banqueiros pajeou nossa equipe administrativa ao longo de mais de seguidas 80 reuniões por todos os Estados Unidos e Europa. O processo me lembrou do filme *Dia de cão*, mas a adrenalina e o interesse contínuos em nossas ações nos mantiveram na ativa de 15 a 18 horas por dia.

Desta vez, no entanto, nosso *timing* não poderia ter sido pior. Nossa IPO estava marcada para 14 de abril de 2000 — cerca de um mês depois a bolha da internet começou a murchar. Em 13 de abril, eu estava em Nova York 24 horas antes do que deveria ser uma visita cerimonial, comemorativa, à Nasdaq para o lançamento de nossa oferta pública inicial. Ela não aconteceu. O mercado de ações perdeu 35% de seu valor em três semanas. Decidimos retirar nossa oferta de ações. O crescimento exuberante irracional da bolha *ponto.com* mudou da noite para o dia para um estouro. Foi o início de um inverno nuclear para as empresas da internet.

Colocamos nossa alma e nosso coração na empresa. Nossa ascensão foi rápida e intensa. Mas em pouco tempo teríamos de enfrentar a realidade da oferta pública que não aconteceu, mas de enxugar a empresa e dispensar funcionários que haviam se tornado amigos e colaboradores próximos.

Na época, a IPO perdida pela ZEFER — e o pináculo também — pareceu um fracasso total. Mas na perspectiva de uma década, e sabendo que, ao menos em parte, a empresa perduraria pertencendo ao conglomerado japonês de tecnologia NEC, posso dar valor às lições que aprendi daquele período desapontador.

Alguns podem ver apenas que nosso *timing* estava errado. No entanto, não seria mais apropriado enfatizar o quanto fomos afortunados por ter participado e influenciado uma indústria durante uma fase pioneira da internet? A infelicidade de nossa oferta pública inicial fracassada perde a importância comparada à boa sorte de nossa experiência.

Não é algo ruim para pessoas bem-sucedidas fracassar ao menos uma vez — e inclusive aceitar o fracasso. Elas não só adquirem lições valiosas, mas também dificilmente deixarão de valorizar e saborear futuras realizações.

Nossas cinco perguntas que ajudam a superar o fracasso

- Qual é meu Norte Verdadeiro?
- Meu padrão próprio era aceitável?
- Tentei tudo o que era possível para ter sucesso?
- Estou sendo absurdamente míope e dramatizando exageradamente o impacto do erro a curto prazo?
- O que posso aprender com meu "fracasso" (incluindo: como posso assegurar que não vou repetir esse erro)?

Qual é meu Norte Verdadeiro?
Às vezes, as coisas dão errado. Por quê? Talvez porque não deu importância suficiente. O fato é que pessoas altamente capazes geralmente são levadas a atingir padrões de sucesso externos que têm pouco em comum com o que eles realmente querem alcançar. Se você está trabalhando em

uma função, tarefa ou emprego sem um significado para você, a falta de motivação tornará mais difícil alcançar o sucesso. Se você está passando por período de luto pós-fracasso, pergunte-se: "Eu estava verdadeiramente motivado a ter sucesso ou havia outra pessoa (ou coisa) me impulsionando para o sucesso?"

Se você estivesse seguindo seu Norte Verdadeiro autêntico — uma meta, um propósito, ou uma vocação que sabe que nasceu para seguir — avalie como e por que as coisas não deram certo. Talvez a questão definitiva do Norte Verdadeiro seja ser franco e estar alinhado com seu Coração e sua visão.

Meu padrão próprio era aceitável?
O fracasso tem muito a ver com expectativas internas. Se as coisas não aconteceram do jeito que você esperava ao lançar uma estratégia nova ou ao promover uma ideia improvável para um investidor cético, não se relegue tristemente a um futuro na gerência média. Suas expectativas sem dúvida diferem das dos outros. Recomendamos que você tenha com você mesmo uma conversa de encorajamento pós-fracasso semelhante a que teria com um funcionário novo: *não desista – você vai acertar da próxima vez*. Sua voz interior não deve repreendê-lo com mais severidade do que você repreenderia um funcionário dedicado.

Sempre exija de si próprio, mas não esqueça de calibrar suas expectativas. Uma pesquisa conduzida com vencedores de medalhas olímpicas constatou que atletas que conquistaram uma medalha de bronze eram, na verdade, mais felizes do que aqueles que ganharam uma medalha de prata. É fácil entender por quê. Conforme observado *a posteriori*, medalhistas de prata ajustam seus padrões interiores contra uma probabilidade malograda de ganharem uma medalha de ouro, enquanto os medalhistas de bronze estão focados na glória de subir ao pódio olímpico e de se tornar um dos três melhores atletas em sua modalidade. Você calibrou apropriadamente seu fracasso?

Tentei tudo o que era possível para ter sucesso?
Quando esforço você dedicou a sua empreitada "fracassada"? Você explorou à exaustão todas as abordagens imagináveis em sua busca pelo sucesso?

Se durante sua autoavaliação você descobrir que não considerou outras maneiras de atingir sua meta, pergunte-se por quê. Se você estava pessimista sobre o resultado desde o início, poderia ter economizado seu tempo. Conforme observamos anteriormente, o otimismo é um ingrediente essencial da Sorte, e uma atitude pessimista pode se tornar uma profecia de autorrealização.

Estou sendo exageradamente míope e dramatizando demais o impacto do erro a curto prazo?
O Cientista Roy Amara tem uma lei excelente: as pessoas tendem a enfatizar exageradamente os efeitos de curto prazo de qualquer coisa, enquanto subestimam o impacto de longo prazo. É outra maneira de dizer que a maioria de nós enxerga o mundo através de lentes de uma corrida de curta distância, esquecendo-se de que, na realidade, corremos uma maratona. Isso é *macromiopia* – exagerar, a médio prazo, o sofrimento por nossos erros sem considerar o que podemos aprender com eles no futuro, quanto a isso, se eles importam muito a longo prazo[17]. Faça uma verificação da realidade sobre o verdadeiro impacto de seu erro. Pode ser uma experiência de longo prazo inestimável, ou talvez não seja tão importante quanto você imagina.

O que posso aprender com meu "fracasso" (incluindo: como posso assegurar que não vou repetir esse erro)?
Independentemente de seu fracasso ter sido por um motivo interno ou externo, ou uma combinação deles, transforme-o numa oportunidade de aprendizado. Se você pudesse começar de novo, o que faria diferente? Em que sua abordagem seria diferente? Você mudaria tudo ou apenas ajustaria alguns detalhes? Esteja disposto a assumir a responsabilidade e a admitir, também, que talvez não atingisse o sucesso mesmo sem ter cometido nenhum erro. Mais uma vez, o importante aqui é abordar qualquer fracasso que tiver experimentado, explorá-lo, aprender com ele e não repeti-lo.

"Nossos erros certamente não são coisas tão terrivelmente sérias", escreveu certa vez o filósofo William James. "Num mundo em que estamos tão certos de que incorreremos neles a despeito de toda nossa cautela, uma certa leveza do coração parece mais saudável do que esse nervosismo excessivo a respeito deles."[18] Não poderia estar mais de acordo.

Nos negócios, é melhor ter memórias de longo prazo sobre experiências e memórias de curto prazo sobre sentimentos.
Dick Harrington

Palavras finais sobre Sorte

Se você extrair apenas uma coisa deste capítulo, esperamos que seja isto: a Sorte importa, e você pode influenciá-la. Somos impotentes em controlar a Sorte Pura (no entanto, tiramos nosso chapéu para você se ela teve algum papel em sua carreira), dependemos dos caprichos de nossa Sorte Constitucional (embora devêssemos tirar proveito dela), mas podemos influenciar e aumentar nossa Sorte Circunstancial.

Ao longo dos anos, não conhecemos muitos empreendedores que alcançaram o sucesso apenas por causa da boa sorte. Isso posto, praticamente todos os grandes empreendedores e construtores de negócios tiveram algum grau de Sorte a seu favor. Consciente e inconscientemente, eles conseguiram criar ou aumentar sua capacidade para ter Sorte, graças a uma preparação cuidadosa, uma forte ética do trabalho e a uma atitude otimista de curiosidade intelectual contrabalançada por humildade e vulnerabilidade.

Às vezes, a despeito de toda Sorte no mundo, você falhará. A boa notícia é que você está cometendo erros porque está crescendo. A notícia ruim é que ninguém gosta de falhar. É bom sofrer. Você quer que seu erro incomode. Se não sofrer, você não vai aprender com ele. Dick gosta de dizer que existem duas ocasiões em que você deve sentir esse sofrimento. A primeira é quando o erro ou o fracasso realmente acontecem naquele momento, você que se sentirá mal. A segunda é quando você deve se autoavaliar e se perguntar: "O que eu poderia ter feito diferente?". Adicione o aprendizado a partir disso a seu arsenal. Afinal, um fracasso é apenas um momento no tempo. Se você aprender a lição certa com seu erro, não vai repeti-lo. É um processo de educação contínuo. Todas as experiências são boas, incluindo os fracassos, supondo-se que você é inteligente o bastante para aprender com eles.

Experiência é o que você obtém quando não obteve o que queria.
Randy Pauch[19]

Não aconselhamos ninguém a tornar-se dependente da Sorte. Assim como os outros ingredientes deste livro, o papel que você permite à Sorte desempenhar em sua vida resume-se idealmente à moderação e ao equilíbrio. Evite a falácia do jogador de apostar na Sorte futura para compensar as perdas do presente. Esteja consciente o bastante para distinguir entre quais realizações podem ser atribuídas à Sorte e a quais você pode creditar seu próprio talento, suas competências e habilidades.

Como capitalista de risco, Patrick Chung observa: "Acredito que se você tem Coração, Coragem e Inteligência, poderá se incluir na categoria Sorte – e se verá naquelas situações afortunadas que surgem de ser corajoso e apaixonado".

Para finalizar, voltamos a citar William James, que escreveu: "O homem pode mudar a vida mudando seu pensamento"[20]. Considere como a humildade, a curiosidade, o otimismo, a vulnerabilidade, a autenticidade, a generosidade e a abertura têm sido ímãs para ideias, circunstâncias ou relacionamentos positivos.

O CAPÍTULO EM RESUMO

O papel inevitável da Sorte no empreendedorismo

- O papel da sorte: todo negócio é afetado por algum elemento da Sorte; fatores externos que fogem ao nosso controle estão sempre em jogo. Mas a despeito de sua natureza imprevisível, a Sorte é um componente inegavelmente necessário para o sucesso empresarial.

- Definindo uma Atitude de Sorte: Atitude de Sorte = humildade + curiosidade intelectual + otimismo. A combinação da Atitude de Sorte com a Rede de Sorte certa cria a possibilidade de influenciar determinados tipos de sorte.

- Sorte Pura: é o tipo de Sorte sobre a qual não temos controle. Seu papel é visível e valorizado apenas retrospectivamente.

- Sorte Constitucional: o ambiente em que nascemos pode influenciar futuras interações, predispondo-nos a determinadas oportunidades e resultados. Esses fatores compõem a Sorte

Constitucional, que traz oportunidades favoráveis e inesperadas para os líderes.

- Sorte Circunstancial: diz respeito às situações em que nos encontramos. Podemos criar e influenciar esse tipo de Sorte. Ela nos mostra como eventos pequenos ou triviais podem levar a consequências desproporcionais e positivas.
- A sabedoria da ignorância: a ignorância nos faz indiferentes a limitações, o que permite conceber ideias livremente, e que, por sua vez, pode tornar-nos mais bem-sucedidos. Ela nos proporciona receptividade e aumenta nossas convicções, estimulando nossa criatividade e inovação.
- Humildade: está nos fundamentos da Atitude de Sorte. Empreendedores bem-sucedidos devem estar cientes de suas limitações. A humildade e a vulnerabilidade humanizam os líderes, aumentando sua habilidade de abraçar a Sorte.
- Curiosidade intelectual: a capacidade e o desejo de aprender e ver coisas novas é importante. As pessoas que exploram, com o apetite de aprender mais sobre toda e qualquer coisa, geram e recebem mais Sorte.
- A energia do otimismo: uma disposição otimista proporciona aos empreendedores a convicção de que mais, melhor e mais rápido é sempre possível. Os otimistas energizam qualquer situação, acreditando sempre no potencial para o melhor. Uma disposição otimista aumenta a probabilidade de encontros aparentemente "surpresa" com a Sorte. Foque na boa sorte antes de focar na má.
- Redes da Sorte atraem Sorte: resultados fortuitos surgem quando a incerteza colide com alguma outra coisa. Podemos criar um ambiente repleto de colisões potencialmente favoráveis por meio de uma rede de relacionamentos profissionais bem fundamentada e expansiva.
- Má sorte e fracasso: momentos de má sorte acontecem para todo mundo, e não podemos deixar isso nos abater. Temos de aprender com eles e deixá-los para trás.

6

ARQUÉTIPOS e ICONOCLASTAS

Dê aos músicos quatro notas, e eles conseguem expressá-las de maneiras extraordinariamente diferentes. Um músico com talento em síncopes pode transformar essas notas em jazz, enquanto outro pode criar uma bela frase sinfônica como parte de uma orquestração maior. As quatro notas básicas são as mesmas, mas a elaboração de cada músico – por meio de diferenças no sequenciamento, entonação, compasso e estilo pessoal – cria expressões e resultados radicalmente diferentes.

Da mesma forma, o estilo em que as qualidades do empreendedorismo e da construção de negócios se combinam podem produzir resultados acentuadamente diferentes. Cada uma de nossas qualidades Coração, Inteligência, Coragem e Sorte tem um ponto de partida natural que seu detentor pode aumentar ou diminuir, como no controle de volume ou no equalizador dos antigos equipamentos de som. Acreditamos que a maioria das pessoas possui os requisitos básicos de Coração, Inteligência, Coragem e Sorte para construir um negócio, assim como a capacidade de realizar todo o potencial armazenado em suas qualidades específicas. Seu perfil CICS não está predeterminado. Está num estado de evolução contínua com base numa crescente autoconscientização e em experiências adquiridas. Se você responder à pesquisa E.A.T. exatamente agora produzirá um retrato de suas preferências e tendências de empreendedorismo do momento, nada mais nada menos.

Portanto, para os empreendedores a questão diz menos respeito aos detalhes de sua constituição CICS do que a sua autoconscientização e controle do potencial de seu perfil nos momentos-chave do ciclo da construção de um negócio. Conscientização e autocontrole são especialmente críticos durante o que chamamos de *limiares* do ciclo de crescimento – aqueles pontos de inflexão naturais quando é necessária uma mudança de marcha. (Veja a Figura 6-1, nosso gráfico do ciclo de crescimento clássico.)

Num artigo publicado em março de 2008 na *Harvard Business Review*, Mathew S. Olson, Derek van Bever e Seth Verry da Corporate Executive Board descreveram os resultados de um estudo do que chamaram de *stall points* (o estancamento no crescimento da receita) com mais de 500 empresas de grande porte. Ocorre que, num determinado momento, geralmente depois de um longo período de crescimento de receita, muitas empresas batem de frente a um muro. Seu crescimento cai subitamente por razões estratégias e organizacionais[1]. Isso é intuitivo e previsível, porque é muito mais uma questão de pessoas do que de mercado ou de outros fatores exógenos. Uma equipe que leva a empresa de A para B não é necessariamente a melhor equipe para continuar de B para C. Agora queremos explorar como você pode modular seu perfil CICS para estar mais adequado ao estágio em questão. Assim como você exibe diferentes aspectos de sua personalidade dependendo do público, seus pontos fortes em empreendedorismo também devem combinar com o contexto operacional.

Empreendedores e construtores de negócios de sucesso têm a capacidade de mudar de marcha. Continuando com essa analogia automobilística, embora todos os pilotos de corrida saibam usar igualmente bem a embreagem e as marchas, são os campeões que controlam suavemente, sem trancos, sua velocidade e desempenho ao longo das curvas e obstáculos. Possivelmente, a competência mais difícil para qualquer construtor de negócio adquirir é a capacidade de se ajustar conforme necessário, *quando* necessário, seja desenvolvendo um estilo e/ou competências de liderança, ou trazendo outros para complementar as lacunas em seus perfis CICS.

Considere, por exemplo, o fundador predominantemente Coração. Na criação de uma empresa, ele é geralmente a fagulha, o *big bang*, a inspiração. No primeiro limiar de crescimento, entre a prova de conceito e o momento de escalar (aquele ponto entre as duas curvas S do ciclo de

FIGURA 6-1

Ciclo de crescimento

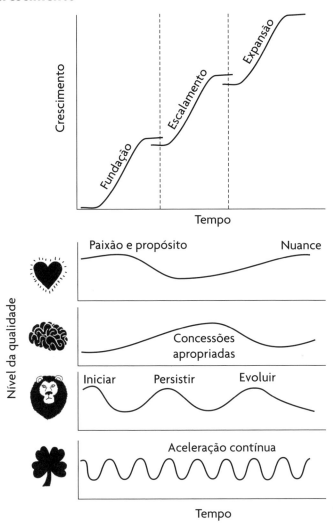

crescimento mostrado na Figura 6-1), o estilo de liderança predominantemente Coração requer uma dose balanceada de gestão Inteligência-Coragem. Da mesma forma, aqueles predominantemente Inteligência devem ser capazes de, em outros momentos, mudar para uma marcha predominantemente Coração, Coragem, ou Sorte para transformar teorias e inspirações em práticas realistas. Construtores de negócios realmente excepcionais conseguem criar uma sintonia fina no espetro CICS, modulando essas quatro qualidades conforme necessário.

Nosso objetivo neste capítulo é oferecer uma visão mais abrangente de como nos limiares do ciclo da construção de um negócio, Coração, Inteligência, Coragem e Sorte interagem para formar três arquétipos comuns inconfundíveis. O fundador, o escalador e o expansor não são necessariamente três pessoas diferentes. Os fundadores e os expansores geralmente compartilham de perfis semelhantes, enquanto uma pequena, porém, impressionante minoria de empreendedores desempenharam tanto o papel de fundadores e escaladores. No entanto, o mais comum é encontrarmos esses arquétipos disseminados numa equipe. Por exemplo, um escalador frequentemente trabalhará próximo a um fundador, tal como a parceria entre Charlie Munger e Warren Buffett no Berkshire Hathaway, ou entre Fred Turner e Ray Kroc no McDonakd's.

Neste capítulo, também abordaremos um perfil singular que frequentemente tem características comuns a todos os empreendedores: o *iconoclasta*. Definimos como iconoclasta alguém que atua no espectro fundação, escalamento e expansão, como também traz inovação para seu negócio, uma perspectiva extremamente fora do convencional para o mundo, e uma influência desproporcional para sua indústria e até para a cultura como um todo. Não é de surpreender que os iconoclastas sejam raros. Nós os incluímos neste capítulo para inspirar os leitores e homenagear aqueles que ousam ser grandes – cujo sucesso se propaga muito além de seu intuito.

Ciclo de crescimento do Arquétipo Empresarial

Podemos visualizar como esses arquétipos se relacionam entre si e ajudam uma empresa a atingir todo seu potencial e escala. A curva S clássica de Peter Ducker é reimaginada aqui – existe um salto entre cada fase e, da mesma forma, entre cada arquétipo empresarial. Nem sempre é uma transição suave, mas após um ajuste normalmente há um ponto de inflexão de crescimento conforme a empresa e o líder atingem o nível seguinte. Na Figura 6-1, uma linha de tempo hipotética traça o comportamento das qualidades CICS em cada arquétipo. Embora isso varie de pessoa para pessoa, esperamos que este gráfico ajude você a visualizar onde se encontra entre os arquétipos e considerar como seriam seus altos e baixos num gráfico semelhante.

Três Arquétipos Empresariais

Conforme mencionamos, existem três arquétipos empresariais clássicos – fundador, escalador e expansor. Exploramos cada um deles um pouco mais a fundo nesta seção.

Os Fundadores

Praticamente 80% dos empreendedores e construtores de negócios que responderam nossa pesquisa E.A.T. assumiram o título de *fundador* ou de cofundador. Os perfis CICS mais comuns desses fundadores? Coração-Coragem e Coração-Sorte. Fundadores são criadores, inovadores e artistas do mundo dos negócios. Como nosso capítulo Coração atesta, um entusiasmo contagiante e uma paixão genuína estão entre os diferenciais dos fundadores predominantemente Coração.

Anteriormente, definimos indivíduos movidos pela Coragem como aqueles que não só são capazes de impulsionar visões movidas pelo Coração para a realidade, como também são persistentes e resilientes o bastante para permanecer no curso quando as coisas não acontecem exatamente como planejado – o que, podemos acrescentar, acontece quase sempre. No paradigma Coração-Sorte, a qualidade secundária Sorte mostra tanto um otimismo como uma curiosidade intelectual que frequentemente é um ingrediente essencial para o sucesso. Paralelamente, é importante notar que indivíduos movidos por Sorte estavam mais propensos a se denominarem cofundadores do que fundadores – prova de outra característica da Sorte; a chamada humildade.

Os fundadores desempenham um papel crítico no início da curva de crescimento, em que a formação da visão, a construção da equipe e a pregação da cultura são o que mais importa. Os melhores fundadores que conhecemos vivem e respiram um dos princípios de nossos Manifestos de Sabedoria favoritos: *Pense grande, comece pequeno e escale rápido*[2]. Trabalhando próximo e paralelamente a todas as áreas, do desenvolvimento de produto ao RH e às vendas, eles transmitem sua energia, visão e convicção para toda a equipe.

Isso posto, os fundadores podem se deparar criando um gargalo na empresa neste primeiro limiar entre a prova de conceito e o escalamento. Fundadores bem-sucedidos frequentemente enfrentam o dilema rico *versus* rei discutido no capítulo 4, em que um fundador deve se perguntar o que importa mais: estar no controle de uma organização pequena bem-sucedida, ou possuir e operar (e, às vezes, assumir um papel diferente ali) um negócio potencialmente maior com mais impacto? Existem várias razões, incluindo a lealdade cega a seus cofundadores, uma incapacidade de delegar responsabilidade e de responsabilizar, e a recusa em codificar processos e métricas operacionais[3].

Conforme ressaltamos repetidamente ao longo do livro, a pessoa que inicia um negócio pode não ser a mesma que o levará, por fim, ao sucesso. Idealmente, a predominância Coração faz par com outras características, incluindo a Inteligência, para levar uma empresa ao próximo nível. Entra a fase de escala.

O Escalador

A fase seguinte no ciclo de crescimento requer as características de um escalador tanto quanto – ou juntamente a – as características de um fundador. Um escalador pode ser a mesma pessoa que o fundador, mas a maioria dos escaladores trabalha em paralelo, ou até mesmo suplanta o fundador. Um escalador, que geralmente exibe um perfil Inteligência-Coragem, busca impacto levando a ideia *fundamental* de um negócio para seu próximo nível, com o objetivo de criar uma influência mais universal. Aqui a palavra-chave é *fundamental*. O objetivo do escalador não é escalar cada mínimo aspecto da visão do fundador, mas sua *essência*. Geralmente, sua meta é demarcar um território mais amplo na sociedade, alcançando e influenciando muito mais consumidores do que a empresa atinge agora.

Ao longo do caminho ele pergunta: *Que trocas ou concessões podemos fazer?* Ele também busca entender melhor os consumidores por meio de pesquisas qualitativas e quantitativas e impõe sistemas e operações mais rígidas. O escalador identifica necessidades do usuário final e oportunidades que podem ter passado despercebidas ou foram ignoradas pelo fundador, e é receptivo a concessões inteligentes ao propósito fundamental da visão do fundador. Essas concessões não fundamentais ajudarão a empresa a avançar rapidamente para o próximo estágio. Geralmente, ele resume o negócio a três ou cinco coisas das quais nunca vai abrir mão; tudo o mais ele vai barganhar astutamente em troca de escala.

Enquanto os fundadores focam em como ser o melhor em cada aspecto, os escaladores enfatizam (ou, ao menos, deveriam enfatizar) crescer da maneira certa. É desnecessário dizer, mas ambas as metas são nobres. A primeira define os padrões mais altos e a integridade em torno da visão fundamental. A segunda foca em fazer as trocas certas para criar o impacto máximo de geração de valor ao mesmo tempo em que minimiza aspectos culturais e visões negativas. Em algumas raras situações, uma empresa consegue estar entre as maiores *e* as melhores. A Apple, usando um exemplo óbvio, é uma dessas raras empresas que continua a atingir um grande impacto e altos níveis de criação de valor de mercado, enquanto mantém a maior parte de seus padrões de exigência e um foco intenso orientado para o consumidor e para o *design*. No entanto, esse sucesso exigiu concessões constantes.

A primeira imagem de escalador que vem à mente é o CEO, ou COO "solucionador de problemas", que atua na inclinação íngreme de nosso gráfico clássico de crescimento curva S. As características definidoras desses líderes são habilidade de definir prioridades claras, delegar e criar culturas voltadas para o desempenho por meio da responsabilização em todos os níveis da empresa. Mais sutil é o relacionamento dos escaladores com o *espírito* do fundador, ou da fase de fundação, independentemente de se o fundador ainda permanece na empresa. Os escaladores mais bem-sucedidos respeitam o passado ao mesmo tempo em que focam no futuro. Eles são adeptos tanto das atividades do hemisfério esquerdo do cérebro, de definir prioridades, delegar e responsabilizar, *quanto* daquelas do hemisfério direito, de abraçar a inspiração do fundador e os princípios fundamentais da fundação, ao mesmo tempo em que preveem necessidades futuras do cliente e se conectam com a emoção e a personalidade da marca, produto ou serviço. Muito do trabalho do escalador é pesar a troca entre o que precisa ser mantido do passado e o que deve mudar para o futuro.

Os escaladores ajudam a empresa a persistir. Os escaladores excepcionais respeitam os princípios fundamentais e celebram a memória institucional da empresa, enquanto se inserem para definir e mudar a direção e as prioridades em prol da visão de longo prazo da empresa. Líderes escaladores de sucesso demonstram uma distribuição equilibrada entre as quatro qualidades CICS – em torno de 20% de cada uma. Resumindo, a disciplina e o pragmatismo dos escaladores complementam o Coração de uma empresa, e os melhores escaladores neste estágio de crescimento são o que chamamos de *idealistas pragmáticos*.

Os escaladores não têm deficiência de Coração. Eles simplesmente costumam ser mais silenciosos, numa escala relativa, com seu Coração e mais sonoros com sua Inteligência e Coragem.

Diversos exemplos notáveis de transições bem-sucedidas fundador para escalador vêm a mente – de Pierre Omidyar para Meg Whitman no eBay; de Larry Page e Sergey Brin para Eric Scmidt no Google (e, na época da redação deste livro, de volta a Page, quando a empresa foca na fase de expansão do crescimento). No entanto, há uma quantidade considerável de insucessos. Com muita frequência, escaladores potenciais fracassam em promover o crescimento a partir de fundamentos existentes, ou não procuram entender como a empresa atingiu seu sucesso atual. Esses estão em busca de serem os maiores, mas se esquecem do que os tornou os melhores. Ao ignorar esses aspectos, alguns escaladores podem dissipar o espírito de uma empresa, geralmente, causando o êxodo de pessoas talentosas.

Capitalistas de risco deparam-se continuamente com o dilema de quando substituir um fundador-CEO. Isso é ainda mais desafiador quando se trata de uma situação e/ou quando, por exemplo, um novo CEO entra e o fundador sai, ou quando o fundador permanece sem nenhum CEO de fora. Um exame, por alto, das 50 principais empresas financiadas por capital de risco do *Wall Street Journal*, em 2010, mostra que, aproximadamente metade delas é dirigida por um fundador-CEO, enquanto CEOs contratados de fora lideram as outras[4]. Essa proporção representa bem o difícil dilema sobre quem é mais adequado para conduzir uma empresa a seu potencial máximo. Sob nossa perspectiva, essa escolha não deveria ser e/ou.

Como fundadores em exercício são céticos por natureza a talentos e influências de fora, temos enfatizado que escaladores de sucesso devem aceitar e *ganhar* o respeito dos fundadores pelo que dizem e o que fazem, em vez de tentar *exigir* respeito por meio de sua posição de autoridade. Esse é o mesmo princípio adotado no capítulo 5 como parte da qualidade que promove uma Rede de Sorte. Para facilitar esse processo, uma parceria fudador-escalador já deve existir muito antes que seja necessário formá-la. Fundadores que iniciam a jornada da construção do negócio com um escalador forte, ou que buscam o dinheiro certo quando precisam escalar juntamente a um parceiro que verdadeiramente complementa a equipe de liderança (seja esse parceiro um novo CEO, COO ou presidente) têm maior probabilidade de vencer.

Organizações que podem manter os fundadores no papel de embaixador, estrategista, visionário (e sim, isso pode inclusive significar CEO) e, ao mesmo tempo, ter um escalador forte estão numa posição relativamente mais poderosa. Também seria ideal ter um fundador que pudesse fazer com sucesso a transição para um escalador, ou que tivesse um sócio de longa data, confiável, que focasse sua atenção na escalada.

Mas isso é mais fácil falar do que fazer; no início, o relacionamento entre fundadores e escaladores costuma avançar devagar. Mas deixar os ingredientes cozinhando mais lentamente para produzir um prato melhor não é de tudo ruim. Observações acadêmicas recentes mostram que quando fundadores permanecem na empresa durante seu ciclo de crescimento – seja no posto mais alto ou trabalhando em parceria com um forte operador/executor –, essas empresas têm melhor desempenho do que seus pares. A *solução do micro-ondas* – levar uma empresa rapidamente a um crescimento grande e acelerado, sem entender plenamente se esse crescimento é adequado para ela – pode, a curto prazo, saciar, mas, geralmente, torna-se algo que, a longo prazo, deixa a desejar.

Infelizmente, vemos isso com muita frequência, e geralmente após um novo investimento. A solução de crescimento micro-ondas é algo semelhante a isso: avaliar rapidamente a empresa, buscar rapidamente uma empresa de recrutamento, contratar rapidamente um novo líder executivo, afastar rapidamente os antigos fundadores, conseguir rapidamente mais pessoas e mais dinheiro e esperar vender rapidamente. Às vezes, funciona, mas raramente leva a algo inspirador e grande. Instalar alguém novo e pôr outro para fora rapidamente (especialmente um fundador) corre o risco de destruir a inspiração e a inovação que fez da empresa o que ela é.

Sempre que possível, encorajamos o fundador/empreendedor a evoluir para escalador e comandar sua empresa tanto quanto puder ao longo do ciclo de crescimento. Mas isso é a exceção ao dilema rico *versus* rei – não existem muitos reis ricos. É claro, alguns raros indivíduos, como Bill Gates da Microsoft, Steve Ellis fundador do Chipotle Mexican Grill e Jeff

Bezos da Amazon, provam que, em alguns casos, é possível ser rico e rei. Se você acha que pode também, vá em frente. Mas o que é mais realista e qual é a próxima melhor opção se você não for o Super Homem? Uma situação em que um relacionamento fundador-escalador evoluiu ao longo do tempo e em que o fundador está envolvido na seleção de um novo parceiro (e, sim, um novo chefe!) é uma ótima segunda opção. A compatibilidade cultural e profissional entre um fundador e um escalador é possível. E nesses casos impregná-la num ritmo mais compassado, visando metas e propósito de longo prazo, tem maior probabilidade de criar valor.

O Expansor

O expansor pode ter fundado o negócio. Pode inclusive ter feito o escalamento até certo ponto, mas, em contraste com o escalador, sua função é desenvolver, expandir, ampliar e, inclusive, transformar um negócio para seu próximo estágio. Existe um limiar em cada empresa quando, após anos de sucesso, o crescimento... perde a velocidade. Podemos culpar tudo, de mudanças na tecnologia, a mudanças no comportamento dos concorrentes e dos consumidores, a líderes complacentes. Basta lembrarmos do que a publicidade *online* fez com os jornais impressos, do que a Amazon fez com a Borders, de como o iPhone da Apple e o Android do Google ascenderam, aparentemente, da noite para o dia para o pináculo do mercado de dispositivos inteligentes, enfraquecendo significativamente o RIM/BlackBerry.

Os expansores são adeptos de pegar a nova onda da inovação ou de crescimento. Isso pode significar ingressar em novos mercados internacionais, criar aplicações adjacentes ou reestruturar radicalmente a definição do negócio ou os mercados em que a empresa atua. Os expansores são competentes em testar as premissas existentes e sucessos passados de uma empresa, e perguntar, intuir e testar repetidamente: *O que os clientes realmente querem, e o que isso significa para a definição de meu negócio (em que negócio estou mesmo)?*

De fato, o expansor frequentemente assume o papel de transformador, como fez Dick, passando a Thomson de publicação de jornais impressos para serviços de informação. Conversando com incontáveis usuários finais e fazendo aquela pergunta essencial *Em que negócio estou mesmo?* Dick percebeu algumas coisas: que estar no negócio de jornais impressos não tinha muito a ver com publicar e anunciar e que as capacidades da Thomson tornavam mais apropriado mudar desse negócio para o de serviços de informação. Da mesma forma, a Apple percebeu que não estava no negócio de computadores (na verdade, a empresa tirou a palavra *computer* de seu nome), mas era, sim, uma empresa de mídia, entretenimento e dispositivos pessoais.

Expansores podem injetar uma vida nova e crescimento em uma empresa quando é mais necessário – da parte superior da curva S da fase de sucesso no crescimento, para uma curva S totalmente nova. Quanto a isso, os expansores podem ser inovadores no sentido definido por Clayton Christensen. Eles têm a habilidade de descobrir como os pontos mais fortes de suas empresas se encaixam no cenário da concorrência e do mercado em constante mudança. Uma competência e característica comum aos fundadores e expansores é a capacidade de explorar o futuro e considerar o que realmente significa ser o melhor em algo. É por isso também que, às vezes, os fundadores partem e depois voltam como expansores, como fizeram Steve Jobs e Howard Schultz, respectivamente na Apple e na Starbucks.

O fato é que poucas empresas precisam ser refundadas episodicamente. Recentemente, o cofundador do Google, Larry Page, voltou ao posto de CEO, conduzindo a empresa conforme ela explora um novo horizonte de crescimento. O perfil CICS dos expansores é, portanto, semelhante ao dos fundadores: predominantemente Coração, talvez em paralelo a um traço secundário refinado de Inteligência (uma maior habilidade de reconhecer padrões), ou um traço secundário experiente, comprovado e perseverante de Coragem.

Coração aliado à Inteligência refinada de um reconhecimento de padrão experiente é uma combinação poderosa. *Por que não consideramos isso antes e o que vem a seguir?* Esse pode muito bem ser o mantra dos expansores. Sua competência reside na habilidade de enxergar a empresa multidimensionalmente, de se comunicar com clareza e prestar atenção no que veem, especialmente, aquelas descontinuidades que criam tanto ameaças quanto oportunidades. Seja uma nova tecnologia, uma mudança regulatória ou novas tendências no comportamento do consumidor, os expansores abraçam essas mudanças como uma chance de saltar para a próxima curva de crescimento, definindo o negócio e seu mercado de maneiras totalmente diferentes. Na Figura 6-1, cada curva S representa uma nova onda de crescimento e de oportunidades. Extensores tipicamente se sobressaem em saltar de uma curva para outra. De forma semelhante aos fundadores, os expansores podem perceber ou prever oportunidades que a maioria dos outros consideraram improváveis ou até impossíveis.

Esta qualidade, a habilidade de perceber coisas de forma diferente e tentar o aparentemente impossível, é natural do tipo de perfil que descrevemos a seguir: o iconoclasta.

O Iconoclasta

Como um virador de jogo, quebrador de regras e líder inspirador do mundo dos negócios, o iconoclasta é menos um arquétipo empresarial e mais um indivíduo singular cujos talentos servem os vários estágios de um negócio, da fundação, ao escalamento até a expansão. Os iconoclastas veem o mundo de maneira diferente. Eles não têm medo de questionar as regras ou de lidar com problemas de forma não convencional. Sua abordagem e perspectiva singulares permitem que eles tratem a empresa com *insights* inusitados e ideias novas. Embora nosso foco nesta seção seja no iconoclasta empresarial, a categoria iconoclasta abrange muitos outros campos – de artes e esportes, ao governo e atividades acadêmicas. Pense em Chuck Close ou Andy Warhol; Reggie Jackson ou Mike Krzyzewski; Nelson Mandela ou Lee Kuan Yew; John Kenneth Galbreaith ou Stephen Hawking.

Nos negócios, os iconoclastas podem ser fundadores, escaladores ou expansores. Qualquer que seja seu estágio de envolvimento, ele trazem uma filosofia holística, consistente, de negócios à qual eles abraçam ao longo de suas carreiras. Eles podem facilmente intuir o que não faz sentido ou o que é inapropriado. Eles também se empenham para alcançar um padrão absoluto de serem os melhores em tudo o que façam. Para os iconoclastas, não existe essa coisa de regra 80-20. Isto é, encontrar a resposta quase certa não é sua mentalidade de trabalho. Eles buscam ser o mais perfeito dos perfeccionistas.

Qual é a característica singular comum a todos os iconoclastas? Lembra-se das três partes da definição de Coração? Propósito e paixão, sacrifício e, por fim, nuance. Vamos revisitar esse terceiro conceito: *nuance*. Em nossa experiência, a maioria dos grandes iconoclastas busca se tornar o melhor em algo – e "o melhor" tem suas raízes na autenticidade, integridade e alinhamento de propósito. Mas a grandeza dos iconoclastas não vem de executar 99% das coisas que os outros podem aprender funcionalmente, ou aperfeiçoar ao longo do tempo, mas do remanescente 1%. Nuance, conforme observamos, é sutil e praticamente imperceptível. Ninguém consegue *vê-la*. Mas os iconoclastas conseguem *senti-la*. Seja consciente ou inconscientemente, a nuance pode, então, ser descrita como um sexto sentido altamente evoluído.

Nos negócios, nuance é aquele "algo mais" ou "pó de pirlimpimpim" que cria uma diferenciação única. A nuance arrebata os consumidores tornando tangível o que é comumente intangível, o extraordinário. Para a Apple e seus clientes, é a experiência continuamente revestida de prazer: suas lojas estilo galeria de arte, os produtos, o branco, as curvaturas, a precisão, a iconografia quase religiosa, a linguagem *i* proprietária, a preciosidade das embalagens. Esses elementos são resultado de uma atenção obsessiva aos detalhes, mas são também um subproduto da nuance, que transforma o que poderia ser uma experiência transacional batida em algo multifacetado, exultante e, sim, até belo.

Em *Iconoclast: a neuroscientist reveals hoe to think differently* (*Iconoclastas: um neurocientista revela como pensar diferentemente*), Gregory Berns explica que o cérebro de um iconoclasta está estruturado para interpretar informações o mais rápido e eficientemente possível, usando atalhos, conforme necessário. Por outro lado, o cérebro dos iconoclastas evita essas armadilhas de eficiência, encontrando meios de contornar as inclinações naturais do cérebro ao sintetizar informações. Esse sistema de processamento alternativo permite que eles vejam o mundo de forma atípica e fora do convencional.

Enquanto a maioria das pessoas adere às normas, os iconoclastas buscam novidades. Seu comportamento contestador e extravagante pode induzir a certo ridículo, mas os iconoclastas raramente deixam suas incertezas ou medos impedir seu comportamento. Anteriormente, ressaltamos que sabemos quando estamos na presença de fundadores predominantemente Coração, por causa de sua paixão e propósito contagiantes. Da mesma forma, sabemos quando estamos na presença de um iconoclasta. Uma maneira obstinadamente diferente de pensar tem o hábito engraçado de simplesmente tentar convencer você. Lembre-se de nossa citação no capítulo 4: "A teimosia é excelente quando se está certo, mas terrível se está errado". Os iconoclastas podem pensar diferente, mas a questão é: eles estão quase sempre *certos*.

Profundos em suas inclinações naturais, os iconoclastas, assim como os fundadores, costumam ser exemplos de Coração com paixão e propósito, embora também tenham uma habilidade pronunciada de equilibrar esse Coração com um extraordinário reconhecimento de padrão em sua Inteligência, resiliência em sua Coragem e curiosidade intelectual e otimismo (tudo bem, talvez, menos humildade) em sua Sorte.

Richard Branson, um de nossos exemplos favoritos de iconoclasta, tem um apetite, aparentemente, insaciável por escolher o caminho fora do convencional e levá-lo ao limite. Filho de um advogado e de uma aeromoça, Branson enfrentou dificuldades na escola enquanto lutava contra a dislexia, mas foi em frente rompendo convenções, percorrendo uma indústria atrás da outra. Está claro que sua paixão não é só pelos negócios, mas por viver a vida ao extremo. Em 1986, seu barco, o *Virgin Atlantic Challenger II*, atravessou o Oceano Atlântico num tempo recorde jamais registrado. Um ano mais tarde, Branson fez o primeiro balão cruzar o mesmo oceano. Aventuras que testam limites são apenas metade de seu caráter iconoclasta. Branson também rompeu as convenções em suas iniciativas empresariais, geralmente originadas de uma paixão profunda. De magnata das gravadoras, a CEO de companhia aérea, a visionário por trás de uma grande marca de estilo de vida e a pioneiro em viagens espaciais, suas empreitadas refletem um profundo desejo em remodelar indústrias e uma disposição de apostar repetidamente em algo novo e maior. Ele inflexivelmente ousa ser grande à custa de seu histórico, embora tenha construído um espetacular.

Muito já foi escrito sobre Steve Jobs, e muito mais ainda será. Aqui o mencionamos não só porque ele é um excelente caso de estudo, mas porque sua ausência numa seção sobre iconoclastas chamaria atenção. O órfão que se transformou no garoto de ouro da tecnologia será lembrado por muito tempo por sua habilidade em pensar grande e, sim, pensar diferente. Seu histórico em liderar e moldar indústrias por meio da Apple, NeXT e Pixar cimenta sua reputação como um dos maiores líderes empresariais iconoclastas já existentes. Seu perfil iconoclasta pode ser mais bem definido por uma atitude que ele descreveu como paraninfo na cerimônia de Formatura de Stanford em 2005: "Se hoje fosse o último dia de minha vida, eu iria querer fazer o mesmo que vou fazer hoje?". Embora uma citação como essa vinda de qualquer outra pessoa poderia ser vista como banal, afinal, um melodrama tão comum em cerimônias de formatura, vinda de Jobs tinha uma autenticidade – uma atitude genuína e de modo de vida por trás desse questionamento que causou repercussão. Da mesma forma, duas outras citações desse iconoclasta tornaram-se imediatamente virais após sua morte:

"Insanamente ótimo." Jobs usou essa expressão para descrever o Macintosh e, depois, com frequência, para desafiar pessoas a tornarem-se "insanamente ótimas" em tudo o que fizessem.

"Você quer passar o resto da vida vendendo água com açúcar ou quer ter uma chance de mudar o mundo?". Foi o que Jobs disse para John Sculley ao recrutá-lo para trabalhar na Apple.

Jobs, iconoclasta? Sim.

Embora os iconoclastas tenham maior probabilidade de serem fundadores, também podem ser líderes corporativos e agentes de mudança. No lado do fundador, pense em Henry Ford, Jeff Bezos (Amazon), Walt Dieney e Akio Morita (Sony). No lado de construtor de negócios transformador, pense em Jack Welch (GE), Katharine Graham (*Washington Post*), Lou Gestner (IBM) e Ray Kroc (McDonald's) para citar alguns. Ou considere a estilista Coco Chanel, que se orgulhava de criar moda num nível diferente dos outros. A atenção meticulosa de Chanel aos detalhes era evidente, como em sua insistência em colocar forros acolchoados nas jaquetas femininas e, inclusive, costurar pesos na barra dos vestidos e saias, para que suas clientes, sempre sob o olhar atento do público, nunca tivessem de temer uma rajada de vento estilo Marilyn Monroe.

Na categoria Iconoclasta também incluímos a vinicultora Helen Turley, que sempre esteve muitos passos à frente dos demais na indústria do vinho. Em 1991, a decisão de Turley de plantar uvas na ainda não descoberta Costa de Sonoma, levou à criação da Vinícola Marcassin, que, atualmente, produz algumas das cepas Pinot Noir e Chadornnays mais famosas da Califórnia. Uma purista e perfeccionista, Turley teve a coragem de desafiar e, por fim, redefinir como os vinicultores produziam e criavam vinhos.

Mencionamos Turley porque é importante enfatizar que iconoclastas nem sempre precisam criar as maiores empresas do mundo. No entanto, eles quase sempre mantêm uma posição de alto destaque em seus respectivos campos de atuação. Por meio de suas criações e liderança, Turley, assim como todos os outros iconoclastas que abordamos, certamente vai deixar como herança uma marca de persistência e dedicação. Por quê? Ela simplesmente ama o que faz e quer ser a melhor nisso.

É pelo que todos devíamos batalhar.

O CAPÍTULO EM RESUMO

Arquétipos Empresariais e Iconoclastas

- Taxonomia da criação de negócios e perfis da construção de negócios: observamos três tipos principais de arquétipos empresarias: fundador, escalador e expansor. (Eles não precisam, necessariamente, ser três pessoas diferentes.) Esses arquétipos têm correlação com a curva S típica de ciclos de crescimento de uma empresa.

- Fundadores: em geral, predominantemente Coração, mas, comumente, com uma qualidade secundária de Coragem ou de Sorte. Os fundadores desempenham um papel crítico no início da curva de crescimento, onde a formação da visão, da construção da equipe e da pregação da cultura são mais importantes.

    – Principais razões por que os fundadores falham no escalamento: o desejo de controle acima do progresso (e a incapacidade de delegar responsabilidade); lealdade exagerada aos colegas, ausência de sistemas e processos[5].

    – Rico *versus* rei: a troca entre criar valor num papel menor ou desempenhar um papel maior numa empresa menor é uma escolha que a maioria dos fundadores enfrenta no momento do escalonamento. (A expressão foi

popularizada pelo professor Noam Wasserman da HBS.)
- Transição fundador para escalador: os fundadores devem, ou reconhecer a necessidade de um parceiro escalador muito antes do que for necessário (e começar a trabalhar em parceria antecipadamente), ou, quando chegar o momento, ter autoconscientização e confiança para evoluir para um papel mais delegador.

- Escalador: geralmente incorpora um perfil Inteligência-Coragem, o escalador é um construtor de negócios tipicamente voltado para o crescimento. Ele deve entender quais elementos principais da cultura do fundador devem ser preservados e quais podem ser negociados em prol do escalamento.

- Expansor: Coração forte com Inteligência refinada em reconhecimento de padrão.

    – Pergunta-se repetidamente: *Em que negócio a empresa realmente está?*

    – Remodela o mercado de trabalho e a definição do negócio para explorar novas fronteiras para a empresa.

    – Expansores e fundadores podem ser a mesma pessoa, pois compartilham de qualidades semelhantes de iniciar e reiniciar negócios.

- Iconoclastas: uma espécie extrema (e rara) de viradores de jogo e quebradores de regras com um senso supernatural de propósito e qualidades no espectro CICS. Com um alcance que vai além de seu próprio negócio e indústria, eles afetam profundamente a cultura presente e futura deixando como herança uma marca via suas criações e sua liderança.

7
COMPILANDO TUDO

Enfatizamos a importância da autoconscientização ao longo de todo o livro, convictos de que ela é crucial para seu sucesso profissional e na vida. Ao saber quais são suas propensões, e quando reduzir ou amplificar esses traços, você avançará rumo a intensificar seu futuro no empreendedorismo. Por meio da autoconscientização e da reflexão, você entenderá melhor porque tomou essas decisões.

Esperamos que nossas descrições das quatro qualidades fundamentais CICS tenham conduzido você para um maior entendimento de suas inclinações naturais e tendências. Os resultados do Teste de Aptidão Empreendedora ou E.A.T. (*Entrepreneurial Aptitude Tests*) – *online* em <www.hsgl.com>, ou, para uma versão abreviada apresentada no capítulo 10 – proporcionarão uma ideia sobre qual é a inclinação natural com que você lidera.

Todo empreendedor e construtor de negócios que você conhece possui uma combinação de Coração, Inteligência, Coragem e Sorte. Mas como essa combinação se relaciona ao ciclo natural comum a praticamente todos os negócios? Como as empresas passam em comum por limiares ou pontos de inflexão naturais contínuos – que a maioria dos líderes costuma reconhecer apenas em retrospecto –, este capítulo explora o DNA da construção de negócios que as empresas precisam em cada estágio do crescimento e o que fazer se você se deparar com alguma deficiência.

Primeiro, vamos recordar brevemente nossas quatro qualidades fundamentais CICS.

Coração

Como uma pessoa predominantemente Coração, você é movido por propósito, paixão, sacrifício e todas as nuances voltadas para tornar algo excepcional. Você está preparado para despender tempo, esforço e trabalho duro para atingir seus objetivos. Sua visão é contagiante e você simplesmente não desiste. Além disso, seu desejo de transformar a sociedade significa quase mais para você do que seu conceito ou produto, e você valoriza as recompensas intrínsecas do que você faz tanto quanto as extrínsecas.

Um visionário predominantemente Coração avança com confiança e urgência. Ele não se dá ao luxo de ter todos os dados à mão. Ele sabe que não existe um momento perfeito para lançar uma empresa – mas ele está ávido – quase obsecado – para compartilhar sua visão, seu propósito e sua paixão com o resto do mundo.

Inteligência

A inteligência pode vir na forma de Inteligência Intelectual, Inteligência Prática, Inteligência Interpessoal ou Inteligência Criativa. Idealmente, esses elementos são combinados para criar o que chamamos de Inteligência Empresarial, que proporciona uma compreensão intuitiva de quando aumentar e diminuir cada tipo de Inteligência.

O que faz com que sua Inteligência Empresarial se sobressaia? Sua habilidade de reconhecer padrões fácil e antecipadamente, sejam eles baseados em métricas, tentativa e erro, experiência adquirida ou conhecimento do comportamento humano. Você é simplesmente melhor do que os outros no reconhecimento de padrões. Aprofundando-se, geralmente, em questão de segundos, você é capaz de criar analogias e cenários que os outros podem ser mais lentos para capturar. Sua habilidade em reconhecer padrões, por sua vez, cria hábitos práticos replicáveis que, com o tempo, se tornam automáticos e aplicam-se diretamente a uma futura construção de negócios bem-sucedida.

Coragem

Quando o caminho requer coragem e ação sustentada, você é o candidato à vaga. Você não tem problemas em fazer uma ligação delicada, tomar resolutamente uma decisão impopular, seguir uma ética do trabalho ferrenha e gerenciar riscos. Você tem Coragem de Iniciar, Coragem de Persistir e Coragem de Evoluir.

Ouvimos o tempo todo: "Tenho uma grande ideia, só que...", ou "Sei que sou um empreendedor, só não tive ainda aquela ideia arrasadora". E aí segue uma cascata de boas razões para "por que não". Sem o Coração e a Coragem necessários para levar uma ideia adiante – embora se rodeando das melhores pessoas –, você simplesmente não é um empreendedor. Idealizar um conceito vencedor significa pouco se você não o executar e transformá-lo em realidade. Caso contrário, sua ideia permanecerá como um romance intelectual.

Sorte

As coisas geralmente dão certo para você – seja via relacionamentos fortuitos, oportunidades inesperadas ou puro acaso. Você provavelmente influenciou sua própria boa sorte permanecendo atento, tendo uma mente inquisitiva e sendo mais otimista e positivo que os outros. Essa é sua atitude de sorte, cujas raízes são humildade, curiosidade intelectual e otimismo. Essa atitude combina com características intimamente relacionadas de vulnerabilidade, autenticidade, generosidade e abertura para criar e manter uma Rede de Relacionamentos de Sorte, ou Rede de Sorte, que, por fim, aumentam suas chances de sucesso. Atitude e relacionamentos de fato fazem uma grande diferença.

Mas embora uma Atitude de Sorte combinada com uma Rede de Sorte bem cuidada possa desencadear oportunidades, se você não possuir Coração para se engajar ou Inteligência para avançar, sua habilidade de interagir com a sorte pode valer muito pouco. Quando a Sorte cruza seu caminho, você precisa ser capaz de aproveitá-la e agir com seu Coração, sua Inteligência e Coragem.

Coração, Inteligência, Coragem e Sorte

Nossa estrutura CICS é um trabalho em refinamento contínuo. Estruturas são por natureza imposições ao caos, e nós mesmos frequentemente somos céticos quanto a elas. Reconhecemos que os elementos que constituem os construtores de negócios e os desenvolvedores de negócios são bastante complexos. Isso posto, esperamos que os capítulos até agora tenham apresentado a você um vocabulário simplificado do empreendedorismo para ajudá-lo a identificar seus pontos fortes, potenciais pontos fracos e inclinações naturais que você possui na tomada de decisão. Pode ajudá-lo, inclusive, a entender como trabalhar melhor com outras pessoas, conforme você identifica o perfil CICS delas, e a como tomar melhores decisões futuras, compreendendo melhor por que você tomou as anteriores.

A avaliação E.A.T. é nossa forma de ajudá-lo a descobrir exatamente aonde você se situa – e de nos ajudar a classificar os empreendedores e os construtores de negócios que conhecemos ao longo dos anos. Não é extremamente detalhado, mas os resultados são direcionalmente corretos. Não existem respostas certas ou erradas no questionário, tampouco existe um padrão de pontuação que os empreendedores devem atingir. O teste destina-se a descobrir para que lado você pende, não se você tem o montante básico de Coração, Inteligência, Coragem ou Sorte necessário para iniciar ou construir um negócio. Usamos o questionário como uma fonte importante de dados para ajudar as pessoas a desenvolverem uma melhor autoconscientização e, naturalmente, é preciso usá-lo em conjunto com outras abordagens. Queremos assegurar que o leitor não vai considerar as quatro qualidades fundamentais CICS como uma *checklist* da construção de negócios. A vida e o empreendedorismo não são pura e simplesmente assim. Então, relaxe. Não se desespere se descobrir que falta a você alguma(s) dessas qualidades. Use os resultados como um indicador e um espelho do que você sabe sobre seus pontos fortes e fracos.

Ao longo dos anos conhecemos pessoas excepcionais no mundo dos negócios – como se fossem Mozarts das empresas e do comércio. Embora, obviamente, com variações em seus perfis CICS, esses indivíduos são tão talentosos no que fazem que qualquer combinação de qualidades que levem para sua iniciativa de construção de negócios resultará em sucesso. Qualquer deficiência que possam ter em alguma área é superada pelo grande potencial da combinação de suas qualidades ou pela exacerbação de uma ou duas delas.

A maioria de nós não tem uma genialidade pura. Pouquíssimas pessoas possuem a capacidade de criar e manter um negócio da escala de, digamos, uma Amazon ou uma Apple. No entanto, muitas empresas menores e menos conhecidas também são imensamente bem-sucedidas. Precisamos apenas parar de tempos em tempos e reconsiderar o que significa ser bem-sucedido; é uma questão altamente pessoal. O sucesso não deve e não pode ser medido apenas por métricas financeiras, ou pelo seu tamanho; impacto, qualidade e realização do propósito são igualmente importantes. Com o que Tsun-yan refere como os três Ds – disciplina, dedicação e diligência –, a maior parte de nós pode ter um progresso profissional ascendente consistente rumo a metas pessoais. Seja ela tornar-se a melhor empresa de aplicativo Web especializado, um estúdio de cinema independente, ou um restaurante único estrelado – comparados, respectivamente, a uma empresa global de desenvolvimento de serviços para a Internet, um mega estúdio de cinema de próxima geração, ou uma cadeia de milhares de restaurantes de atendimento rápido – todas são empreitadas nobres dignas de perseguir.

Seu empreendimento também terá requisitos próprios de qualidades fundamentais. Determinados perfis CICS são mais adequados a alguns conceitos do que a outros. Por exemplo, a indústria de alimentos e restaurantes pode atrair pessoas predominantemente Coração-Sorte, enquanto pessoas que lideram com Inteligência estão mais propensas a criar conceitos de, digamos, fabricar uma nova linha de automóveis híbridos. Nossa pesquisa nessa área ainda está em evolução, mas, com o tempo, conforme o número de pessoas que respondem ao questionário aumentar, acreditamos ver mais correlações entre os perfis CICS e as indústrias.

Mais importante ainda do que as diferenças entre as indústrias são as acentuadas consistências. Empresas em todos os setores passam por estágios semelhantes de crescimento e enfrentam desafios semelhantes.

O crucial é entender por que, quando e como inclinações CICS específicas prosperam ou fracassam em momentos críticos do crescimento.

Onde o Coração floresce

A predominância do Coração é mais comum e crítica durante a concepção ou a fundação de uma empresa. Durante essas fases de conceitualização, um Coração forte forma a base de um sistema de crenças em torno do propósito e da visão da empresa. O Coração inspira e atrai pessoas para ajudar a transformar a visão em realidade. A obsessão do empreendedor predominantemente Coração em tentar aperfeiçoar sua visão é quase um vício para ele e para as pessoas a seu redor. Dentro desse contexto, o indivíduo movido por Coração procura descobrir qual é seu mercado e quem são seus consumidores, mas é sua contínua paixão contagiante que atrai as pessoas para ele.

A combinação Coração-Coragem é mais comumente vista no fundador ou progenitor de uma empresa ou produto, em parte por causa da paixão e da perseverança necessárias para trazer uma ideia ao mundo. Mas os desafios para os indivíduos predominantemente Coração surgem inclusive durante a concepção de um empreendimento. Durante a implementação, por exemplo, um fundador visionário movido por Coração pode não ter a paciência necessária para lidar com documentação, controles ou sistemas.

As limitações do Coração ficam mais evidentes quando chega o momento de escalar uma empresa – seja conquistando mais clientes, expandindo a abrangência das operações, construindo uma infraestrutura organizacional, ou estabelecendo controles ou sistemas adicionais. Fundadores movidos por Coração podem não dispor da capacidade de delegar ou implementar processos. A realidade do mercado frequentemente conspira contra a criação de um contexto desafiador para um propósito ou uma paixão movidos por Coração. No final das contas, um fundador ou um visionário precisa enfrentar a realidade comercial de se os consumidores desejam ou não seu produto. Essencial para o sucesso de longo prazo do fundador predominantemente Coração é criar uma equipe apropriada, confiando responsabilidades a seus membros e, assim, equilibrando idealismo e excelência na execução.

É aí que entra a pessoa predominantemente Inteligência.

Onde a Inteligência floresce

Durante a fase de escalamento, o fundador predominantemente Coração bate de frente com suas próprias limitações. Em alguns casos, ele pode ser visionário demais para focar seus esforços nas operações rotineiras. Conforme a empresa atinge a prova de conceito, adquire novos clientes, expande suas operações, constrói uma infraestrutura organizacional e estabelece controles e sistemas abrangentes. Trazer uma pessoa predominantemente Inteligência pode ser essencial.

A capacidade de lidar com mudanças é um dos pontos mais fortes das pessoas movidas por Inteligência. Por essa razão, embora ela tenha potencial para ser um bom fundador, geralmente é mais formidável como um transformador ou escalador de empresas.

Isso posto, devemos acrescentar que pessoas predominantemente Inteligência podem consumir sua energia buscando obter o conhecimento perfeito antes de agir. Conforme surgem novas informações mais adiante, elas tendem a se autocriticar. Mentes analíticas frequentemente encontram consolo em abordagens e teorias acadêmicas, quando o que realmente importa é uma praticidade sólida no mercado. Por fim, determinados que indivíduos movidos pelo intelecto podem involuntariamente intimidar os outros, desconsiderando alguns aspectos menos críticos da cultura ou da construção de negócios. Portanto, assim como outros indivíduos movidos por qualidades, as pessoas predominantemente Inteligência devem ter a autoconscientização de que precisam complementar suas habilidades, testar constantemente sua praticidade e estar preparados para agir rapidamente quando a situação permitir.

Isso abre as cortinas para a Coragem.

Onde a Coragem floresce

Como um indivíduo predominantemente Coragem, sua atitude "mãos à obra" complementa seu estoicismo. Sua atitude deriva da habilidade de gerenciar e mitigar riscos, de segurar o leme em condições adversas e evoluir a empresa de acordo com as demandas do mercado. Com a alma do negócio forte, você pode focar em estender essa mesma alma para o mundo. Por essa razão, você tem potencial para ser tanto um bom *pivoteador* quanto um bom escalador.

Em certas situações, no entanto, as pessoas predominantemente Coragem podem assumir risco demais com informações insuficientes, ou avançar sem considerar plenamente aspectos mais triviais da tomada de decisão. Além disso, indivíduos predominantemente Coragem devem tomar cuidado com sua propensão de sempre entrar em ação sem abraçar plenamente os valores voltados para o Coração, a situação geral, ou as nuances da visão do fundador como um todo. Dentre as características de um líder voltado para Coragem bem-sucedido estão a capacidade de parar, especialmente para considerações estratégicas de longo prazo, e a habilidade de permanecer aberto a modos complementares de pensamento de indivíduos predominantemente Coração e Inteligência.

Entra a arte de ter Sorte.

Onde a Sorte floresce

A Sorte age acentuando o impacto das outras três qualidades. A boa sorte deriva de uma atitude perene de humildade, curiosidade intelectual e otimismo. Essa atitude de Sorte tem uma ligação intrínseca com – e de muitas formas é responsável por – uma Rede de Sorte, isto é, uma base ampla de relacionamentos fortuitos que ajudam uma pessoa a avançar em sua carreira ou a atingir metas pessoais. Todas as empresas têm algum grau de sorte a seu favor, proporcionada por uma atitude voltada para Sorte e por uma habilidade de estabelecer e aproveitar relacionamentos estratégicos.

Porém nenhum empreendedor deve contar somente com a Sorte para começar, escalar ou expandir seu negócio. Por mais que se possa fazer tudo para estimular a Sorte Circunstancial, devemos lembrar que, por sua mera natureza, a Sorte pode, no máximo, ser influenciada, mas não governada. Da mesma forma, para cada momento de boa sorte existe um período de má sorte. Seja na forma de um simples erro, uma oportunidade perdida ou um fracasso total, má sorte atinge a todos. Mas é importante para qualquer pessoa numa situação de fracasso lembrar que é a maneira como ela lida com isso, não o fracasso em si, que a distingue dos demais. Superar um fracasso, aprender com ele e voltar à ativa ajuda você a se desenvolver como líder.

A Sorte deve ser um fio na trama da tapeçaria de sua vida profissional e dos vários ciclos de um negócio. O importante é assegurar que em todos os estágios você tenha controle do papel da Sorte, mantendo uma Atitude e uma Rede de Sorte – e, essencialmente, que esteja consciente o bastante para saber quando atribuir realizações à Sorte e quando atribuí-las às suas habilidades e talentos.

Entendendo as limitações de seu perfil CICS

Seu perfil CICS é uma fotografia de você hoje na qual você pode muito bem fazer uns retoques ou adaptá-la. Os melhores empreendedores e líderes são aqueles que conseguem adaptar seus perfis ou, se isso não for possível, seu ambiente, quando necessário. Essa flexibilidade garante que as habilidades e as qualidades necessárias em momentos específicos e pontos de inflexão de um negócio sejam exacerbados ao máximo. Mas essa flexibilidade nem sempre ocorre naturalmente. Assim como um músculo, ela precisa ser treinada. A seguir, apresentamos um plano de quatro pontos de como treinar e, ocasionalmente, como suplementar seu músculo CICS para se adaptar conforme seu negócio cresce e muda.

1. Entender realmente (realmente *mesmo*) *seu perfil.* Convenhamos, todos nós gostamos de focar em nossos pontos fortes. Portanto, quando você revisar seu perfil CICS, provavelmente vai dedicar a maior parte do tempo entendendo e aceitando seus pontos fortes. Mas isso é apenas uma parte de seu retrato. Para avaliar de fato quem você é, você deve aceitar e se render aos aspectos em que é fraco. Agora é a hora de se perguntar: *Em quais áreas sou mais vulnerável? Se eu cometesse um erro fatal, qual seria? Existe alguma coisa que me deixou surpreso?* Esta autoconscientização tanto do bom quanto do "mau e feio" é um ponto de partida para otimizar suas habilidades e contornar suas fraquezas. Responda à avaliação E.A.T., reflita sobre as perguntas Norte Verdadeiro e analise suas próprias experiências. O sucesso vem igualmente de conhecer seus pontos fortes e de aceitar, prever e lidar com suas fraquezas.

2. Determinar o melhor comportamento para o momento e o contexto. A primeira parte desse plano de quatro pontos é uma ênfase no lado *o quê* de seu perfil e em entender quais deficiências você talvez tenha. A segunda parte do plano pede para você considerar o momento e o contexto para identificar os comportamentos e as qualidades subjacentes necessárias para se atingir o sucesso. O comportamentalista B. F. Skinner conduziu um experimento com pombos em laboratório em que, com a ajuda de um dispensador mecânico, oferecia amendoins aos pombos em determinados intervalos conforme o tempo que eles levavam para bicá-los. Os pombos logo descobriram que bicar repetidamente gerava melhores resultados e começaram a acelerar o ritmo que bicavam. Da mesma forma, a maioria das pessoas se conscientiza rapidamente dos comportamentos que geram os melhores resultados – e se comportam dessa maneira com mais frequência.[1] A certa altura, no entanto, os amendoins no dispensador de Skinner acabaram. Bicar não proporcionava mais sucesso, então os pombos pararam de bicar reconhecendo que seu esforço seria em vão. Os humanos também se conscientizam gradualmente de que atingiram seus próprios limites e fronteiras. O mesmo serve para os empreendedores – existe um certo ponto em que um comportamento específico simplesmente não entrega o benefício desejado. Nesses momentos, você tem a habilidade de identificar quais novos comportamentos acrescentarão valor? Será que algo que funcionou no passado ainda funcionará no futuro? Meus pontos fortes estão alinhados com o comportamento ideal? Essa última pergunta é crítica, e frequentemente ignorada. Se o comportamento necessário neste contexto específico não está alinhado com os pontos fortes de seu perfil CICS, o sucesso se torna mais difícil de alcançar. Os dois pontos a seguir oferecem alguma orientação sobre como lidar com isso.

3. Treine para o comportamento ideal: concentre-se em seu backhand. Assim como um atleta deve praticar para melhorar seu desempenho, os empreendedores podem desenvolver e reforçar sistematicamente as qualidades necessárias para determinados comportamentos. Uma vez que você tenha consciência de seu perfil e uma avaliação dos requisitos de uma situação específica de negócios, pode melhorar de modo incrementado e, em alguns casos até em intervalos graduais, algumas das áreas em que possui deficiências. A tendência natural das pessoas é de treinar seus pontos fortes – se alguém no tênis é exímio em *forehands*, geralmente você o verá treinando esse ponto forte. Não caia na armadilha de evitar o *backhand*. Se você identificou algo nos dois primeiros princípios desta seção (saber quais são suas limitações e em que situações elas prejudicarão você), então pratique para melhorar esses pontos fracos.

Num nível mundano, existem qualidades que podem ser consideravelmente aprimoradas com treinamento – por exemplo, habilidades de comunicação, um atributo crítico para projetar confiança e inspiração. Uma das primeiras coisas a fazer é identificar todos os elementos importantes que podem ser facilmente treinados: comunicação e apresentação, ou gestão de prazos e tempo.

Mas em muitos casos, especialmente no lado das competências mais delicadas, é necessário um desenvolvimento mais engenhoso ou sutil e medidas mais radicais. Você pode precisar ir tão longe quanto reconstruir sua abordagem de liderar pessoas. Isso pode significar buscar saber que percepção as pessoas têm de você e da situação e se elas estão certas ou não, reconhecendo que a realidade delas é o que elas percebem. Entender a forma engenhosa de passar de você para o grupo parte da solução, ou avaliar como alavancar apropriadamente um mentor ou *coach* empresarial para orientação é essencial para essas situações. Aqui fazemos uma distinção entre ter uma *orientação* e uma *consultoria*. Um jogador de golfe profissional que dá uma consultoria, em geral, concentrar-se-á em uma única coisa e então lhe dirá o que fazer quanto a isso: *Mantenha o taco mais alinhado até topo do swing. Faça mais aulas de putting.* Uma pessoa que dá orientação fará perguntas diferentes: *O que você imagina antes e depois de tocar a bola? Como podemos melhorar a abordagem que você traz para o jogo? Você realmente gosta de golfe profissional?* Isso se resume na diferença entre ter um verdadeiro mestre orientador e ter um treinador técnico. Ambos podem ajudar, mas um mentor/orientador excelente pensa tanto sobre a sua situação geral e seus melhores interesses quanto sobre aprimoramento de habilidades específicas. Certifique-se de que você tenha um comitê de mentores e oportunidades, e se você estiver em início de carreira, considere como conseguir melhores posições de aprendiz que lhe permitam acompanhar de perto aqueles que mais respeita. Esteja disposto a se colocar em situações onde sabe que seus limites serão testados; aceite essa situação e torne-se vulnerável a um potencial fracasso. Novamente, quanto mais cedo você fizer isso em sua carreira de empreendedor, melhor.

4. Complemente e suplemente seu perfil. Existem ocasiões, no entanto, em que você não conseguirá – em razão de restrições de tempo, contexto ou capacidade pessoal – treinar novos comportamentos. Nesses momentos, a melhor solução é complementar ou suplementar seu perfil com recursos externos.

Ao *complementar* seu perfil, você está proporcionando um apoio para si e para sua empresa por meio de outras pessoas cujo perfil CICS é forte onde o seu é deficiente. Se, conforme acreditamos, nossas fraquezas são nosso ponto forte, e nossos pontos fortes são nossas fraquezas, agora é o momento de preencher esses pontos onde você encontra lacunas. Isso começa, novamente, com conhecer a si próprio e estar disposto a se rodear não apenas de excelência, mas da diversidade de excelência que pode ajudar a realizar o trabalho melhor e mais rápido.

Ao *suplementar* seu perfil, você agrega uma outra pessoa que traz pontos fortes semelhantes aos seus para o jogo. Isso é especialmente importante quando uma empresa quer escalar. Em outras ocasiões, isso talvez seja importante caso você não tenha uma "alma gêmea" empresarial. Como já dissemos e outros líderes descreveram, posições no topo são solitárias, isoladoras e frequentemente incompreendidas. O valor de um par que "enxerga" como você pode ser um mecanismo crítico de apoio, um defensor e um copiloto confiável para uma melhor alavancagem. Em ambos os casos, é essencial permitir que esses recursos estejam presentes e ajam quando você não for capaz.

Com um melhor entendimento de cada uma das qualidades CICS que ajudam a impulsionar o empreendedorismo, agora vamos mudar o foco de nossa atenção para outras estratégias e ferramentas que podem ajudar você a aumentar as chances de sucesso no empreendedorismo. A partir do próximo capítulo, focaremos em proporcionar perguntas para autorreflexão e em algumas sabedorias e hábitos práticos.

8

VERDADEIRAS PERGUNTAS NORTE *para* REFLEXÃO

Agora voltamos a nossa ênfase de que autoconscientização é o ponto de partida crítico para o sucesso. Este capítulo consiste de dez grupos de perguntas Norte Verdadeiro destinadas a estimular a reflexão e a revelar facetas importantes tanto de você como empreendedor como de seu negócio em si.

1. O que realmente está impedindo você? (Coração)
2. Sobre visão e propósito (Coração)
3. Sobre suposições, crenças e valores (Coração)
4. Obtendo a combinação perfeita de Inteligências (Inteligência)
5. Você precisa de um *check-up* estratégico? (Inteligência)
6. Sobre Coragem (Coragem)
7. Vender ou não vender (Coragem)
8. Você é humilde o bastante? (Sorte)
9. Criando Sorte com otimismo e relacionamentos (Sorte)
10. Refletindo sobre o fracasso

Escolha os grupos de perguntas com mais repercussão para você. Cada grupo de perguntas Norte Verdadeiro consiste de um tema central seguido de quatro ou cinco questões relacionadas para ajudá-lo a refletir sobre o assunto. Reunimos essas perguntas aqui para facilitar a consulta, e esperamos que você retorne a elas de tempos em tempos. Encorajamos você, inclusive, a arrancar essas páginas, marcá-las dobrando a ponta, ou de alguma outra forma. As perguntas neste capítulo e os Manifestos de Sabedoria no capítulo 9 são seções do livro que servem como uma fonte de referência perene – portanto, vá a elas levando seu bloco de notas adesivo, sua caneta vermelha, seus marcadores de texto coloridos, ou algum objeto cortante. (Isto é, contanto que o livro seja seu!)

Em suma, esperamos inspirar em você uma inclinação à reflexão proporcionando um modelo guiado com base em algumas dimensões-chave abordadas neste livro. No mínimo, essas perguntas Norte Verdadeiro servem como um bom ponto de partida de conversa com colegas – e elas podem, inclusive, permitir que você não precise trazer um facilitador de fora para a próxima convenção externa da equipe!

#1: O que realmente está impedindo você?

O que está realmente impedindo você de começar seu empreendimento? Faça a si próprio as perguntas a seguir para saber se o problema é uma necessidade de tornar sua ideia mais clara, se envolve problemas com pessoas, ou se esconde uma insegurança mais fundamental.

1. Você está aguardando o "momento prefeito" para iniciar seu negócio? O empreendedorismo não é algo que você delineia, projeta, agenda o início, reagenda ou posterga. Você não pode fertilizar *in vitro* um grande negócio. Se ele está em seu Coração, o momento perfeito é agora.

2. Você é um título de dívida ou uma ação? Você está disposto a trocar a certeza por perseguir uma paixão, um

significado e um propósito? Seu lado prático, realista, irá impelir você para escolhas mais conservadoras? Muitos empreendedores potenciais estão ávidos por começar algo, mas se debatem com trocas como dívidas, família, estilo de vida etc. Em última análise, é difícil continuar tendo seu bolo e comê-lo também: *Quanto maior o risco, maior é a recompensa*; é como a equação funciona. Em sua maioria, os empreendedores potenciais gostam de pensar em si próprios como se fossem ações, mas agem mais como títulos de dívida.

3. Você acredita que é um empreendedor, mas que simplesmente não teve uma grande ideia ainda? Então, você não é um empreendedor. Além disso, é sempre melhor focar nas pessoas certas do que na ideia certa. Encontre as pessoas certas com quem quer trabalhar e considere como ideia algo que para você está profundamente vinculado a seu propósito e paixão.

4. Você gosta de sua ideia, mas não tem ideia de como vai ganhar dinheiro com ela? A estratégia "Crie um público primeiro, monetize depois" popular hoje na tecnologia e na mídia social *pode funcionar*, mas poucos tiram proveito dela. A realidade de como uma empresa ganha dinheiro se tornará crucial mais cedo do que a maioria dos empreendedores imagina. A melhor fonte de arrecadação futura de fundos é, na verdade, ganhá-los.

5. Qual é seu vínculo mais fraco entre paixão, habilidades e aceitação de mercado? No capítulo 2, descrevemos a mágica que acontece quando paixão, habilidades e aceitação de mercado se interceptam. Qual é sua maior paixão, e em que você tem sua maior vantagem comparativa? Reflita profundamente sobre seu Coração e suas habilidades, então, veja se essas duas coisas encontram um mercado comercial atraente. Desses três elementos, qual é o seu componente mais forte e o mais fraco?

#2: Sobre visão e propósito

Às vezes, é fácil se afastar da visão autêntica que deu início a tudo. Faça a si próprio as seguintes perguntas-âncora para realinhar seus sentimentos e refinar seu propósito.

1. Você começou com um plano de negócios, ou com o Coração? As pessoas com Coração forte são compelidas a não só construir um negócio, mas a compartilhar seu propósito e sua visão com o mundo. A maior parte das grandes empresas começa com iniciativas movidas pela paixão. Surpreendentemente (ou, talvez, não), poucas começam com um plano de negócios.

2. Você está confundindo ideias com Coração? Simplesmente, idealizar um conceito de sucesso não significa que um indivíduo seja um empreendedor, ao menos, não no sentido em que definimos o termo. Sem uma execução persistente voltada para tornar uma ideia realidade, a maioria dos empreendimentos tem vida curta. Sendo um sistema de convicção inato e uma missão vitalícia, o empreendedorismo genuíno requer ter uma ideia e, então, dar os passos de execução necessários para levá-la às alturas.

3. Se dinheiro não fosse problema, você estaria fazendo o mesmo que faz hoje? Você está fazendo o que faz por amor ou pelo dinheiro? A resposta quase sempre está no meio-termo. A questão importante é: se você for tomado por uma compulsão intrínseca e quase ardilosa de dar vida a uma visão que não cessa, pense a fundo sobre como fazer isso.

4. Você se pergunta continuamente *por quê*? Deveria. Existe poder no Coração e propósito. Ambos apontam para a necessidade de lançar um negócio abordando o *por quê* antes do *como*. Conforme Mats Lederhausen diz: "Propósito antes de produto e produto antes de lucro". Ele quer dizer que o

propósito, e o produto que, por fim, surge dele, é o que em última análise produz lucro. Esse propósito é o *por quê*.

5. Sua ideia, decisão e iniciativa "parecem" certas? Ao recomendar que os empreendedores respondam a essa pergunta tão simples, podemos avaliar muito do verdadeiro significado de Coração. Nos primeiros estágios da construção de um negócio, você não conta com o luxo de ter todos os fatos em mãos. Tampouco possui (nem você nem os outros) a habilidade de enxergar o futuro. Você só precisa se perguntar: *Eu sei o que é certo? Posso confiar no que estou sentindo?*

#3: Sobre suposições, crenças e valores

O Coração de um indivíduo deve refletir um conjunto de suposições (ou premissas), crenças e valores – nessa ordem. A seguir está uma recapitulação desses conceitos e algumas perguntas que ajudam a entender como esses fatores se relacionam em sua vida.

Nossas *suposições* são entendimentos e percepções conscientes e explícitos sobre nosso mundo.

Nossas *crenças* surgem dessas suposições. São nossas conjecturas sobre o que aconteceria em cenários potenciais, com base no que entendemos a partir de nossas suposições. Por exemplo, uma crença pode ser de que se o ruim se tornar pior, temos acesso ao apoio financeiro de amigos e familiares que podem nos sustentar tanto pessoal quanto profissionalmente.

Um *valor* é uma crença e uma suposição que as circunstâncias nunca desafiaram ou refutaram. Esses são princípios profundamente enraizados que alicerçam Coração.

1. Quais suposições (ou premissas) você está trazendo para sua jornada de construção de negócios? Você precisa da (ou presume a) existência de determinadas redes de suporte? Você está contando com um determinado grau de

estabilidade ou crescimento da economia? Quais de suas suposições (ou premissas) você acredita que não devam mudar no futuro próximo? Por exemplo, até que ponto sua saúde, a economia, as tendências específicas e a amizade entre cofundadores, ou outros fatores pessoais estão verdadeiramente garantidos?

2. Que crenças você mantém firmes para seu Plano A ou B? Se tudo acontece conforme planejado, ou até além das expectativas, que crenças dão suporte a seu negócio? Da mesma forma, se as coisas não acontecem de acordo com o Plano A, que crenças sustentam seu Plano B? Se não conseguir financiamento emitindo ações, você cogita a possibilidade de emitir debêntures? Você supõe que possui incentivos suficientes para reter funcionários ou que pode substituir prontamente determinadas pessoas-chave?

3. Quais são os valores mais essenciais para seu negócio? Valores são os nutrientes do solo que permitem que a planta, que é seu negócio, cresça e floresça. Eles representam os princípios fundamentais que embasam seu propósito como um todo. Você consegue transmitir os valores de seu negócio?

4. Quem vivencia seus valores hoje? As pessoas na linha de frente de seu negócio devem personificar a missão e os valores da empresa. Se sua empresa enfatiza a felicidade, mas os funcionários estão infelizes, você perdeu a conexão linear entre o Coração do fundador ou do CEO e os indivíduos que respiram esse valor.

5. O que você está preparado para fazer quando esses valores forem violados? Pressões econômicas ou mudanças no cenário financeiro podem forçar uma empresa a violar seus próprios valores fundamentais. Existem trocas ou concessões que qualquer empresa deve fazer quando decide escalar. É simplesmente impossível manter igual cada elemento de uma organização pequena altamente controlada quando essa ganha grande escala. Novamente, é importante questionar se você quer essa escala e entender se está disposto a abrir mão de determinados valores de produto ou serviço

à custa da escala. Caso contrário, você se sente confortável com o tamanho potencial que a empresa consegue atingir em sua configuração atual? Você se preocupa mais em obter dinheiro para escalar, ou esperar e postergar planos para obter o dinheiro certo é mais importante? A que valores você deve permanecer incondicionalmente fiel?

#4: Obtendo a combinação perfeita de Inteligências

Pare um pouco e reformule seu conceito sobre não só sua capacidade cognitiva, mas também sobre alguns aspectos-chave de seu negócio. As abordagens de Inteligência a seguir voltadas para os desafios enfrentados por negócios podem proporcionar novos *insights*.

1. Você tem uma inclinação natural de pensar com o lado esquerdo ou o lado direito do cérebro? No capítulo 3, mencionamos o conceito do psicobiólogo e ganhador do prêmio Nobel Roger W. Sperry sobre a distinção entre os hemisférios – ou lado, esquerdo e direito – do cérebro. A diferença entre esses dois modos de pensamento é significativa, portanto, considere: você é mais voltado para o lado esquerdo (detalhista, analítico, racional), ou para o direito (visual, conceitual, holístico)? Mais importante do que essa resposta é que você esteja: (1) ciente de sua inclinação qualquer que seja ela; e (2) aberto a perspectivas complementares vindas do outro lado.

2. Qual é a essência (lado direito) de seu modelo de negócios? O mundo dos negócios tem uma inclinação natural para o pensamento com o lado esquerdo do cérebro. No entanto, praticamente 90% de nossas decisões e preferências são emocionais (somente depois as justificamos com base em sua praticidade e funcionalidade). Portanto, pergunte-se: *quais são*

os componentes emocionais de seu negócio que empolgarão ou engajarão um investidor ou consumidor potencial?

3. Quais são os fatos e métricas mais críticos que embasam sua ideia e modelo de negócios? Concentre-se nos três ou quatro fatos mais críticos que ajudariam você a validar mais ainda sua ideia. Pense muito especificamente como você mediria se está tendo "sucesso". Entender como você julgará seu progresso tanto no lado das informações (indicadores de tendências) como no lado dos resultados (desempenho desejado/métricas financeiras) é muito importante. Preferimos métricas do lado das informações, que são os indicadores de tendências para o desempenho e, geralmente, dizem respeito à satisfação do cliente. Se um cliente está satisfeito, as métricas de resultado (resultados financeiros) tendem a acompanhá-lo.

4. Qual é a forma mais pragmática de executar o intento de seu negócio? E se você só tivesse US$ 100? Como começaria seu negócio? A essência do empreendedorismo é fazer as coisas acontecerem com o pouco que se tem. Pare e pense sobre a menor distância entre sua posição atual e um marco importante de sua ideia ou negócio. Como você pode chegar lá da maneira mais barata, rápida e eficiente? Procure evitar as teorias e os *se*. Em vez disso, pense sobre o que você faria se tivesse apenas 48 horas para agir. Provavelmente, você precisaria de menos bagagem organizacional, ou planejamento, do que imagina. Um exemplo que me veio à mente foi o de uma *start-up* cujo propósito era levar alimentos naturais para o ambiente de trabalho. A equipe estava focada em todos os fornecedores que precisavam para iniciar, e em como convencê-los sobre essa nova visão de lanches orgânicos no trabalho. A visão estava correta – eles estavam pensando grande –, mas também queriam começar grande. Nós os encorajamos a começar pequeno, com uma série simples de testes de mercado. Eles mudaram suas prioridades e, simplesmente, compraram seus suprimentos num supermercado de produtos naturais durante os primeiros dois meses para ver se as

pessoas, de fato, substituiriam alimentos prejudiciais à saúde por escolhas sensatas. A sequência aqui foi essencial. Antes de se trancar no escritório e passar longas horas negociando com fornecedores, descubra se o cliente realmente quer seu produto. Um teste como esse pode ser feito de forma rápida e barata e proporciona *insights* inestimáveis.

5. Você já pensou nas dez pessoas que podem virar o jogo para seu negócio? Um erro comum que temos observado ao longo dos anos envolve identificar os papéis potenciais para uma empresa em termos de sua trajetória atual. Isso é útil para entender o que você precisará amanhã, mas como você consegue pensar sobre o talento que realmente vai fazer seu negócio crescer? Faça uma lista de dez pessoas excepcionais e do que aconteceria se elas estivessem envolvidas em sua empresa e pudessem levá-la para o próximo nível. Não importa se você já conhece ou não essas dez pessoas. Agora crie um canal de comunicação com essas pessoas e dedique-se a isso intensamente. Assim como a maioria dos "sucessos da noite para o dia" leva uma década ou mais de preparação, o mesmo acontece com esforços de cultivo de talentos. Crie uma lista dos "excepcionais" e comece a procurar conhecer essas pessoas *hoje*, estabelecendo relacionamentos duradouros que lhe permitirão recrutá-las no futuro quando surgir a oportunidade.

#5: Você precisa de um *check-up* estratégico?

Algumas empresas precisam parar e se perguntar se entendem de fato o que está gerando um bom ou um mau desempenho. Você pode usar o jargão moderno – *vamos ver se precisamos pivotar* – ou chamar isso de uma *revisão estratégica*. Nosso conselho? Comece pelo cliente. Tendo o cliente em mente, suas respostas para este grupo de perguntas podem ajudá-lo a determinar se você precisa parar e reavaliar. Se a resposta para qualquer dos itens for sim, talvez seja hora de mergulhar a fundo em conhecer seu cliente.

1. Seu mercado está experimentando uma descontinuidade? *Descontinuidade* é uma palavra de efeito da consultoria que, quando traduzida, significa coisas que causam megamudanças numa indústria. Pense sobre mudanças regulatórias, novas tecnologias, catástrofes naturais, crises financeiras ou eventos extraordinários que podem mudar de forma significativa a dinâmica de seu setor. Qualquer dessas grandes mudanças sinaliza uma convocação para reavaliar seu mercado-alvo, necessidades do cliente e o que a empresa oferta.

2. Existe uma falta clara de proposições de valor? Nos primórdios do desenvolvimento da estratégia de transformação da Thomson, Dick e Tony pediram a alguns funcionários de uma divisão importante para descreverem a proposição de valor. Jamais conseguiríamos prever resultados tão discrepantes e diversificados. Peça a um grupo de dez funcionários-chave, ou mesmo a dez altos executivos, para escreverem sua principal proposição de valor, então, avalie a consistência.

3. Você se baseia mais em segmentação de canal vendas ou em segmentação de clientes? Não existe uma única maneira certa de segmentar a base de receita de uma empresa, mas frequentemente as empresas confundem segmentação de canal de vendas com segmentação de usuário final. Segmentar vendas por meio de canais padronizados, tais como corporativo e governamental, não revelará semelhanças e diferenças no comportamento do usuário – informando você sobre, digamos, as diferenças entre usuários básicos e aqueles que necessitam de uma análise mais avançada. Considere um esquema de segmentação baseado não em relacionamentos de vendas, mas nos tipos de *comportamento do usuário*, que podem informar sobre desenvolvimento de produto, combinação de produtos (*bundling*) e mais.

4. Você está enfrentando novas demandas de clientes e concorrência? Mudança no padrão de demanda significa uma coisa: você precisa analisar mais a fundo para entender o cliente. Procure mudanças na composição das vendas totais e crescimento em segmentos, que geralmente estão relacionados a novos competidores não tradicionais ou mudanças no comportamento do cliente. Não pergunte se sua taxa de crescimento continua a mesma, mas quanto desse crescimento agora vem de fontes digitais em relação a fontes analógicas. Não pergunte se os novos competidores têm produtos melhores, mas se oferecem uma alternativa "boa o bastante". Por fim, pergunte-se, se você estivesse no lugar dos competidores, o que estaria fazendo para matar sua empresa?

#6: Sobre Coragem

A Coragem proporciona a resistência e a determinação para iniciar, para ignorar as críticas que estará sujeito a ouvir, para defender confiantemente uma ideia, para perseverar e para saber quando é a hora de agir rapidamente. Os empreendedores mais confiantes e visionários nos dizem que o trabalho deles é transportar os outros para uma visão que vislumbraram meses ou anos antes – e fechar essa lacuna de tempo o mais rápido possível.

1. O que aterroriza você? Escolha: altura, terrorismo nuclear, pobreza, doença, morte. "Somente os paranoicos sobrevivem", escreveu o famoso cofundador da Intel Andy Grove, observando que os grandes empreendedores e desenvolvedores *devem* se preocupar constantemente com a concorrência, com datas de lançamento de produtos, consumo de caixa (*cash burn*) e sua habilidade de atrair os melhores talentos, entre outras coisas. Reconhecer este tipo de paranoia

e preparar-se para isso gera uma determinação que transmite confiança, resiliência e presença de espírito. Coragem não significa erradicar o medo, mas, sim, transformar a negatividade em produtividade.

2. Você tem a Coragem para iniciar? É preciso Coragem para começar algo, tanto nos estágios iniciais da criação de uma empresa quanto em estágios posteriores, quando a necessidade de mudança é evidente, mas pouquíssimas pessoas conseguem fazer a mudança acontecer. A Coragem para iniciar é o nível mínimo de Coragem que *todo* empreendedor e construtor de negócios precisa ter. Um lema dos empreendedores deveria ser: *Ação, não inação e não reação.*

3. Você tem a Coragem para persistir? Mais importante do que a habilidade de resistir – de suportar coisas – é a determinação de uma pessoa, aquela que reconhece que vale a pena um sacrifício a curto prazo para atingir um objetivo maior. Novamente, as pessoas que possuem essa determinação e perseveram nos bons e maus momentos devem ser admiradas. A Coragem para persistir diz menos respeito a eliminar o medo do que a gerenciá-lo e ganhar perspectiva sobre expectativas.

4. Você tem a Coragem para evoluir? Bons empreendedores sabem que para sobreviver devem ter a autoconscientização de é preciso para se adaptar a mudanças de cenário e, às vezes, fazer modificações drásticas. Essa é linha sutil que separa a Coragem para Persistir da Coragem para Evoluir. Novas informações, novas tecnologias, novas regulamentações, novos competidores, e outras mudanças na indústria sempre virão. Uma das qualidades mais críticas que um empreendedor pode possuir é saber quando se manter firme e quando se adaptar. Empresas de sucesso adaptam suas práticas e produtos a mudanças de cenário.

#7: Vender ou não vender

Você finalmente tem uma oportunidade de sair. Talvez ela tenha vindo antes do esperado, talvez depois. Talvez ela não tenha vindo de modo nenhum, mas você quer ter certeza de qual seria sua perspectiva numa venda. Como você sabe que é a hora e a decisão certa? Muitos dos empreendedores seriais em nossa pesquisa tiveram de lidar com esse problema "sofisticado" mais de uma vez. A seguir, um guia de perguntas para ajudá-lo a analisar suas opções.

1. Preciso mesmo vender? Você pode evitar essa questão totalmente, investindo prudentemente em ativos com valor de longo prazo – e, portanto, períodos extremamente longos. Adquira ativos com fluxo de caixa sólido e potencial para serem mantidos "eternamente". Uma mentalidade de criação de valor tende a gerar menos problemas de momento oportuno de saída para os investidores do que uma mentalidade de captura de valor a curto prazo. É realmente difícil construir uma empresa para vender. Construa uma empresa para criar valor e você terá a oportunidade de venda.

2. Você está tentando maximizar exageradamente o valor? O chavão expressa muito bem: leitões engordam, porcos vão para o abate. Não seja o segundo. Não faz sentido dar o bote pelo último centavo. Ao considerar uma venda, faça uma estimativa da diferença entre o que tem certeza que vai obter agora e um cenário da melhor hipótese do que pode conseguir mais tarde. Inclua o cálculo do valor do dinheiro em relação ao tempo (um dólar amanhã vale um dólar hoje mais alguma taxa de retorno) e compare isso com o que seria preciso para levar a empresa ao próximo nível de crescimento no mesmo período. Em outras palavras, considere o valor ajustado ao risco de permanecer no jogo comparado à certeza de ficar com o que consegue obter hoje. As coisas vão continuar a funcionar tão bem quanto agora? Que

recursos adicionais podem ser necessários, e quais compromissos ou riscos de mercado você deve assumir para permanecer no jogo? Isso não tem o intuito de impelir você a um desfecho conservador só porque há uma oferta sobre a mesa. Pelo contrário, o objetivo é fazer você pensar sobre o que precisa fazer para criar um valor amanhã em relação à posição de valor em que se encontra hoje.

3. Você pode tirar algumas fichas da mesa, mas ainda permanecer no jogo? Conforme observamos no capítulo 4, J.P. Morgan disse certa vez: "Ganhei todo meu dinheiro vendendo cedo demais"[1]. Seja por meio de dividendos, recapitalização, ou da venda de parte de sua participação na empresa, se você tiver a chance de realizar alguma liquidez e se essa opção fizer sentido, considere-a seriamente.

4. Qual é o contexto do mercado? Se todo mundo está ansioso por entrar em alguma coisa, talvez seja hora de sair. No entanto, se o mercado está passando por uma crise econômica e há escassez de compradores, você, de fato, tem o melhor preço? Pergunte se esse é um mercado de compradores ou de vendedores.

5. Você realmente quer vender? Em última análise, tudo isso diz muito mais respeito ao que você pessoalmente quer fazer do que a quanto vai realizar com a venda. Você está feliz em vender, porque vai poder entrar num novo empreendimento? Ou você sente que é como se tivesse "vendido a si mesmo", especialmente porque ainda ama o que faz e acredita que pode fazer mais com isso? Você acredita que já atendeu grande parte de seu propósito, ou ainda há muito a fazer? Ou, por outro lado, você acredita que vender pode ajudar a realizar melhor o propósito e o potencial de sua empresa? Você está confundindo seu desejo de vender com seu desejo por um papel diferente – por exemplo, você quer se afastar das operações do dia a dia, mas continuar detendo o controle? Nesse caso, contrate alguém: gestão e controle não precisam ser iguais. Ganhe clareza separando as razões financeiras das não financeiras.

#8: Você é humilde o bastante?

Em nossa experiência e pesquisa, humildade surge como uma qualidade definidora daqueles que alcançaram o sucesso. Será que a falta de humildade está te impedindo de chegar ao próximo nível?

1. Você está disposto a abraçar sua própria vulnerabilidade e humildade? Vulnerabilidade e humildade não são qualidades que esperaríamos ser comuns entre empreendedores de sucesso. No entanto, são. Assumir riscos é apenas um eufemismo positivo para o que denominamos *vulnerabilidade ativa* – a disposição de aceitar os riscos e as consequências (boas ou más) de suas ações. Você abraça naturalmente sua própria vulnerabilidade e humildade e aceita algum grau de fracasso como parte de qualquer empreitada?

2. Você abraça a ignorância? Se você "não sabe o que não sabe", isso pode te permitir estar mais aberto e ter menos medo de perseguir algo novo e diferente. Obviamente, adquirir conhecimento e sabedoria é o objetivo final, mas quando começamos a experimentar algo diferente, *não* saber não é necessariamente uma desvantagem.

3. Você é movido por uma profunda curiosidade intelectual? Se você focar num aprimoramento contínuo, criará oportunidades maiores e de mais "sorte". Você questiona a regra, tem uma sede intelectual por coisas novas, procura reproduzir novas experiências e conhecer pessoas novas? *Sempre há mais para ver e mais para aprender*, esse é um mantra comum dos humildes e curiosos.

4. As pessoas te descrevem como alguém que simplesmente trabalha duro? Acreditamos que pessoas com humildade e curiosidade intelectual também tendem a ser aquelas que continuam avançando. Alguns chamam isso de ímpeto, outras de ambição. Não importa como você chame e por que faz isso,

uma ética do trabalho irrestrita ajuda a impulsionar o sucesso. É geralmente motivada por uma intensa questão de melhora. Pode, inclusive, ser movida por insegurança. Trabalhar duro não garante o sucesso, mas, certamente, aumenta sua chance.

#9: Criando Sorte com otimismo e relacionamentos

A qualidade Sorte diz respeito a se ter a atitude certa e os relacionamentos certos. Faça a si próprio as quatro perguntas a seguir para entender se você está olhando para oportunidades com uma ótica de Sorte e se está, de fato, no caminho para as oportunidades certas.

1. Você se sente com sorte (e otimista)? Uma pesquisa extensa mostra que *se sentir* com sorte pode gerar confiança, melhorar o desempenho e estimular as pessoas a almejar chegar mais alto. Não podemos evitar senão concluir que uma perspectiva desafiadora permite que as pessoas busquem oportunidades casuais. Aquilo que frequentemente vemos como mera "sorte" é, na verdade, uma função da atitude certa e dos relacionamentos certos, isto é, uma Atitude de Sorte e uma Rede de Sorte.

2. Você foca no positivo antes do negativo? Um dos mentores de Tony, o saudoso Jay Chiat, certa vez deu suporte a um famoso empreendedor que nos contou: "O incrível sobre Jay é que ele sempre vê o bom antes do ruim". Inconformistas e empreendedores colocam o positivo antes do negativo, o otimista antes do pessimista. Da próxima vez que alguém te apresentar uma ideia, pare. Tente, então, concentrar-se primeiro em todas as razões por que essa ideia pode – apenas pode – ser realmente uma grande ideia. A maior parte dos pensadores inconformistas e empreendedores criativos são

superotimistas por fora e críticos por dentro. A lição permanente para todos nós é: lidere com otimismo.

3. Você entende o valor da rede de relacionamentos? Não corra atrás e não bajule todo mundo vestido de poder, mas, cuidadosamente, estenda o alcance, o escopo e potencialize seu círculo pessoal e profissional. A Sorte costuma pairar sobre a interseção entre pessoas, lugares, momentos oportunos e circunstâncias. Ao se colocar no caminho de colisões fortuitas, você aumenta a possibilidade de ter Sorte. Pergunte-se, especialmente, se você possui vulnerabilidade, autenticidade, generosidade e abertura em que Relacionamentos de Sorte prosperam.

4. Qual das qualidades de liderança a seguir tem um vínculo mais fraco com você? Humildade, curiosidade intelectual, otimismo, vulnerabilidade, autenticidade, generosidade e abertura (veja as definições no capítulo 5) são as sete qualidades mais desafiadoras que os líderes devem dominar. Qual delas tem um vínculo mais fraco com você? Não conhecemos ninguém que seja perfeito em todos os sete elementos, e não existe um manual fácil, ou uma garantia de que se você possuísse todas as sete se tornaria um mestre Zen da Sorte e de relacionamentos. Mas saber em quais desses sete atributos de liderança em empreendedorismo você é relativamente mais fraco e mais forte proporcionará mais Sorte e mais relacionamentos gratificantes a seu caminho.

#10: Refletindo sobre o fracasso

De uma forma ou de outra, você falhou. Use as cinco perguntas a seguir para ajudá-lo a se recuperar, aprender com seu erro e melhorar sua abordagem para o próximo desafio.

1. Esse era realmente seu Norte Verdadeiro? Às vezes, as pessoas são movidas por padrões extrínsecos de sucesso, mas têm dificuldade em achar seu próprio ímpeto para o sucesso porque não veem sentido no papel ou na tarefa. É seu próprio Norte Verdadeiro que te impulsiona para o sucesso ou é o de alguém outro?
2. Seu padrão próprio era razoável? O fracasso tem muito a ver com expectativas internas. Embora seja importante buscar diferentes realizações, se as coisas não acontecerem do seu jeito, não deixe sua voz interior repreendê-lo mais do que você faria com um funcionário dedicado. Calibre suas expectativas com bom senso.
3. Você fez todo o possível para ter sucesso? Você é a melhor pessoa para avaliar quanto esforço empenhou em sua iniciativa "fracassada". Você experimentou até a exaustão todas as abordagens imagináveis em sua busca pelo sucesso? Se ao fazer sua autoavaliação você constatar que não considerou outras maneiras de atingir seu objetivo, pergunte-se por quê.
4. Você está sendo macromíope e dramatizando exageradamente o impacto a curto prazo de seu erro? Roy Amara, ex-presidente do Instituto para o Futuro, conferiu seu nome a uma grande lei da percepção. A lei de Amara afirma que, ao observar eventos, as pessoas tendem a superenfatizar as consequências a curto prazo e a subestimar o impacto a longo prazo[2]. Portanto, pare para uma verificação da realidade sobre o impacto de seu erro. Sua ação pode não ser tão significativa quanto você pensava.
5. O que você pode aprender com seu "fracasso" (incluindo: como você garante que não vai repetir este erro)? Não importa se seu "fracasso" recente ocorreu por motivos internos, externos ou uma combinação dos dois, faça dele uma oportunidade de aprendizagem. Se você pudesse recomeçar do zero, o que faria diferente? Em que sua abordagem diferiria? Como seu perfil CICS influenciou você (ou não influenciou)? Você simplesmente ajustaria alguns detalhes

salientes? Esteja disposto a assumir responsabilidades. Admita, também, que mesmo no caso de um desempenho impecável, você poderia não ter obtido sucesso. Novamente, o importante aqui é abordar qualquer "fracasso" que tenha experimentado, explorá-lo, aprender com ele – e nunca repeti-lo.

9

MANIFESTOS de SABEDORIA

A seguir estão nossos Manifestos de Sabedoria. São práticas comprovadas reunidas aqui como uma lista de "maiores sucessos da parada".

Os oito Manifestos de Sabedoria

1. As três regras de ouro
2. Seja o melhor em algo
3. Pense grande, comece pequeno e escale rápido
4. Clientes frequentes e receitas recorrentes facilitam a vida
5. Conquiste o cliente certo
6. Regras simples e perguntas para atrair e reter as melhores pessoas
7. A responsabilização forma ou arruína sua cultura
8. Aceite o fracasso

Manifestos de Sabedoria Princípio 1: As três regras de ouro

Pessoas > Ideia

Nunca é pouco enfatizar isso: as pessoas sempre devem ser sua maior prioridade. Como o pai do capital de risco, Georges Doriot, certa vez mencionou: "Uma equipe classe A com um plano B é sempre melhor que um plano classe A com uma equipe B"[1]. (Veja o Princípio 6 sobre criar essa equipe classe A).

Modelo de Negócio > Ideia

Concentre-se no modelo do negócio e em como planeja ganhar dinheiro em vez de num plano financeiro teórico. Durante os estágios iniciais da construção de um negócio, o *o que* de um plano é menos importante do que o *como*. Sim, existem exemplos de empreendedores bem-sucedidos que deixam para mais tarde a preocupação sobre como ganharão dinheiro. Mas pode nos chamar de antiquados: saber como você planeja ganhar dinheiro é algo bom. A única razão para um negócio sair do negócio é ficar sem dinheiro.

Nicho de mercado > Mercado de massa

Muitos aspirantes a empreendedor gastam seu tempo fantasiando sobre mercados de massa antes de conquistar um único cliente. Mesmo quando ideias e conceitos surgem com enormes oportunidades de mercado, o ponto de partida sempre deve ser *qual nicho, ou segmento, de um mercado grande eu posso verdadeiramente dominar?* Lembre-se de que um mercado grande também traz grandes competidores, portanto, encontre um nicho que pode dominar. A liderança em participação relativa de mercado é um excelente previsor de lucratividade a longo prazo.

Manifestos de Sabedoria | 217

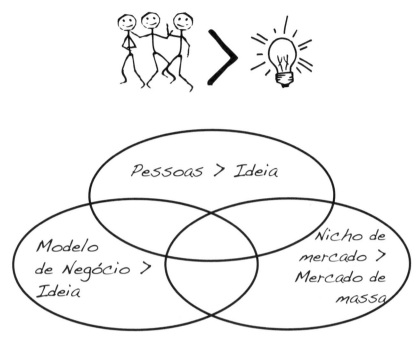

A participação relativa de mercado sempre vence

Manifestos de Sabedoria Princípio 2: Seja o Melhor Em Algo

A melhor maneira de alinhar funcionários e administradores é entender o benefício que a empresa está tentando entregar a seus clientes. Apenas quatro tipos de benefícios importam e, por extensão, apenas quatro categorias de proposição de valor funcionam.

A melhor qualidade

Richard Branson certa vez comentou que ser o melhor em algo é um modelo de negócios muito bom. Não poderíamos estar mais de acordo. Considere as marcas que definiram um padrão, tais como a Luisville Slugger de tacos de beisebol, ou a Stradivarius de violinos. Você não precisa ser um aficionado em esportes ou em música clássica para saber o nível de referência que essas marcas representam. Marcas que definirão padrões incomparáveis, geralmente, são marcas de luxo. Mas até mesmo uma marca menos luxuosa como Benjamin Moore pode criar uma proposição de valor duradoura, estabelecendo uma reputação de qualidade melhor da categoria.

Melhor mais-por-menos

Alguns consumidores sempre compram pelo preço. Mesmo assim, o melhor valor da categoria nem sempre significa o preço mais baixo, mas, sim, o melhor custo-benefício. Um bom exemplo é a JetBlue, uma empresa que pode não oferecer a viagem mais barata ou a mais confortável, mas faz um trabalho superior comunicando seu valor superior em relação a seu preço. Chipotle, Ikea e Toyota são outros exemplos de empresas com melhor valor e que, ao longo dos anos, mantiveram suas proposições de valor.

Luxo e ambição

Paralelamente aos *players* mais-por-menos estão os provedores de luxo que provocam consumidores materialistas com experiências de um estilo de vida glamouroso. Ralph Lauren, Rolex, BMW e Hermès estão entre os mais habilidosos provedores de marcas para um estilo de vida luxuoso. Embora o segmento de luxo possa sofrer baques durante tempos difíceis, os consumidores sempre  retornam quando a economia se recupera. Sem mencionar que muitos consumidores de artigos de luxo não limitam seus gastos nem mesmo em tempos de arrocho.

Os must-have

Uma das proposições de valor mais atraente são os *must-have*, os imprescindíveis. Consiste de artigos de primeira necessidade, incluindo alguns gêneros alimentícios. Na Thomson, sempre falamos sobre esse conteúdo imprescindível, sem o qual os profissionais de negócios não podem fazer seu trabalho. Um  exemplo? As informações e ferramentas jurídicas críticas que o Westlaw proporciona aos advogados. Se existe um processo, os advogados precisam de informações jurídicas e o Westlaw é a fonte dessas informações[2]. Sempre haverá competição entre os *must-have*, mas em última análise os líderes de mercado nesse segmento ganham um prêmio poderoso: megacriação de valor.

Alcance um novo nível

A proposição de valor de sua empresa se enquadra em uma ou mais das categorias citadas anteriormente? Em caso negativo, é hora de se adequar. Saia do *nem cá, nem lá*. Considere reposicionar suas ofertas e definir todo um novo padrão.

Manifesto de Sabedoria Princípio 3:
Pense grande, comece pequeno e escale rápido

Ao executar uma ideia, é praticamente impossível pensar grande e começar grande. É por isso que sempre recomendamos pensar grande, começar pequeno e depois escalar (ou fracassar) rápido. Como o Professor Bill Sahlman da Harvard Business School disse: "As empresas devem começar como uma série de experimentos palpáveis"[3].

Não há nada de errado em ter uma ideia formidável e, então, lançar versões em miniatura dela que lhe permitem ajustar continuamente seu conceito. Considere o Chipotle, a rede de comida mexicana cujo lema e declaração de propósito são "Alimentos com integridade... os melhores ingredientes produzidos com respeito pelos animais, pelo ambiente e pelos fazendeiros." Steve Ells teve uma ideia grandiosa sobre comida, mas em vez de executar 100% de sua visão da noite para o dia, ele avançou gradualmente até lá, provando seu conceito antes de selá-lo.

Manifestos de Sabedoria | 221

Comece pequeno!

Direto do forno:
cookies de chocolate
da Ana - $5

Escale rápido!

Manifestos de Sabedoria Princípio 4: Clientes frequentes e receitas recorrentes facilitam a vida

Em nossas experiências anteriores dirigindo empresas pequenas e grandes, descobrimos um modelo de negócios que amamos muito, um modelo baseado na retenção de clientes, num fluxo de caixa básico e na habilidade de aumentar este fluxo de caixa conforme a empresa escala:

| Receita recorrente + Alavancagem do custo fixo = Fluxo de caixa superior |

Se você conseguir encontrar um negócio cuja receita seja altamente repetível (ex.: alta retenção de clientes ano após ano) e se puder manter suas despesas em, digamos, 10% das vendas, então, provavelmente, você tem um empreendimento de sucesso. Negócios com esse tipo de modelo geralmente estão correlacionados a alguma forma de propriedade intelectual (PI). Isso pode incluir qualquer coisa, desde *royalties* provenientes de conteúdo, a taxas de franquia de marcas, a receita de assinatura de *softwares*, a taxa de licenciamento de tecnologias ou patentes. A grande maioria desses exemplos requer um investimento inicial para o desenvolvimento da PI, mas, se der certo, você cria uma barreira de defesa com base nessa PI. A empolgação dos capitalistas de risco por "*software* como um serviço" – os SaaS (*software as a service*) – e por outros negócios de assinatura é movida pelo apelo desse modelo "construir uma vez, executar várias", para o qual o custo marginal de cada venda incremental é minúsculo.

Outra característica atraente desse modelo de negócio é que, frequentemente, você recebe o dinheiro na frente. Um exemplo são as assinaturas que os consumidores renovam e pagam adiantado. Embora você só possa contabilizar a receita em seu balanço na medida em que entrega o serviço, tem o benefício de receber o dinheiro adiantado.

O que poderia ser melhor do que um negócio em que você recebe adiantado, que a vasta maioria dos clientes renova ou retorna ano após ano e cujo custo de entrega a um cliente adicional se aproxima do zero em larga escala? O próprio Bill Gates usa esse modelo de negócio, e que funcionou muito bem para ele e seus contemporâneos, como Marc Benioff do Salesforce.com ou Michael Bloomberg da Bloomberg LP.

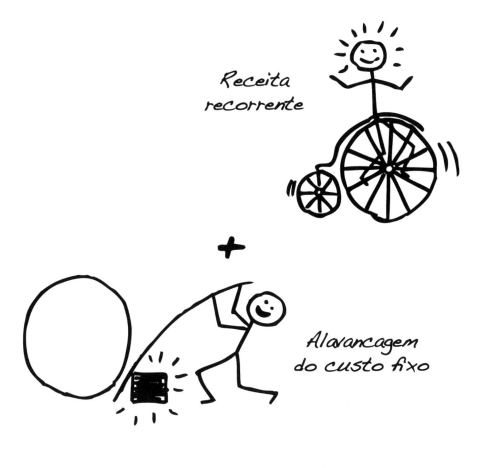

Receita recorrente

+

Alavancagem do custo fixo

=

Fluxo de caixa superior

Manifestos de Sabedoria Princípio 5: Conquiste o cliente certo

Não existe algo como um cliente meio-termo. O professor da Harvard Business School, John Deighton, oferece o exemplo de um produtor hipotético de bebidas cuja equipe de pesquisa descobre que 50% das pessoas no mundo gostam de chá quente, e os outros 50% preferem chá gelado. Não faria sentido fabricar um chá para ser tomado morno que certamente agradaria a todos? O problema, claro, é que você não agradaria a ninguém. Steven Levitt e Stephen Dubner, autores do livro *Freakonomics*, oferecem um exemplo mais juvenil quando ressaltam que, numa amostra global, um adulto "médio" tem exatamente um seio e um testículo[4]. Em ambos os casos, a média matemática é um dado divertido, mas sem utilidade.

Mesmo assim, as empresas frequentemente cometem o erro de desenvolver produtos e recursos com atrativos para a média. Elas se debruçam sobre resultados agregados e médias. Em vez disso, deveriam desagregar os geradores desses resultados e focar em quem, ou no quê, compõe essas médias. A chave para qualquer estratégia bem-sucedida voltada para o consumidor é entender os subsegmentos dinâmicos que compõem a média e, então, desenvolver o produto, o preço e o plano de entrada no mercado adequado para cada um desses grupos menores.

Primeiro, procure entender como pode atender melhor e mais lucrativamente os três subsegmentos de sua base de clientes. Embora, aparentemente simplista, essa abordagem geralmente resulta num desenvolvimento de produto ou numa estratégia de marketing não intuitivo. Ex.: uma análise de sua taxa de clientes frequentes pode revelar a sabedoria de encolher sua base de clientes atuais antes de expandi-la. Certa vez, Tony conversou com o CEO de uma cadeia de *spas* que compartilhava de seu objetivo de convencer ao menos 70% dos clientes a utilizarem o serviço de *spa* ao menos uma vez por mês. Isso significava, primeiro, dar pouca atenção à vasta massa que não reutilizava o serviço nessa frequência. Depois de entender o perfil de um cliente frequente, ele se esforçou para conquistar mais pessoas com aquele perfil e menos de todas as demais.

Nesse exemplo, o valor de um segmento menor de clientes frequentes é maior do que o de muitos clientes distintos. Ambos os grupos proporcionam o mesmo nível de receita a curto prazo, mas focar nos clientes frequentes reduz o custo das vendas e do marketing, a longo prazo, e cria um fluxo de receita mais previsível. A qualidade da receita é tão, ou mais, importante do que seu volume.

Empresas *online* também devem aplicar um olho discriminatório à análise de dados agregados elevados. À primeira vista, visitas únicas mensais de alta utilização, ou uma boa utilização média, podem indicar uma estratégia de produto superior. Mas, ao analisar o comportamento do consumidor, você pode descobrir que os consumidores estão usando apenas uma pequena porcentagem da funcionalidade total do que você está oferecendo. Nesse caso, concentre-se nos recursos imprescindíveis/de alta utilização em comparação aos legais de ter/de baixa utilização. Ter o produto certo não é tão difícil se você entende o que os clientes realmente, *realmente mesmo*, querem.

Graças a ferramentas *online* como o Google Analytics ou o SurveyMonkey, ficou mais fácil do que nunca capturar informações sobre o consumidor. Mas você está interpretando-as corretamente? Se os resultados do levantamento indicam uma variação generalizada, é ainda mais importante identificar grupos de subsegmentos. Usando os princípios que embasam a análise de marketing (*cluster* e conjunta) e agrupando os resultados em faixas (ex.: consumidores que se sentem confortáveis gastando entre X e Y *versus* aqueles na faixa Y e Z), qualquer empreendedor pode adquirir uma sólida perspectiva do comportamento em uma base de clientes. Em seguida, pode considerar as diferenças de padrão entre esses grupos e ajustar sua estratégia de precificação às preferências do consumidor quanto a características de um produto ou a sua disposição de gastar.

Não estamos dizendo que você precisa da segmentação perfeita. Não existe "perfeito" – assim como, ao longo dos anos, aprendemos que não existe a "média". Concentre-se em estar aproximadamente correto sobre os principais subsegmentos em vez de estar precisamente incorreto sobre a média.

Manifestos de Sabedoria Princípio 6: Regras simples e perguntas para atrair e reter as melhores pessoas

Sim, sua ideia de negócio é brilhante – e contagiante –, mas, em última análise, tudo se resume a pessoas. Sendo assim, qual é a melhor maneira de atrair, desenvolver e reter as melhores pessoas?

Quando você observa seu círculo social, é fato que alguns de seus amigos mais brilhantes trabalhem em lugares que pagam pouco, comparados a lugares onde poderiam estar ganhando mais. O que os atrai? Resposta: esses empregos proporcionam um senso de realização, identidade e propósito que transcende título, posição ou salário. Para fins ilustrativos, puxe uma conversa com um funcionário da Apple Store, ou do Trader's Joe. Agora compare sua empolgação com aquela de 95% dos funcionários de outros estabelecimentos do varejo. Isso basta.

Na vida, as pessoas estão constantemente numa negociação amor-ou--dinheiro. O que as empresas podem fazer para minimizar essa negociação dos funcionários? Elas podem criar um equilíbrio disseminado entre recompensas intrínsecas e extrínsecas. Recompensas intrínsecas, derivadas da alma de uma organização, são a razão e o incentivo para um indivíduo trabalhar lá. Recompensas extrínsecas referem-se à sagacidade e ao bolso do funcionário. O quadro "Regras das pessoas" lista quatro aspectos dirigidos a revelar o segredo da lealdade duradoura de um funcionário.

Confie em nós: fazer os funcionários felizes e realizados em seus postos de trabalho não é tão difícil como pode parecer. Parte de levar as pessoas a este objetivo está diretamente relacionada com a forma como você as desenvolve e as orienta. Temos sido extraordinariamente sortudos em ter grandes mentores. Como você se torna um grande mentor? "Cinco perguntas secretas de grandes mentores" oferece uma estrutura simples das cinco questões que os mentores devem ser capazes de perguntar e entender de seus orientandos.

Regras das pessoas

1. *Ajude a criar um papel de valor.* Durante a entrevista, pergunte a um empregado em potencial o que ele estaria fazendo agora se tivesse todo o dinheiro de que precisasse. Em seguida, explique por que a função em questão é crítica e como ela se posiciona na empresa como um todo. Consideramos isso o pilar de uma retenção duradoura.
2. Ofereça *feedback*. Faça isso de forma regular, sincera e conscienciosa.
3. *Apresente o contexto de desenvolvimento profissional.* Tenha em mente o plano de carreira dessa pessoa, perguntando o que ela mais gostaria de aprender. As pessoas gostam de saber para onde estão caminhando e que os empregadores se preocupam em ajudá-los a chegar lá.
4. *Agradeça.* Ofereça a seu funcionário reconhecimento intrínseco e extrínseco – isto é, reforce seu apreço pelo papel e pela contribuição dele (uma simples nota escrita ou agradecimento verbal de tempos em tempos vale muito) e remunere de maneira justa.

Cinco perguntas secretas dos grandes mentores

1. O que você está buscando realizar?
2. O que está fazendo no momento para realizar isso?
3. O que está lhe retardando ou impedindo de atingir esta meta?
4. O que fará diferente amanhã?
5. Como posso ajudar?

*Manifestos de Sabedoria Princípio 7:
A responsabilização forma ou arruína sua cultura*

Quando os funcionários têm um interesse especial numa empresa, a empresa muda. A partir de um conjunto de partes abrangente e com uma finalidade comum, ela se transforma em um organismo coeso com um objetivo único: o sucesso do todo. Uma empresa capaz de criar e manter esse alto nível de responsabilização desenvolverá uma cultura corporativa baseada em união, cooperação e excelência.

Então, qual é a melhor maneira de criar responsabilização no local de trabalho?

Uma resposta tradicional e padrão é proporcionar incentivos. É impossível incentivar a menos que a empresa consiga medir o desempenho. Por natureza, incentivar requer que empregador e empregado troquem informações boas e confiáveis. É aí que entra a responsabilização. Estabeleça uma cultura de responsabilização em que as pessoas saibam seu papel e expectativas. Com base no bom senso, não feito da forma comum como você esperaria.

Para assegurar uma dedicação disseminada na empresa a um objetivo de aceitação unânime e levar isso aos funcionários em todos os escalões, a responsabilização deve começar no topo. O CEO e a alta administração de uma empresa são responsáveis por definir o tom. A criação de uma cultura empresarial sólida só ocorre quando funcionários e empresa estão adequadamente alinhados por meio da identificação e do compartilhamento de metas idênticas.

Uma vez que elas estejam estabelecidas, o todo se torna maior do que as partes. E mais, uma cultura positiva se autorreforça e autorrenova continuamente.

O que embasa a cultura de sua empresa? Como você pode melhorar o alinhamento entre as metas de sua empresa e as de seus funcionários? A responsabilização em sua empresa começa no topo antes de chegar aos funcionários?

Manifestos de Sabedoria | 229

Manifestos de Sabedoria Princípio 8: Aceite o fracasso

Se existe algo que pessoas altamente realizadas na casa dos 20 a 30 anos podem fazer por si próprias é o seguinte: *fracassem* ao menos uma vez. Nada é mais prejudicial no empreendedorismo do que uma sequência de avanços baseados num comportamento de Inteligência, ou no que o pessoal de RH costuma chamar de *alto potencial*. Uma vez que as pessoas absorvem esses rótulos, tornam-se menos dispostas a arriscar seu histórico, seus sucessos passados e seu alto potencial em projetos novos e inovadores.

É claro, o fracasso não é fácil. Frequentemente, o sofrimento residual do desapontamento, da vergonha e da perda nunca desaparece. Então, por que encorajamos ao menos um encontro com o desapontamento, a perda ou expectativas frustradas? Pelos motivos que descrevemos no questionário Norte Verdadeiro, o fracasso é bom quando podemos refletir a respeito, e aprender com o que aconteceu antes de dar a volta por cima e seguir em frente. No melhor cenário, você fracassa no início de sua carreira, e um mentor, um colega preocupado, um membro da família ou um amigo próximo lhe ajudam a enxergar algumas verdades básicas sobre você, aumentando, assim, sua autoconscientização. Não se iluda: o fracasso vai acontecer. O importante é saber como aceitá-lo e aprender com ele. Assim, você estará mais capacitado a adequar suas habilidades a quaisquer dificuldades ou oportunidades que surjam em seu caminho. E, especialmente importante, você também saberá quando e como pedir ajuda em situações críticas ou em momentos de decisão semelhantes no futuro.

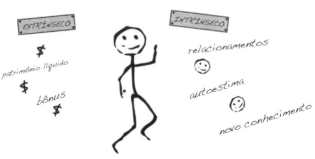

Abraçar o fracasso

... leva para

... uma prontidão para tirar vantagem de novas oportunidades!

10

E.A.T.: FAÇA sua AUTOAVALIAÇÃO

Este capítulo oferece uma versão abreviada de nossa autoavaliação E.A.T. (*Entrepreneurial Aptitude Test* – Teste de Aptidão Empreendedora), que lhe proporcionará uma noção direcional de seu perfil CICS. Encorajamos você a fazer a autoavaliação completa *online* no site <www.hsgl.com>. O teste *online* lhe oferecerá uma avaliação mais precisa e classificará seu resultado imediatamente, proporcionando um retrato seu relativo a todo o conjunto de dados. E também nos ajudará a continuar na construção e no aprimoramento desses dados.

O teste destina-se a revelar como você avalia trocas entre os atributos que melhor o descrevem no contexto do empreendedorismo.

Para cada par de afirmações, você assinala o lado que melhor lhe descreve. É importante lembrar que não existem respostas certas ou erradas, portanto, "apostar" suas respostas naquilo que você considera ser a escolha certa não irá beneficiá-lo de forma alguma. O teste destina-se a fazer você escolher entre duas respostas que parecem igualmente certas para determinar se você tem inclinação para Coração, Inteligência, Coragem ou Sorte.

Em posição, preparar, largar!

FIGURA 10-1

Avaliação E.A.T. (Teste de Aptidão Empreendedora)

Para cada par de afirmações, escolha aquela que lhe parece mais verdadeira, assinalando o círculo correspondente. Após completar cada página, conte os círculos marcados em cada uma das quatro fileiras e escreva o valor em suas respectivas caixas.

1. Tive sucesso graças a:

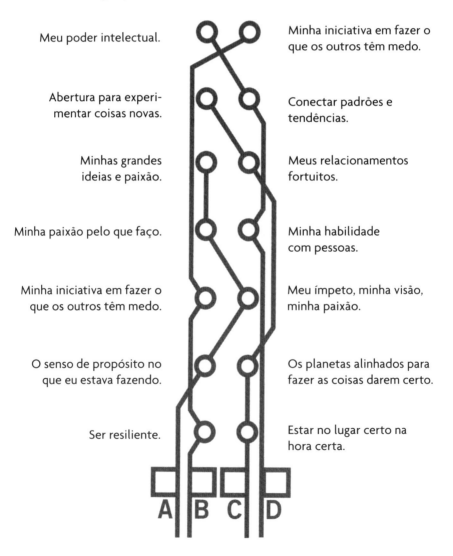

Meu poder intelectual. / Minha iniciativa em fazer o que os outros têm medo.

Abertura para experimentar coisas novas. / Conectar padrões e tendências.

Minhas grandes ideias e paixão. / Meus relacionamentos fortuitos.

Minha paixão pelo que faço. / Minha habilidade com pessoas.

Minha iniciativa em fazer o que os outros têm medo. / Meu ímpeto, minha visão, minha paixão.

O senso de propósito no que eu estava fazendo. / Os planetas alinhados para fazer as coisas darem certo.

Ser resiliente. / Estar no lugar certo na hora certa.

A B C D

2. Escolha as afirmações que mais repercutem em você:

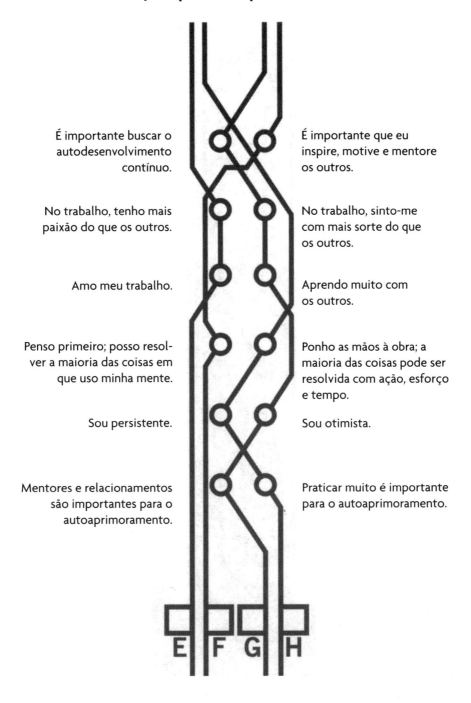

3. Meus amigos provavelmente diriam:

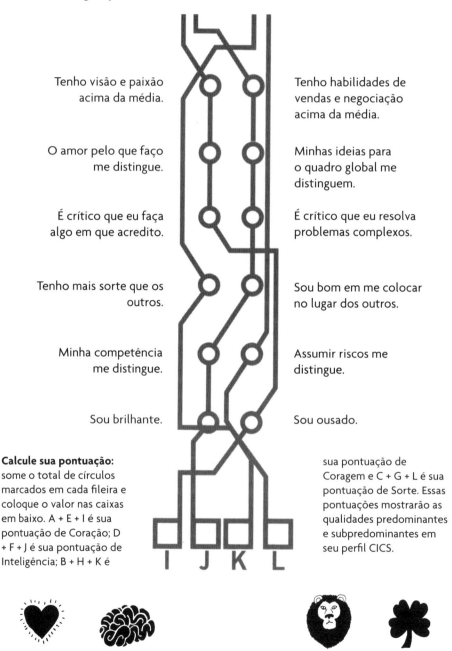

Tenho visão e paixão acima da média.

Tenho habilidades de vendas e negociação acima da média.

O amor pelo que faço me distingue.

Minhas ideias para o quadro global me distinguem.

É crítico que eu faça algo em que acredito.

É crítico que eu resolva problemas complexos.

Tenho mais sorte que os outros.

Sou bom em me colocar no lugar dos outros.

Minha competência me distingue.

Assumir riscos me distingue.

Sou brilhante.

Sou ousado.

Calcule sua pontuação: some o total de círculos marcados em cada fileira e coloque o valor nas caixas em baixo. A + E + I é sua pontuação de Coração; D + F + J é sua pontuação de Inteligência; B + H + K é sua pontuação de Coragem e C + G + L é sua pontuação de Sorte. Essas pontuações mostrarão as qualidades predominantes e subpredominantes em seu perfil CICS.

Interpretando seus resultados

Como você se saiu? O que o resultado significou para você como empreendedor ou construtor de negócios? Você ficou surpreso com o resultado? Você é mais forte em Coração? Você tem, talvez, o perfil comum de equilíbrio entre Coragem e Inteligência, porém menos Coração e Sorte? Ou você é aquele tipo de pessoa movida pela Sorte que parece ter a personalidade e a atitude certas que podem lhe levar longe? Você pode voltar ao capítulo 1 para fazer uma revisão rápida das quatro qualidades. Lembre-se de que a taxonomia das qualidades num dado indivíduo nunca é uma situação ou/ou. Em nossa experiência, empreendedores de sucesso têm as quatro características em abundância, no entanto, a maioria das pessoas tende a liderar com uma das qualidades como sua característica predominante, ou com uma fusão de quaisquer duas das qualidades CICS. Essa versão simplificada do teste é mais útil para saber se você é diretamente predominante em alguma das qualidades. A versão do teste *online* apresenta seu percentual de distribuição em cada uma das qualidades, assim como comparações entre o seu resultado e a base de dados de nossa pesquisa.

O perfil CICS é importante como um mecanismo para estruturar sua autoconscientização. A avaliação E.A.T., embora seja uma fonte importante de informações para nossa pesquisa e para a sua, não deve ser vista como um previsor único de quem você é. Embora qualquer tipo de avaliação ou teste – SAT, GMAT, Myers-Briggs, ou Predictive Index, para citar alguns – possa servir como agente informativo de aptidão cognitiva, estilo de trabalho ou preferências motivacionais em gestão, ainda assim ele não seria usado sozinho para admitir alunos nas universidades ou para contratar e gerir funcionários. Ao menos, não deveriam!

A avaliação E.A.T. não é denominada "Avaliação CICS" propositalmente, porque, embora contribua para um retrato da autoconscientização sobre o perfil CICS, não é o retrato propriamente dito. Use este teste diagnóstico como uma lente para abordar o material apresentado neste livro e como um guia para autorreflexão sobre onde você se encontra e aonde quer chegar quando se trata de potencial empreendedor (especialmente nas perguntas Norte Verdadeiro do capítulo 8). Como esta pesquisa é um trabalho em andamento, gostaríamos de receber sua opinião também sobre como a avaliação E.A.T. pode ser expandida ou aprimorada e, certamente, gostaríamos de contar com sua ajuda para passar adiante a versão *online* para outros empreendedores.

Resumindo tudo

Existem muitas pessoas que se propõem a levar você pela mão até a terra prometida do sucesso nos negócios. O que tentamos oferecer aqui são uma nova estrutura e algumas perspectivas diferentes que aumentarão suas chances de sucesso, mas, certamente, não o garantirão. O empreendedorismo simplesmente não pode ser empacotado num manual de instruções.

Lembre-se da estatística que mencionamos no início do livro: dois terços dos empreendedores bem-sucedidos que entrevistamos não começaram com um plano de negócios formal. Em vez disso, eles geralmente conceberam seu negócio por meio de projetos iterativos originados daquele lugar que chamamos de Coração, uma qualidade constituída de propósito e paixão, sacrifício, *ágape* e nuance. E não existe um guia passo a passo para encontrar esse lugar.

No entanto, os *princípios* certos podem ser úteis para iniciar, construir e manter um negócio. O pilar é a autoconscientização. Se conseguimos abrir um pouco seus olhos, fizemos você olhar um pouco mais de perto no espelho ou estimulamos você a autorrefletir com um pouco mais de honestidade intelectual sobre suas inclinações e habilidades para o empreendedorismo, podemos considerar metade da batalha ganha. Adquirir uma maior autoconscientização por meio das lentes e da linguagem de nossa estrutura CICS era nosso objetivo primário. Nosso propósito secundário era comunicar a sabedoria e os hábitos que desenvolvemos ou vimos em ação ao longo dos anos. Obtivemos sucesso? Se obtivemos, missão cumprida. Caso contrário, deixe-nos saber o que melhorar na segunda edição (se tivermos essa chance).

Por que acreditamos que a autoconscientização é o pilar da liderança e do sucesso nos negócios? Porque sem ela, você está num voo cego. Focamos este livro no uso da autoconscientização para olhar para frente – para entender onde você é mais forte, o que precisa melhorar e quando precisa de ajuda. Mas também existe em um uso retrospecto muito importante da autoconscientização. Examinando as decisões que tomou e quais foram os resultados, você pode melhorar sua tomada de decisão.

Existe uma maneira de tornar isso um hábito – pense nisso como uma saideira dos hábitos de Inteligência – que algumas pessoas muito inteligentes e bem-sucedidas adotaram ao longo dos anos. "Sempre que tomar uma decisão importante ou empreender uma ação importante, escreva o que você espera que acontecerá", escreveu Peter Drucker na *Harvard Business Review* em 2005. "Nove ou 12 meses depois compare os resultados verdadeiros com suas expectativas.[1]" Drucker chamou essa prática de *feedback analysis*, e disse que foi idealizada por um teólogo alemão do século XIV. Mas muitas pessoas que talvez nunca tenham ouvido falar de *feedback analysis* fazem coisas parecidas. Warren Buffett anota a razão por que tomou uma decisão de investimento no momento em que a toma, para que mais tarde possa analisá-la e saber se estava certa ou errada. "Anotar sua razão para fazer um investimento no momento em que o faz é a única maneira de aprender como se tornar um investidor melhor", diz o capitalista de risco Vernon Lobo, ex-colega de Tony e Tsun-yan na McKinsey, que nos referiu esse hábito de Buffett. É uma prática que adotamos em nossa própria empresa, a Cue Ball. Isso porque é muito fácil justificar *post facto*, ou, em retrospectiva, uma decisão – o que pode fazer você se sentir melhor sobre si mesmo, mas não lhe permitirá aprender nada.

As decisões que tomamos são invariavelmente influenciadas por nossas inclinações inatas e nossas predisposições. Coração, Inteligência, Coragem e Sorte são parte disso – ao examinar em retrospecto através das lentes CICS, você pode avaliar melhor por que tomou determinadas decisões e aprender com isso. Você foi movido primariamente pelo Coração naquele momento? Estava mais voltado para Coragem e sentiu-se impelido a simplesmente agir e ir em frente? Foi movido por Inteligência? Ou contou exageradamente com relacionamentos de Sorte para ajudá-lo?

Existem também, é claro, as muitas peculiaridades cognitivas que influenciam nossas decisões, conforme descrito no trabalho de Daniel Kahneman, Dan Ariely e outros. E nos negócios, assim como em outros campos, também existem forças organizacionais em ação. As coisas podem ficar bem turvas. "A essência da decisão definitiva permanece impenetrável para o observador", John Kennedy disse certa vez. "Geralmente, na verdade, para a própria pessoa que a tomou."[2]

Essa citação inspirou o Professor Graham Allison da Kennedy School em Harvard (um mentor de Tony e investidor da Cue Ball) a escrever o livro sobre políticas públicas *Essence of decision*[3]. O livro de Allison usa a crise do míssel cubano como um caso de estudo para analisar como e por que governos tomam decisões. Allison apresenta três modelos – o ator racional (movido por fatos, análises, lógica e utilidade do retorno), o modelo organizacional (movido por processos organizacionais e procedimentos e planos preexistentes) e o modelo de política governamental (movido por restrições políticas). A partir de cada uma dessas lentes, ele ilustra o valor de contar com uma estrutura para uma maior conscientização. Nossas decisões – e nosso comportamento, nossos pontos fortes e fracos – não precisam ser impenetráveis para nós. É disso que trata a autoconscientização.

Estruturas iluminam. Elas iluminam o passado e o futuro. Nossa estrutura, claro, é o perfil CICS. Certamente, não é a única estrutura de autoconscientização para se entender o empreendedorismo e a construção de negócios, mas apreciamos seus pontos fortes. Esperamos que você aprecie também. Para finalizar, oferecemos duas coisas.

Primeiro, a estrutura CICS uma última vez, num formato gráfico prático (veja a figura 11-1). É mais uma oportunidade de examinar onde seus pontos fortes e limitações entram em jogo em termos de impacto organizacional e decisões importantes.

Segundo, gostaríamos de nos despedir de você com algumas palavras encorajadoras de um de nossos entrevistados, o cineasta Morgan Spurlock: *Eu devia 200 mil dólares no cartão de crédito e tinha 50 mil no banco. Pensei, posso pegar esses 50 mil e jogar no poço sem fundo da minha dívida ou fazer um filme! Então, fiz o* Super size me.[4]

Essa é a atitude de um empreendedor (definitivamente com inclinação para Coração e Coragem). Outras pessoas podem lidar com as situações de maneira diferente, mas os verdadeiros empreendedores e construtores de negócios que conhecemos durante nossa pesquisa para este livro simplesmente não se satisfaziam com o *status quo*. Todos estavam dispostos a criar alguma mudança, alguma ruptura, algo novo. Use este livro como um guia de autoconscientização, introspecção e autoaprimoramento contínuo ao longo de sua jornada empreendedora. Porém, mais importante ainda, trabalhe incessantemente para realizar tudo o que é capaz. Vá e faça!

FIGURA 11-1

Que tipo de empreendedor você é?

Qualidade	Atributos definidores	Você está mais para...	Motivadores
Coração 	Propósito e paixão, sacrifício (ágape) e nuance	Criador de ideias, líder cultural	Movido por propósito, visão e valores; "qual é a visão geral, a grande ideia?"
Inteligência 	Mais que puro QI; julgamento por reconhecimento de padrão	Arquiteto, analista e estrategista	Movido por prioridades, pessoas e desempenho; simplificar ambiguidades
Coragem 	Iniciar, persistir e evoluir	Genérico e implementador	Movido por progresso, execução e desempenho; "melhor cedo do que tarde"
Sorte 	Atitude e relacionamentos	Oportunista, mentor e tutorado	Voltado para pessoas com humildade, curiosidade e otimismo

Impacto organizacional	Pontos fortes	Limitações	Principais dilemas
Propósito, alma e diferenciação	Fundar e rejuvenescer negócios; proporcionar inspiração, integridade cultural	Emoção se sobrepondo à lógica e julgamento; "pense grande versus pense pequeno"	Rico versus rei; despedir a si próprio; maior ou melhor
Estratégia e praticidade	Conceitualizar e estruturar situações; definir prioridades; alavancar conhecimentos e escalar negócios	Teoria versus realidade; propensão ao lado esquerdo do cérebro; foco em detalhes, mas perda da visão geral	Compromisso com escala, expansão do crescimento; tornar-se "precisamente incorreto"
Ímpeto, tática e execução	Agir em limiares críticos do crescimento – início, escalamento, expansão ou pivotar	Gestão de check-list impede aspirações maiores	Cruzar o limite da persistência para a evolução
Oportunidade, energia e abertura	Dar e receber ideias, orientação e relacionamentos	Extremamente não intervencionista em certas ocasiões	Aceitar o fracasso quando frente à má sorte

Notas

Capítulo 1

1. Christian Silt e Caroline Reid, "Cirque du Soleil swings to $ 1bn revenue as it mulls shows at 02", *The Independent,* 23 de janeiro de 2011. http://www.independent.co.uk/news/business/news/cirque-du-soleil-swings-to-lbn-revenue-as-it-mulls-shows-at-o2-2191850.html.
2. Scott Parazynski, entrevista por telefone com o autor, 2 de maio de 2011. A menos que notificado, as citações referem-se a entrevistas conduzidas pelos autores, 2010 a 2012.
3. Laurel Touby, entrevista com o autor, dezembro de 2009.

Capítulo 2

1. Rupert Merson, *Guide to managing growth: Strategies for turning success into even bigger success.* Londres: The Economist/Profile Books Ltd., 2011.
2. Zach Klein, entrevista com o autor, 20 de abril de 2011. A menos que notificado, as citações referem-se a entrevistas conduzidas pelos autores, 2011 a 2012.
3. O conceito aqui foi desenvolvido em conversas entre Mats Lederhausen e Magnus Kull e inspirado principalmente pelo trabalho de Robert Dilts em *Changing belief systems with NLP.* Cupertino, CA: Meta Publications, 1990.
4. "Mr. Narayana Murthy e Infosys: A case study of Indian virtues", *Asia Society;* http://asiasociety.org/business/development/mr-narayana-murthy-and-infosys.
5. David Hornik, entrevista com o autor, 13 de fevereiro de 2010.

6. Sergey Brin, entrevista com o autor, 2 de março de 2010.
7. Kimbal Musk, entrevista com o autor, 13 de fevereiro de 2010.
8. Análise dos autores de dados da *Forbes* 400; http://www.forbes.com/forbes-400/.
9. *The Pixar Story*, dirigido por Leslie Iwerks. Santa Monica, CA: Leslie Iwerks Productions, 2007-2008, DVD.
10. Kevin Spacey, entrevistado por James Lipton, *Inside the Actors Studio*, Bravo, episódio 6.10, transmitido em 2 de julho de 2000.
11. "Mr. Narayana Murthy e Infosys: A case study of Indian virtues".
12. http://www.patagonia.com/us/patagonia.go?assetid=1960.
13. Steve Papa, entrevista com o autor, março de 2011.

Capítulo 3

1. Vanna Lee, "What are you reading, David Brooks?". *The book bench, New Yorker*, 18 de fevereiro de 2011; http://www.newyorker.com/online/blogs/books/2011/02/what-are-you-reading-david-brooks-1.html.
2. Jack Hidary, entrevista com o autor, 3 de março de 2011. A menos que notificado, as citações referem-se a entrevistas conduzidas pelos autores, 2011 a 2012.
3. John Hamel, entrevista com o autor, janeiro de 2010.
4. Paco Underhill, *Why we buy: The science of shopping*. Nova York City: Simon & Schuster, 2000.
5. Ben Lerer, entrevista com o autor, 17 de fevereiro de 2011.
6. Eileen C. Shapiro e Howard H. Stevenson, *Make your own luck: 12 practical steps to taking smarter risks in business*. Nova York: Portfolio, 2005.
7. Steve Schwarzman, entrevista com o autor, 23 de março de 2011.
8. Keith Ferrazzi, entrevista com o autor, 2 de março de 2011.
9. Nicholas Piramal, entrevista com a equipe de pesquisa, agosto de 2010.

Capítulo 4

1. Mike Yavonditte, entrevista com o autor, 18 de fevereiro de 2011. A menos que notificado, as citações referem-se a entrevistas conduzidas pelos autores, 2011 a 2012.
2. Andrew S. Grove, *Only the paranoid survive: How to exploit the crisis points that challenge every company*. Nova York: Random House, 1996.
3. Dan Pallotta, *Uncharitable: How restraints on nonprofits undermine their potential*. Medford, MA: Tufts University Press, 2008.
4. Dan Pallotta, entrevista com o autor, 25 de abril de 2011.
5. Graham Ruddick, "Paul Reichman gives up canary wharf stake", *The Telegraph*, 19 de setembro de 2009; http://www.telegraph.co.uk/finance/newsbysector/constructionand property/6209995/Paul-Reichmann-gives-up-Canary-Wharf-stake.html.

6. Athenahealth, Q3 2011 Earnings Call Transcript, 21 de outubro de 2011; http://www.morningstar.com/earnings/earnings-call-transcript.aspx?region=USA8d:=ATHN.
7. Baseado em análise conduzida pelos autores em "The Forbes 400: The richest people in America"; forbes.com/forbes-400.
8. Scott Parazynski, entrevista com o autor, janeiro de 2011.
9. J.P. Morgan, conforme citações feitas em: http://blogs.hbr.org/tjan/2009/10/the-art-of-the-exit.html.

Capítulo 5

1. Jim Collins, *Good to great: Why some companies make the leap... And others don't*. Nova York: Harper Collins, 2001.
2. Warren Buffett, palestra na Escola de Administração da Universidade da Flórida, 15 de outubro de 1998; http://tilsonfunds.com/BuffettUofFloridaspeech.pdf, p. 23.
3. Kimbal Musk, entrevista com o autor, 13 de fevereiro, 2010. A menos que notificado, as citações referem-se a entrevistas conduzidas pelos autores, 2011 a 2012.
4. Shunryu Suzuki, *Zen mind, beginners mind*. Boston: Weatherhill, 2006.
5. Joe Grano, entrevista com o autor, 2010.
6. Tara Parker-Pope, "Phys-Ed: Does lucky underwear improve athletic performance?". *New York Times*, 28 de julho de 2010.
7. G. Wayne Miller, *Toy wars: The epic struggle between G.L Joe, Barbie, and the companies that make them*. Nova York: Times Books, 1998, p. 1.
8. Lysann Damisch, Barbara Stoberock, e Thomas Mussweiler, "Keep your fingers crossed! How superstition improves performance", *Psychological Science* 21, n. 7, 2010, pp. 1014-1020.
9. Christopher Peterson, "The future of optimism", *Journal of personality and social Psychology* 55, n. 1, 2000, pp. 44-55.
10. Ibid.
11. Richard Wiseman, *The luck factor: Changing your luck, changing your life, the four essential principles*. Nova York: Miramax/Hyperion, 2003.
12. Stuart Elliot, "Jay Chiat, advertising man on a mission, is dead at 70", *New York Times*, 24 de abril de 2002.
13. Dale Carnegie, *How to win friends and influence people*. Nova York: Simon & Schuster, 1936.
14. Entrevista do autor com Alan Zafran, Woodside: CA, 14 de novembro de 2010.
15. Keith Ferrazzi with Tahl Raz, *Never eat alone and other secrets to success: One relationship at a time*. New York: Currency Doubleday, 2005.
16. Dan Ariely, *Predictably irrational: The hidden forces that shape our decisions*. Nova York: Harper, 2008.
17. Anthony Tjan, "The economic crisis feeds on 'macromyopia'", *Huffington Post*, 22 de fevereiro, 2009; http://www.huffingtonpost.com/anthony-tjan/the-economic-crisis-feeds_b_168985.html.

18. William James, "The will to believe: An address to the philosophical clubs of Yale and Brown universities", *New World,* junho de 1896.
19. Randy Pausch with Jeffrey Zaslow, *The last lecture.* Nova York: Hyperion, 2008.
20. Phil Pringle, *Top 10 qualities of a great leader.* Tulsa, OK: Harrison House, 2007, p. 216.

Capítulo 6

1. Matthew S. Olson, Derek Van Bever, e Seth Verry, "When growth stalls", *Harvard Business Review,* março de 2008, pp. 50-61.
2. Agradecemos nosso parceiro movido por propósito Mats Lederhausen por sua estrutura.
3. John Hamm, "Why entrepreneurs don't scale", *Harvard Business Review,* dezembro de 2002, pp. 110-115.
4. "The next big thing: The Top 50 venture-backed companies", *Wall Street Journal,* 9 de março de 2010; http://graphicsweb.wsj.com/documents/NEXT_BIG_THING/NEXT_BIG_THING.html.
5. Hamm, "Why entrepreneurs don't scale".

Capítulo 7

1. B. F. Skinner, "Superstition in the pigeon", *Journal of Experimental Psychology* 38, 1948, pp. 168-172.

Capítulo 8

1. J. P. Morgan, citação em: http://blogs.hbr.org/tjan/2009/10/the-art-of-the-exit.html.
2. http://www.pcmag.com/encyclopedia_term/0,2542,t=Amaras+law&i=37701,00.asp.

Capítulo 9

1. Michael J. C. Martin, *Managing innovation and entrepreneurship in technology-based firms.* Nova York: Wiley, 1994, p. 311.
2. http://en.wikipedia.org/wiki/Westlaw.
3. Rupert Merson, *Guide to managing growth: Strategies for turning success into even bigger success.* Londres: The Economist/Profile Books Ltd., 2011.
4. Steven D. Levitt e Stephen J. Dubner, *Freakonomics: A rogue economist explores the hidden side of everything.* Nova York: Harper Perennial, 2009.

Capítulo 11

1. Peter F. Drucker, "Managing oneself", *Harvard Business Review*, janeiro de 2005, pp. 100-109.
2. Graham Allison e Philip Zelikow, *Essence of decision: Explaining the Cuban missile crisis*. Nova York: Longman, 1999.
3. Ibid.
4. Morgan Spurlock, entrevista com o autor, 3 de março de 2011.

Agradecimentos

Queremos expressar nossa enorme gratidão a todas as pessoas que tornaram possível o projeto deste livro e sua pesquisa ininterrupta. Assim como muitos autores que possuem um emprego durante o dia, descobrimos rapidamente que escrever livros consome o tempo reservado normalmente para atividades com a família e para dormir. A falta de sono não tem problema, mas o apoio de nossas famílias ao longo deste projeto merece nosso maior agradecimento.

Somos profundamente gratos a nossos colegas da Cue Ball que, generosamente, nos concederam seu tempo e seu talento. Tony Pino, um colaborador associado da Cue Ball, fez um trabalho considerável de pesquisa e entrevistas para este projeto. Tony também coordenou o trabalho de vários estagiários, *designers* e editores, ao longo do processo. Conforme chegávamos à reta final no manuscrito, Melanie Wolf, outra de nossas colegas na Cue Ball, leu, releu e releu novamente cada capítulo, verificando inconsistências e lacunas, ajudando a resolver várias delas.

Uma verdadeira federação de assistentes de pesquisa nos ajudou com a preparação da pesquisa. Vários de Harvard e pessoas como Shavi Goel (que entrevistou empreendedores na Índia), Maurice Obeid (que entrevistou pessoas no Oriente Médio) e o colega de Tsun-yan na LinHart, Hujin Kong (que pesquisou vários casos de estudo na Ásia), contribuíram significativamente. Paralelamente, Amelia Mago e Sarah Schlegel deram suporte aos questionários da pesquisa. Brian Logan, que se juntou à nossa equipe enquanto frequentava a Harvard Business School e Gabe Klein, atualmente na SK Partners, ajudaram com a compilação e a análise dos dados de nossa Avaliação E.A.T. Falando na Avaliação E.A.T., queremos fazer um agradecimento especial a Conley Zani, cujos muitos anos de experiência em análise de testes psicométricos foram essenciais para nos ajudar no desenvolvimento do instrumento de avaliação. A *designer* Catherine Howell fez a visualização dos dados com infográficos elegantes. Alisha Ramos, uma de nossas estagiárias do Harvard College, e Bo Han, que veio do MIT se juntar a nós, foram essenciais no *design* e no lançamento da plataforma *online* do projeto hsgl.com. Devemos a eles um imenso agradecimento por seu esforço.

O apoio editorial e de produção que tivemos para este livro foi nada menos que extraordinário. Peter Smith, um escritor de temas de negócios e editor da revista *O*, tem sido excepcional em nos ajudar a tornar claro o complexo e em harmonizar as vozes dos três autores. Da *Harvard Business Review Press*, agradecemos a nosso editor extraordinário, Justin Fox. É difícil imaginar um editor melhor do que Justin, que demonstrou grande paciência em desenvolver as ideias centrais do livro e foi fundamental em moldar os temas num conjunto consistente e corente. Josh Macht também merece nossos agradecimentos por nos encorajar inicialmente a escrever para a *Harvard Business Review online* e, por fim, desenvolver este livro com a *Press*. Somos também gratos a Ania Wieckowski, Alison Peter e a todo o time de produção da *Press*, que mantiveram os mais altos padrões de qualidade em cada passo do processo de publicação do livro.

Agradecemos também aos empreendedores, líderes e construtores de negócios que destinaram tanto de seu tempo precioso em entrevistas para este livro e para nossa pesquisa. A oportunidade de estar com vocês nos permitiu aprender não apenas sobre vocês, mas sobre nós também. Nosso obrigado também às centenas de outras pessoas que responderam à Avaliação E.A.T. e a todos que nos apoiaram no lançamento deste livro.

Por fim, aplaudimos os leitores deste livro que são, em si, empreendedores construtores de negócios que buscam (continuamente) aprimorar-se com uma melhor autoconscientização e ferramentas estratégicas. Vocês não só são fonte de grandes ideias e inovações, como são também fonte de inspiração para continuar nos impulsionando para o próximo nível de nosso potencial.

Sobre os Autores

Anthony (Tony) K. Tjan é CEO e sócio administrador do Cue Ball Group, uma empresa de capital de risco com sede em Boston. Mais recentemente, Tony foi sócio sênior do The Paternon Group, uma empresa líder em consultoria estratégica, onde continua como vice-presidente do conselho. Ele também foi por longo tempo consultor estratégico do ex-CEO da Thomson Corporation, Richard Harrington. Em 1996, Tony fundou e foi CEO da empresa de serviços para a Internet ZEFER (agora subsidiária da NEC), que atingiu mais de US$ 100 milhões em receita anual como pioneira das iniciativas de comércio eletrônico. Tony iniciou sua carreira na firma de consultoria global McKinsey & Company, onde focou em clientes de mídia e consumo. Tony é graduado pelo Harvard College, possui MBA da Harvard Business School e foi Fellow da Kennedy School of Government de Harvard. Além de participar de diversos conselhos de Administração, ele contribui regularmente para a *Harvard Business Review* e participa do conselho consultivo editorial da publicação *Technology Review* do MIT.

Richard (Dick) J. Harrington é presidente do Conselho e sócio geral da Cue Ball, onde ajuda a definir o rumo estratégico e desempenha um papel ativo na análise e gestão do portfólio de empresas. Antes de entrar na Cue Ball, Dick foi presidente e CEO da Thomson Corporation, onde conduziu a transformação da empresa de uma *holding* diversificada para a maior empresa do mundo de serviços para a internet e mídia, a Thomson Reuters.

Ao longo de seus 11 anos como CEO da Thomson, ele quadruplicou o fluxo de caixa e triplicou o valor de mercado da empresa. Dick conduziu mais de US$30 bilhões em transações, incluindo culminar sua carreira na Thomson com a aquisição da Reuters. Dick iniciou sua carreira numa empresa familiar e como auditor independente na Arthur Young 7 Co. Atualmente, participa do conselho da Aetna, Xerox e de várias outras empresas do portfólio da Cue Ball. Dick é graduado em contabilidade pela Universidade de Rhode Island, que o presenteou com um diploma de Doutor Honorário em Direito, em 2002.

Tsun-yan Hsieh é fundador e consultor chefe do LinHart Group, uma empresa especializada em serviços de consultoria para conselhos de Administração e para CEOs em assuntos como sucessão, trajetória de liderança e eficiência da alta administração. Embora seu foco atual sejam empresas asiáticas, ele passou metade de sua carreira na América do Norte e um equilíbrio entre países no resto do mundo. Antes de trabalhar na LinHart, Tsun-yan foi sócio sênior na McKinsey & Company.

Numa carreira ao longo de 30 anos na McKinsey, ele atendeu clientes em dezenas de países e segmentos, focando em transformação corporativa e desenvolvimento de liderança. Ele fundou o Centro McKinsey de Liderança Asiática e como presidente do Comitê de Desenvolvimento Profissional da McKinsey introduziu o modelo de aprendizes da empresa, assim como um modelo de liderança. Em 2000, Tsun-yan mudou-se para sua terra natal, Cingapura, para atuar como diretor administrativo da divisão Asean da McKinsey. Ele se aposentou em 2008. Atualmente, Tsun-yan participa dos conselhos da Sony Corporation, da Manulife Financial e da Singapore International. Tsun-yan formou-se pela Universidade de Alberta e tem MBA da Harvard Business School.

Índice

Nota: números de página seguidos de *f* referem-se a figuras.

"Pense Diferente" campanha publicitária, 46
Abdul Latif Jameel Poverty Action Lab, MIT, 68
abertura, 162
    Atitude de Sorte e, 132, 135, 138, 185
    curiosidade intelectual com, 145
    empreendedores e, 243f
    liderança com, 211
    otimismo com, 148
    Redes de Sorte e, 28, 134, 150, 152, 155, 211
abordagem de engenharia para medo, 119-120
ação, e Coragem de Iniciar, 104-107, 189-190, 194
Adrià, Ferran, 24
AdSense, 100
ágape
    construção de negócios e, 44, 45-46, 239, 242f
    definição, 41
    diferença entre trabalho duro e, 49
    sacrifício e, 35, 41, 44-45, 60-61

alavancas da Sorte, 140
Allison, Graham, 241
Amara, Roy, 160, 212
Amazon, 26, 174, 179, 187
amizades, 41, 138, 199-200
Análise de feedback na tomada de decisão, 240
análises
    antropólogos, indivíduos com Inteligência Prática como, 75, 78, 81
    ferramentas online de negócios para, 225-226
    Inteligência intelectual e, 66-67, 67-68, 74-75, 93, 242f
    Pensar com o lado esquerdo do cérebro e, 90
ansiedade, e Sorte, 148
Apollo 13 (filme), 121
Apple, empresa, 37, 39, 46, 52, 57, 89, 90, 138, 171, 173, 175, 179, 187
Aquisição da, 111-112
Ariely, Dan, 155, 241
arquétipos
    ciclos de crescimento e, 166-168, 167f, 180

Veja também expansores; fundadores; escaladores
artigos de luxo, 218
aspecto episódico da Coragem, 27-28, 114-115
aspecto longitudinal da Coragem, 27,114-115
Athenahealth, 114
Atitude de Sorte
    características, 28, 135-137
    curiosidade intelectual e, 135-136, 144-147
    definição, 134, 163
    descrição, 28, 132, 185-186
    desenvolvendo, 143-150
    exemplo, 31
    humildade e, 135-136, 143-145, 163
    otimismo e 137, 147-148
    Rede de Relacionamentos de Sorte e, 152, 156, 163, 185, 190, 191
Atitude de Sorte e, 132, 138, 150, 152, 163, 185
ativa, 154, 209
aulas na faculdade de administração, 35, 76
autenticidade e, 154
autenticidade, 162
    Atitude de Sorte e, 29, 139, 185-186
    iconoclastas e, 176-178
    liderança com, 211
    nuance e 45, 46, 61
    propósito e paixão com, 39, 42
    Rede de relacionamentos de Sorte e, 29, 132, 133, 151-152, 154, 185, 211
autoconfiança, 135-136
autoconscientização
    avaliação E.A.T. e, 183, 186, 237, 239-240
    construção de negócios e, 60, 239-240
    Coragem e, 27, 207
    empreendedores e, 60, 111, 165, 207
    estrutura CICS e, 165,183, 191, 239,241
    fracasso e, 231
    fundadores e, 181
    Inteligência e, 189
    Sorte e, 134, 135-136, 162, 191

Sucesso e, 195
Avaliação E.A.T. survey. *Veja* Teste de Aptidão Empreendedora (E.A.T.)
avaliação relativa, 155
avaliação. *Veja avaliação* Entrepreneurial Aptitude Test (E.A.T.)

Bain & Company, 26
Benioff, Marc, 224
Benjamin Moore, marca, 217
Berkshire Hathaway, 25, 37, 87, 168
Berns, Gregory, 177
Best Buy, 75
Bezos, Jeff, 26, 173-174, 179
Big Bazaar loja de departamentos, 107
Biyani, Kishore, 107
BlackBerry, 174
Bloomberg LP, 224
Bloomberg, Michael, 224
Blumkin, Rose, 37
BMW, marca, 218
Branson, Richard, 37, 178-179, 217
Brasil, crescimento no, 105
BRIC, países, crescimento nos, 105
Brin, Sergey, 50, 172
Brooks, David, 65
Buffett, Warren, 37, 140, 168, 240
Bush, Jonathan, 114

Callahan, Steve, 119, 121
Canary Wharf, Londres, 109
capital de risco e capitalistas, 24, 48, 59, 66, 76, 106, 111, 116, 123, 162, 172
Carnegie, Dale, 152
Center for Brain and Cognition, Universidade da Califórnia, San Diego, 76
Centurion Holdings, 145
CEOs
    educação superior, 67
    escaladores trabalhando com, 171, 172-173
    memorandos anuais para o conselho, 70-71
Chanel, Coco, 179-180
checkup estratégico, perguntas Norte Verdadeiro, 203-204
Chez Panisse restaurante, 24
Chiat, Jay, 46, 149, 210

China, crescimento, 105
Chipotle Mexican Grill, 42, 58, 174, 218, 200
Christensen, Clayton, 175
Christopher, Doris, 24, 37
Chung, Patrick, 162
ciclo de crescimento
    arquétipos e, 166-168, 167f, 180
    escaladores e, 173-174, 181
    fundadores e, 169
    limiares, 166
    perfil CICS, 166-168, 167f
    pontos de estagnação, 166
CICS perfis
    arquétipos no ciclo de crescimento, 166-168, 167f
    autoconscientização e, 183,239
    avaliação E.A.T. e, 237
    complementando com recursos externos, 193-194
    construtores de negócios e, 165,183
    determinando o melhor comportamento para o momento e o contexto, 192
    diferenças e consistências entre indústrias em, 188
    empreendedores e, 165-166, 183, 185-186, 188
    empreendimentos e correlações, 153
    escaladores e, 172, 181
    expansores e, 176-177, 181
    fundadores e, 30, 169-170, 180, 188
    iconoclastas e, 177, 181
    limitações 191-194
    necessidade de entender, 191-192
    qualidades fundamentais of. Veja Coragem, Coração; Sorte, Inteligência
    resumo de pontos fortes e limitações,242f-243f, 241
    suplementando com recursos externos,193-194
    tomada de decisão e, 241
    treinando para comportamento ideal, 192-193
Cirque du Soleil, 24, 89
clientes
    abertura para ouvir, 155
    checkup estratégico após mudanças em, 204-205
    Coração e, 153
    Coragem e, 95
    expansores e, 174-175
    Inteligência Criativa e, 89-90
    receita com recorrentes , 222-224
    regra dos três minutos em pesquisas sobre, 77-79, 81
    segmentação e, 204, 225-227
    usando a abordagem de cliente adequada,224-226
Close, Chuck, 176
cofundadores, 123, 124, 169, 199. Veja também fundadores
Collins, Jim, 134-135
combinação Coração-Coragem. Veja combinação Coragem-Coração
combinação Coração-Sorte, e expansores, 175
combinação Coração-Sorte, e fundadores,30, 169
combinação Coragem-Coração
    construção de negócios e, 99-100, 103, 116, 169
    empreendedores e, 185
    fundadores com, 169-170, 188
    tomada de decisão e, 105-106
combinação Sorte-Coração Veja combinação Coração-Sorte
comunicação
    faculdades de administração e, 76
    hábito de conversas críticas e, 83, 84-85
    parar antes de reagir e, 79-81
concorrência
    checkup estratégico após mudanças na, 204-205
    Coragem de Evoluir e, 104, 111, 126, 206
    expansores mudanças na, 175
    medo dos empreendedores da, 102, 205
    necessidade de pivotar e, 123
    nichos de mercado e, 217
    nuance e, 35
    planos de negócios para, 67
confiança

Coração e, 58, 184
Coragem e, 102, 119, 122, 205-206
fundadores com, 102, 181
habilidades de comunicação para, 193
humildade e, 136, 144
otimismo na Atitude de Sorte e, 147, 210
Confucius, 55
congruência, 154
conselho, memorando anual do CEO para, 70-71
construção de equipes, e fundadores, 169, 180
construção de negócios
    autoconscientização e, 60, 239-240
    desafios para atingir o equilíbrio certo em estágios críticos da, 57-59
    dilemas de decisão frente a, 121-125, 128-129
    escalonamento na, 55, 58
    experiência da infância com, 117
    lançamento de negócios em, 33-34, 220
    pensar grande, começar pequeno e escalar rápido em, 220-221
    pivotar a visão e estratégia original na, 123
    planos de negócios em, 33, 34, 48, 60, 215-216
    poder do propósito em, 37-40, 40f, 41-42, 54
construtores de negócios
    ágape e, 43, 44-45
    determinando o melhor comportamento para o momento e o contexto pelos, 192
    dilema rico *versus* rei e, 123-124, 181
    escaladores como, 147
    fundadores como, 169
    manter ou vender o negócio e, 124-125, 206-209
    mudanças no ciclo de crescimento e, 166
    perfil CICS de, 166, 183, 241, 242f--243f
Container Store, 13
conveniência, proposição de valor da, 72-73

Converse, 149
COOs, e escaladores, 171, 173
Coração e, 35, 45-48, 55, 61, 184, 239, 242*f*
Coração, 33-62, 184
    ágape e, 44-45, 49, 60-67, 239, 242f
    autoconscientização e, 60
    capital de risco e, 48
    características de, 35
    ciclo de crescimento com, 166-168, 167f
    combinada com Coragem. Veja combinação Coragem-Coração
    Como qualidade definidora de empreendedores e construtores de negócios, 24, 35-36
    construção de negócios e, 66, 67, 165, 242f-243f
    definição, 34-35
    desafios para atingir o equilíbrio certo em estágios críticos e, 57-59
    descrição geral, 23-25, 184
    diferença entre luxúria e, 48
    empreendedores com, 37-38, 41-42, 43, 48, 50, 58, 59, 185, 188, 239
    escalando e, 55, 58
    exemplos, 24, 37-38
    expansores com, 175, 181
    fundadores com, 14, 37-38, 39, 50-51, 50f, 61, 169, 188, 189-190
    Hornik sobre sacrifício e, 43, 44
    iconoclastas e, 177-178
    influências, 146f
    Inteligência Criativa com, 89
    Klein na Vimeo e, 37
    lançamento de negócios e, 33-34
    lealdade com membros da equipe e, 124
    limitações, 51-56, 61, 188-189
    mudanças no ciclo de crescimento e, 166
    nuance e, 45-48, 55, 61, 184, 239, 242f
    onde Coração floresce, 188-189
    paixão e, 34-40, 48, 52, 52f, 60, 89, 184, 239, 242f
    perguntas Norte Verdadeiro, 54-56
    período de concepção e inveja da gravidez, 41-42, 52-53, 61

Índice | 259

plano de ação prático necessário, 52-53
propósito e, 34-40, 40f, 41-42, 49, 53, 56-58, 60 116, 184, 239, 242f
reconfigurando para novo crescimento, 52, 61
resumo visual, 32f, 242 f -243 f
sacrifício e, 39-45, 60-61, 184, 239, 242f
Sorte e, 131, 162
trabalho duro e, 49
Coragem de Evoluir e, 103-104
    agentes de mudança, iconoclastas como, 179-180
    Inteligência e, 189
    otimismo e, 136
Coragem de Evoluir, 27,101, 103-104, 110-114, 125, 126, 127-131, 185, 206
Coragem de Iniciar, 27, 101, 102-103, 104-107, 125, 127, 185, 205
Coragem de Persistir, 27, 101, 103, 107-110, 125, 127, 185, 205-206
Coragem, 99-131, 184-185
    assumir riscos *versus* tolerar ricos e,26-27,101-102, 118-120, 190
    ciclo de crescimento e, 166-168, 167f
    como qualidade definidora de empreendedores e construtores de negócios, 24, 100
    como qualidade primária ou secundaria, 102
    Coragem de Evoluir aspectos, 27, 101, 103-104, 110-114, 125, 126, 127-131, 185-186, 207
    Coragem de Iniciar aspectos, 27, 101, 102-103, 104107, 125, 127-128, 185, 205
    Coragem de Persistir aspectos, 27, 101, 103, 107-110, 125, 127-128, 185, 205-206
    definição, 101
    descrição geral, 26-28, 184-185
    dilemas comuns de decisão e, 122-126, 131
    empreendedores com, 26-27, 101-102, 110-111, 126, 127, 132, 185
    escaladores com, 171, 172, 175, 181, 190
    exemplos, 27,28, 100, 104-105, 106-107, 109-110, 113-114, 115, 147
    fracasso e, 99, 103, 115, 126-127, 131
    fundadores com, 102-103, 116, 117, 123-124, 179-180
    hierarquia, 101, 102-104, 127-131
    iconoclastas e, 177-178
    influências sobre, 146f
    longitudinal *versus* episódica aspectos da,27-28, 114-115
    manifestando, 114-115
    medo e, 101-102, 103, 107, 112, 117, 118-119, 127
    mudanças no ciclo de crescimento e, 166
    perguntas Norte Verdadeiro para, 205-206
    porcentagem de indivíduos que possuem, 102
    resumo visual, 32f, 242f-243f
    resumo, 127-131
    Sorte e, 131, 147, 162
    tendência natural para, 115, 116
    treinando para lidar com o risco e, 116, 117-119, 120
Corporate Executive Board, 166
crenças, perguntas Norte Verdadeiro sobre, 199-201
crescimento
    Coração e, 58-59
    Coragem e, 102
    expansores e, 174, 175
    Inteligência Intelectual, 68, 69
    Inteligência Prática e, 75-76
    solução micro-ondas para, 173
criação de valor, 48, 125
criatividade
    estágios iniciais de uma empresa com, 143
    ignorância sobre as limitações e, 142, 163
    Inteligência Criativa com Coração, 89
    restrições como fonte de, 142, 150
crowdsourcing, 155
Cue Ball, 38, 72, 76, 240,241
cultura
    Coração e, 34, 59, 242f
    escalamento e, 58, 170-171, 181

fundadores e, 39, 169, 170, 179-180
iconoclastas e, 181
métricas de desempenho e, 73
relacionamento fundador-escalador e, 174
responsabilização e, 228-230
curiosidade intelectual
    Atitude de Sorte com, 135, 144-147, 185
    exemplos, 145, 147-148
    iconoclastas e, 177
    perguntas Norte Verdadeiro, 209-211
    Sorte e, 31, 132, 133, 135, 136, 141, 152-153, 155,161, 162, 163, 169, 177, 185, 190, 242f
curiosidade. *Veja* curiosidade intelectual
curvas S do ciclo de crescimento, 166, 167f, 168, 171, 175, 180

D. E. Shaw, 26
Damisch, Lysann, 147
Davis, Wade, 64
decisões de investimentos, 123-124
dedicação e progresso para atingir metas, 186-187
Deighton, John, 224
Deloitte Consulting, 83-84
Demitindo funcionários, e Inteligência Interpessoal, 83-84
descontinuidade in mercados, 204
descrição, 45-46
desempenho
    painel de indicadores, 71-73
    reconhecimento de padrões e, 64
desenvolvimento ágil, 69
desenvolvimento de produto
    Coragem e, 123
    fundadores e, 169
    Inteligência Intelectual e, 49, 91-93
desenvolvimento de produtos novos
    Coragem e, 123
    fundadores e, 169
    Inteligência Intelectual e, 69, 91-93
desenvolvimento iterativo, 69
desenvolvimento profissional, 88
Dice.com, 65
diferenciação de marca e, 46-47

dilema rico *versus* rei, 123-124, 169, 173-174, 181, 243f
dilemas em decisões, 122-125,131
diretor executivo de operações (COOs), e escaladores, 171, 173
diretor executivo. *Veja* CEOs
Disney, Walt, 179
Doriot, Georges, 215
Drucker, Peter, 168,240
Dubner, Stephen, 224
Duflo, Esther, 68
Dunn, Brian, 75

eBay, 26, 172
educação superior
    Inteligência Intelectual e, 67, 69
    Inteligência Interpessoal e, 82
    Inteligência Prática e, 75, 76
    sucesso do negócio e, 66
educação
    Inteligência Intelectual e, 66, 69
    Inteligência Interpessoal e, 82
    Inteligência Prática e, 75, 76
    sucesso nos negócios e, 62
elBulli restaurante, 24
Ells, Steve, 58, 174, 200
empreendedores e, 161
empreendedores
    "falso-positivo" tipos de, 107-108
    como escaladores, 168, 173-174
    como fundadores, 27,168, 169-170
    rico *versus* rei e, 123-124, 173-174
    exemplos, 37-39, 43
    fracasso e, 230
    Luxúria *versus* Coração e, 48
    manter ou vender um negócio e, 124-125
    mercados e, 216-217
    perfil CICS, 165-134,183, 186-187
empreendedorismo
    definição, 36-37
    experiências na infância com, 116
    razões para postergar, 36
Endeca, 58, 93
engajamento, em conversas críticas, 86
entusiasmo, e Coração, 169
Epic Burger experiência com, 47

Epic Burger, 47
Ericsson, K. Anders, 43
escala e escalamento
   abordagem pensar grande, começar pequeno e escalar rápido, 220-221
   Construção de negócios com Coração, 52, 55, 58
   Coragem de Evoluir e, 113
   fundadores e, 169, 181, 188-189
   iconoclastas e, 176-177
   Inteligência Intelectual e, 68, 69, 95
   Sorte e, 190
   suplementando com recursos externos, 194
escaladores, 171-174
   ciclos de desenvolvimento de negócios e, 167
   como arquétipo empresarial, 168, 179
   Coragem e, 190
   empreendedores as, 168
   fundadores trabalhando com, 168, 170-171, 171-174, 181
   iconoclastas, 176-177
   idealistas pragmáticos, 171-172
   Inteligência e, 189
   objetivos de, 170-171
   perfil de HSGL, 172, 181
   perfil de Inteligência-Coragem, 170-171, 171-172
   resumo de, 181
   trade-offs e, 170-171, 171-172, 181
Essence of Decision (Allison), 241
estilo explanatório, 147-148
estratégia
   dilema de decisão sobre necessidade de pivotar, 124
   fundadores e, 173
ética do trabalho, e Coração, 35, 39-45, 49, 60-61
evolução, e Coragem, 27, 101, 103-104, 110-114, 125, 126, 127-131
Excesso de confiança, 43, 144
executivos
   habilidade para conversas críticas e, 86
   Veja também CEOs
exemplos de, 46-47
expansores, 174-175
   ciclos de construção de negócios, 167
   como arquétipo empresarial, 168, 180
   como inovadores, 175
   fundadores como, 175, 181
   iconoclastas como, 146
   papel transformador role do, 174-175
   perfil CICS, 175, 181
   resumo, 174
expectativas
   fracasso e, 159
   responsabilização e, 230
experiência operacional, e Inteligência Prática, 76-81
experiência, e Inteligência Prática, 76-81, 93

Facebook, 85, 87, 137
Falk, Thomas J., 82
feedback para funcionários, 88
Ferrazzi, Keith, 83, 155
Forbes (revista), 51, 116
Ford, Henry, 179
Forrest Gump (filme), 137
Fortune 500 empresas, instrução dos CEOs da, 67
fracasso
   aceitando, 230-231
   Aprendendo com, 160, 161-162, 163, 212, 231
   Coragem e, 99, 103, 115, 126-127, 131
   entendendo o impacto no longo prazo, 160
   exemplo do possível IPO da ZEFER e, 157-158
   má sorte e, 156-161, 163, 243f
   perguntas Norte Verdadeiro sobre, 211-212
   Perguntas que ajudam a superar, 158-160
Freakonomics (Levitt and Dubner), 224
Friedman, David, 47
Frost, Robert, 104
fundadores e, 47-48
fundadores, 169-170
   ágape e, 43
   ciclos da construção de negócios e, 167

como arquétipo, 168, 180
dilema rico *versus* rei e, 123-124,169, 173-174, 181
empreendedores como, 51, 168, 169
escaladores trabalhando com, 168, 170-171, 169-174, 181
escalamento por, 169, 181, 188-189
expansores como, 174, 175, 181
iconoclastas como, 176-177, 178-179
lançamento de negócios por, 34
lealdade a membros da equipe, 124, 181
perfis CICS, 30, 169, 179-180, 188
principais cargos e recompensas, 51, 50f
Future Group, 107

Galbraith, John Kenneth, 176
Gates, Bill, 28, 174, 220, 222
Geertz, Clifford, 144
General Electric (GE), 114, 179
generosidade
    Atitude de Sorte com, 28, 138, 185-186
    liderança com, 211
    Redes de relacionamentos de Sorte, 132, 133, 151, 155, 185-186
    Sorte com, 130, 211
geradores de ideias
    Coração e, 242f
    Coragem e, 105
    ignorância das limitações e, 142-143
    Inteligência Criativa, 89
    Sorte Circunstancial e, 142-143
    tipos "falso-positivo" e, 107-108
    tomada de decisão e, 105-106
Gerstner, Louis, 113, 179
Gladwell, Malcolm, 43
GMAT, 69, 237

Goldman Sachs, 66, 153
Good to Great (Collins), 135
Google Analytics, 225
Google, 34, 50, 100, 172, 174, 175
Graham, Katharine, 179
Grano, Joe, 145
Grove, Andy, 102, 205

habilidade de ouvir, 86, 150, 155
hábito de conversas críticas, 83, 85-86
hábito de painel de indicadores de desempenho, 71-73
hábito de reunião de negócios, 74
hábito regra dos três minutos 77-79, 81, 97
hábitos
    conversas críticas, 83, 84-86
    cultivo de relacionamentos, 83, 87
    Inteligência Intelectual e, 68-74, 95-96
    Inteligência Interpessoal e, 83, 84-89, 96-97, 136-137
    Inteligência Prática e, 77-81, 96-97
    melhores reuniões de negócios, 74
    Memorandos do CEO para o conselho, 70-71
    motivando funcionários, 83,88-89
    painel de indicadores de desempenho, 71-73
    poder da pausa, 78-81
    regra dos três minutos, 77-79
Hamel, John, 77-81
Harrington, Dick, 39, 48, 75, 77, 78,161
    evolução da Thomson e da indústria dos jornais, 84, 105, 110-112,147-148, 174-175, 204
    sobre fracasso, 161-162
    sobre o processo de demissão, 84
Harvard Business Review, 166, 240
Harvard Business School, 66-67, 105-106
Hasbro, 147
Hashable, 100
Hassenfeld, Alan, 147
Hawking, Stephen, 176
Hermes, marca, 218
Hidary, Jack, 65
Hornik, David, 20,44
Hsieh, Tony, 53-55, 57, 148-149
Hsieh, Tsun-yan, 86, 109, 136-137, 139, 152
    na McKinsey Ásia, 106
    sobre Coração, 44
    sobre os três Ds (disciplina, dedicação, e diligência), 186
    sobre Sorte, 154,156
humildade

Atitude de Sorte com, 134-135, 143-144, 163, 185
    fundadores com, 169-170
    líderes com, 134-135, 144, 163
    perguntas Norte Verdadeiro, 209-210
    Sorte e, 31, 132, 133, 136-137, 141, 152, 154, 161, 163, 242f

IBM, 113, 179
Iconoclasta (Berns), 177
iconoclastas e, 176-177
iconoclastas, 176-180
    abordagem e perspective, 176
    colo líderes corporativos e agentes de mudança, 179-180
    como arquétipo empresarial, 176
    como fundadores, escaladores, ou expansores, 176, 179
    definição, 168
    exemplos, 176, 177-180
    nuance e, 176-180
    perfil CICS, 177, 181
    resumo, 181
idealistas pragmáticos, 172
Ikea, 16, 46, 218
incentivos, 199-200, 228, 230
Índia, crescimento, 105-106
indicador Myers-Briggs Type Indicator, 237
Indústria dos jornais, evolução, 84, 105, 111-112, 147-148, 174-175, 204
infância, experiências de empreendedorismo na, 117
Infosys, 41-43, 45, 57
iniciar uma ação, e Coragem, 27, 101, 102-103, 104-108, 126, 127
inovação
    expansores e, 174, 175
    ignorância das limitações e, 142-143
    Inteligência Criativa e, 89, 91, 96
inovadores
    Coragem e, 27
    expansores e, 175
    fundadores como, 169
    Inteligência Criativa e, 89
Inside the Actors Studio (programa de TV), 56
Institute for the Future, 212

Intel, 102, 206
inteligência
Inteligência Criativa, 89-94, 184
    como um tipo de Inteligência, 25, 63, 95-96
    Construtores de negócios com, 26, 65-66, 84, 89, 90
    Coração e, 89
    empreendedores com, 89
    exemplos, 89
    experiências do consumidor e, 89-90
    Inteligência Empresarial com, 64, 65, 94-96
    Inteligência Intelectual com, 63-64, 90
    Inteligência Prática com, 90
    liderança e, 90-91
    pensar com o lado esquerdo e o lado direito do cérebro e, 90, 96-97, 201-202
    reconhecimento de padrão e, 90
    resumo, 96-97
Inteligência Empresarial
    como uma combinação de tipos de Inteligência, 64, 65, 68, 95, 97, 184
    definição de, 65
    liderança e, 94-95
    maneiras de aprimorar, 95
    reconhecimento de padrão como chave para, 64, 65, 93-95, 97, 184
    sucesso do negócio e, 94
Inteligência Intelectual e, 96
Inteligência intelectual, 65-75, 184
    como um tipo de Inteligência, 25, 63, 95
    construção de negócios e, 26, 65, 66, 68
    definição, 63
    descrição, 65-66
    desvantagens de estar extremamente envolvido em, 74-75
    educação superior e, 66, 69
    empreendedores e, 67, 68-9, 91-92
    escalamento e crescimento posterior do negócio com, 67, 68, 95
    habilidade analítica em, 65-66, 66-67, 74-75, 93

habilidade de organizar, simplificar e priorizar na, 69, 74
hábito de memorandos do CEO para o conselho em, 70-71
hábito de painel de indicadores de desempenho, 71-73
hábito de reuniões de negócios melhores em, 74
hábitos em, 68-74, 95
impacto da overdose de, 91-93
Inteligência Criativa com, 63-64, 90
Inteligência Empresarial com, 64, 65, 94-96
Inteligência Interpessoal com, 63-64
Inteligência Prática com, 63-64, 76, 81
limitações, 91-93
QI e, 26, 63, 66
resumo de, 95
sucesso no negócio e, 66, 67
testes usados em, 67-68
Inteligência Interpessoal, 81-83, 184
como tipo de Inteligência, 25, 63, 95
competências como parte da, 81-82
Construção de negócios, 26, 65, 82
demitindo funcionários e, 84
empreendedores e, 83
exemplos 65, 82, 83
hábito de conversas críticas e, 83, 84-86
hábito de cultivo de relacionamentos, 83, 87
hábito de motivar funcionários e, 83, 88-89
hábitos em, 83, 84-89, 97, 137
Inteligência Empresarial com, 64, 65, 94, 95
Inteligência Intelectual, 63-64
reconhecimento de padrão, 82
relacionamentos e 83
resumo, 97
Inteligência Prática, 75-81, 184
antropólogos empresariais e, 75, 78, 81
como um tipo de Inteligência, 25, 63, 95
construção de negócios e, 66, 75, 81, 93

empreendedores e, 81
exemplos, 75, 76-81
experiência e, 76-81, 93
experiência operacional prática, 76-81
fundadores e, 93
hábito parar antes de reagir e, 78-81
hábito regra dos três minutos e, 77-79, 81
hábitos, 77-81, 96
Inteligência Criativa com, 90
Inteligência Empresarial com, 64, 66, 94, 95
Inteligência Intelectual com, 63-64,76
limitações, 93
resumo, 97
Inteligência, 63-97, 184
autoconscientização e, 189
ciclo de crescimento com, 166-168, 167f
combinação perfeita, 97
como qualidade definidora de empreendedores e construtores de negócios, 24, 26, 65
construção de negócios e, 66, 67, 165, 184, 242f-243f
descrição geral de, 25-26, 184
escaladores com, 170, 172, 175, 181
exemplos, 26, 147
expansores com, 181
fundadores com, 169-170
habilidade de organizar, simplificar e priorizar e, 69
iconoclastas com, 177
influências, 146f
instrução superior e, 67, 69
Inteligência empresarial como combinação de tipos de, 64, 66, 94, 95, 97
lealdade aos membros da equipe e, 124
mudanças no ciclo de crescimento e, 166
perguntas Norte Verdadeiro, 201-203
reconhecimento de padrão e, 25, 63, 6466, 95, 175
resumo visual, 32f, 242f-243f
resumo, 95-97
Sorte e, 131, 162
sucesso nos negócios e, 94

tipos de, 25, 63, 95, 184. Veja também
  Inteligência Intelectual; Inteligência Criativa; Inteligência Interpessoal; Inteligência Prática
  tomada de decisão e, 100
intuição
  Coração com, 69
  escaladores com, 172
  expansores com, 174
  iconoclastas com, 176
  Inteligência Criativa e, 89
  Inteligência Intelectual e, 94, 184
  Inteligência Interpessoal e, 81-82, 97
  Inteligência Prática e, 75,76
intuito, e, conversas críticas, 85-86
inventores, e Inteligência Criativa, 89,91
iPhones, 174
IPOs, 114,157-158
itens must-have, 219

J. P. Morgan, 113
Jackson, Reggie, 176
JackThreads, 81
James, William, 160, 162
Jobs, Steve, 37, 39, 45, 52, 89, 90, 175, 178
Jordan, Michael, 147
Jupitermedia, 30

Kahneman, Daniel, 241
Kennedy, John F., 241
Kimberly-Clark, 82
Klein, Zach, 37, 37
Kodak, 113
Krzyzewski, Mike, 176

Laboratório Abdul Latif Jameel Poverty Action Lab, MIT, 68
Lafley, A. G., 82
Laliberte, Guy, 24, 89
Larsson, Stieg, 27
Lauren, Ralph, 27, 45,218
lealdade com membros da equipe, 124, 169, 181
Lederhausen, Mats, 38, 40, 41, 198
Lee Kuan Yew, 176
Lerer, Ben, 82
Levitt, Steven, 224
Li Lu, 87

líderes com, 145
líderes e liderança *(continuação)*
  perguntas Norte Verdadeiro sobre qualidades, 211
  reconhecimento de padrão e, 94-95
  vulnerabilidade e, 154
líderes e liderança
  abertura e, 155
  conversas críticas e, 85,86
  Coragem, 102-103, 115, 190
  curiosidade intelectual, 144-145
  generosidade e, 155
  humildade, 135-136, 144, 145, 152, 163
  iconoclastas, 176, 179-180, 181
  Inteligência Criativa, 90-91
  mantendo o propósito, 39
  mudanças no ciclo de crescimento, 166
  otimismo e, 150
  Sorte Circunstancial e, 152, 163
limiares do ciclo de crescimento, 166
LinkedIn, 136
Lipton, James, 56
Lobo, Vernon, 240
lojas da Apple, 177-178, 226
Lombardi, Vince, 103
Luminous Capital, 153

má sorte, 156-160
  exemplo de IPO, 157-158
  lidando com o fracasso e, 156, 163, 243f
macromiopia, 160,212
Make Your Own Luck (Shapiro e Stevenson), 82
Man on Wire (documentary), 24
Mandela, Nelson, 27, 176
Manifestos de Sabedoria, 215-231
  Aceitar o Fracasso, 230-231
  Atraindo e Retendo as Melhores Pessoas, 226-227
  Cliente Certo, 224-225
  Inteligência Empresaria e, 70
  Pense grande, Comece Pequeno, então Escale Rápido, 220-221
  Receitas Recorrentes e Clientes Fiéis, 222-223

Responsabilização, 228-229
Seja o Melhor em Algo, 218-219
Três Regras de Ouro, 216-217
marcas
   Branson e, 178, 217
   Coragem e, 122
   escaladores e, 172
   Inteligência Criativa e, 89, 90
   Inteligência Interpessoal e, 81
   melhor qualidade e, 217
   nuance e diferenciação e, 46-47
   propósito e paixão dos fundadores e, 39
   provedores de artigos de luxo e, 218
   receitas recorrentes com, 222
marketing
   Inteligência Intelectual e, 91-93
   Inteligência Interpessoal e, 82
   nichos de mercado, 216-217
Mateschitz, Dietrich, 141
MBAs
   aulas da escola de administração usadas, 35
   lançamento de negócios e, 34
   sucesso nos negócios e, 66
McDonald's Ventures, 42
McDonald's, 43, 75, 168, 179
McKinsey 8c Company, 67, 105, 157, 243
Mediabistro, 30
medo
   abordagem da engenharia, 119
   Coragem e, 101-102, 103-104, 107-108, 112, 117, 127
membros da equipe, lealdade a, 124, 181
memorandos do CEO para o conselho, 70-71
mentores
   aprender com o fracasso usando, 231
   cinco perguntas secretas feitas para o tutorado, 228
   como fonte de influência, 146f
   empreendedores como, 242f
   exemplo de Chiat como, 150
   focar no positivo antes do negativo, 210
   modelagem de comportamentos de risco, 122
   paixão e propósito, 35
   redes de suporte com, 122, 150-152
   treinamento para comportamento ideal usando 193
mercados
   Coração, paixão, e habilidades necessárias, 52, 53f
   descontinuidade, 204
   empreendedores e, 216-217
   expansores e reestruturação do, 175, 181
   Manter ou vender um negócio, 126
   obtendo a abordagem certa de cliente, 224-226
   Segmentação do, 204, 225-227
Merrill Lynch, 153
metas da pauta, em reuniões de negócios, 74
metas
   Coração e, 59, 184
   Coragem de Persistir e, 107-108, 127, 206
   Inteligência e, 25
   Inteligência Empresarial e, 94-95
   Líderes e comunicação de, 85, 86
   métricas para, 73
   responsabilização e, 230
   Sorte e, 147, 190
   tolerância ao risco e perseguir, 27
   três Ds (disciplina, dedicação, e diligência) e, 187
Methodist Hospital Research Institute, Houston, 118-119
método científico, 62
metodologias de desenvolvimento, 123
Microsoft, 174
MiniLuxe, 72
modelos de negócios, 54, 202, 215-216, 217
Morarjee Goculdas Spinning & Weaving Company, 93-94
Morgan Stanley, 109, 157
Morgan, J. P., 125, 208
Morita, Akio, 39, 89, 91, 179
motivação
   Coragem e, 123-124
   funcionários movidos pelo Coração e, 55, 59

hábito de Inteligência Interpessoal e, 82, 83, 88-89
Motorola, 113
mudança
Mulcahy, Anne, 113
Munger, Charlie, 87,168
Murthy, N. R. Narayana, 42, 45, 57
Musk, Kimbal, 50-51, 93-94, 141
Mussweiler, Thomas, 147

Naisbitt, John, 42
NASA, 118
natureza, e tolerância ao risco, 115, 116
Nebraska Furniture Mart, 37
NEC, 158
negociações, parar antes de reagir, 79-81
Net Promoter Score, 72
New York Times, 155
New Yorker (revista), 64
NeXT, 178
Nicholas Piramal, 93
Nike, 39, 108, 150
Norte Verdadeiro
    definição, 159
    fracasso e seguindo, 158-159
    lista de, 195
    perguntas Norte Verdadeiro, 195-212
    sobre Coração, 53-56
    sobre Coragem, 205207
    sobre decisão vender não vender, 207-208
    sobre fracasso, 211-212
    sobre humildade, 209-211
    sobre mix correto de Inteligências, 201-203
    sobre necessidade de checkup estratégico, 203-205
    sobre o que está realmente impedindo você, 196-197
    sobre Sorte com otimismo e relacionamentos, 211
    sobre suposições, crenças e valores, 199-201
    sobre visão e propósito, 198-199
    usando, 196
nuance

objetivos, em conversas críticas, 85-86

oferta pública inicial (IPO), 114, 157-158
Olson, Matthew S., 166
Olympia&York, 109
Olympics, 149, 159
Omidyar, Pierre, 172
OneRiot, 51
Only the Paranoid Survive (Grove), 102
Oracle, 93
otimismo
    Atitude de Sorte com, 137, 147-149, 185
    Chiat em, 150
    desenvolvendo, 149-150
    estilo explanatório com, 147-148
    exemplos, 147
    iconoclastas e, 177
    perguntas Norte Verdadeiro, 210-211
    Sorte e, 132, 133, 134, 135, 141, 142, 152, 153, 159,161, 162, 163, 169, 190, 242f
Outliers (Gladwell), 43
Oz, Mehmet, 100, 104

Page, Larry, 34, 172, 175
paixão
    combinação Coragem-Coração com, 107
    Coração e, 34-40, 48, 52, 53f, 60, 89,154, 184, 189, 239, 242f
    Coragem com, 102
    empreendedores e, 36-37, 50
    exemplos, 36-37
    expansores e, 181
    habilidades e aceitação de mercado necessárias com, 52, 53f
    iconoclastas e, 177
    Klein na Vimeo e, 37
    limitações, 52
    Patagônia, 39, 50-57
    perguntas que ajudam a definir, 34-37
    poder, 37-40
    sacrifício e, 43-44,45
Pallotta TeamWorks, 106-107
Pallotta, Dan, 106-107
Pampered Chef, 24, 37
Pantaloons department stores, 106-107
Papa, Steve, 59, 93-94
parar antes de reagir, hábito, 79-81, 97

Parazynski, Scott, 27, 118, 119-120
Patton, George S., 28
Pausch, Randy, 161
pensamento disruptivo, 142
Pensar com o lado direito do cérebro, 90, 97, 201-202
pensar com o lado esquerdo do cérebro, 90, 172, 201-202
Pense grande, comece pequeno, escale rápido, 220-221
perguntas Norte Verdadeiro, 209, 211
perguntas North Verdadeiro, 55
persistência, e Coragem de Persistir, 108-110, 115
persistência, e Coragem, 27,101, 103, 108-110, 126, 127
personalidade
    Inteligência Criativa e, 89
    Sorte e, 132, 149
    tolerância ao risco, 101, 115
personalidades alfa, 101-102
pessimismo, 147, 148, 149, 159, 210
Peterson, Christopher, 148
Petit, Philippe, 24
Piramal Enterprises Limited, 93
Piramal Glass, 93
Piramal, Ajay, 93
pivotar a visão e a estratégia, 123
Pixar Story, The (documentary), 54
Pixar, 89,90, 178
planos de carreira, 88
planos de negócios, 33,34,48, 60, 215-216, 239
poder da pausa hábito, 79-81
Polaroid, 113
pontos de estagnação no ciclo de crescimento, 166
positividade
    Redes de Sorte com, 147, 153, 163
    Veja também otimismo
pragmatismo
    abordagem para desafios difíceis com, 120
    escaladores com, 172
    Inteligência Prática com, 76, 81
    startups com, 202
Predictive Index, 237
Pret A Manger, 41

prioridades, memorandos do CEO para o conselho como, 70-71
priorização, e Inteligência Intelectual, 49, 74
processo, e Inteligência Intelectual, 49, 74
Procter & Gamble (P&G), 82
proposições de valor, 204, 217-219
propósito
    Coração e, 34-40, 40f, 42, 50, 54, 56-58, 60, 116, 184, 189, 239, 242f
    definição, 37
    empreendedores e, 36-37, 188
    exemplos, 36-37, 39-40, 57-58
    filosofia "propósito maior que o produto" de Lederhausen e, 41
    iconoclastas e, 177
    Klein at Vimeo e, 37
    perguntas Norte Verdadeiro, 54, 197-198
    perguntas que ajudam a definir, 35-36
    poder e impacto, 38-39, 40f
    refocando após fundar, 39, 52
    sacrifício e, 43, 45
    valores e, 54-55, 56-58

QI
    Inteligência, 91,242f
    sucesso nos negócios, 26, 63, 66, 94
qualidade, 217-218
Quem Quer Ser um Milionário (filme), 137
Quigo, 100

Ralph Lauren, marca, 218
Ramachandran, Vilayanur S., 76
Ray, Kroc 168, 179
receitas recorrentes e clientes fieis, 222-224
receitas recorrentes, e clientes fieis,222-224
recompensas
    atrair e reter as melhores pessoas e, 226-228
    fundadores e 50f, 51
    hábito de motivar funcionários e, 58, 88-89
reconhecimento de padrão com, 64 *Veja também* QI; Inteligência

reconhecimento de padrão
  como chave para Inteligência, 25, 63, 64-65, 95, 175
  expansores com, 175, 181
  iconoclastas e, 177
  Inteligência Criativa com, 90
  Inteligência Empresarial com, 64, 65-66, 93-96, 97, 184
  Inteligência Interpessoal com, 82
  Sorte com, 145-147
  use do termo, 64
Red Bull, marca, 141
RedBox, 41
Rede de Relacionamentos de Sorte, 163
  abertura e, 155
  Atitude de Sorte e, 152, 156, 163, 185, 190, 191
  autenticidade e, 154
  curiosidade intelectual e, 152-153
  definição, 134, 163
  descrição, 28, 132, 136-138, 185
  desenvolvendo, 150-155
  exemplo, 31
  generosidade e, 155
  humildade e, 152
  membros da, 150-151
  otimismo e, 152
  rede de relacionamentos geral *versus*, 28
  valor da, 151-152
  vulnerabilidade e, 154
rede de relacionamentos social, 48, 120, 137
redes baseadas em pares e aversão ao risco, 121, 122
Redes de Relacionamentos de Sorte e 28, 134, 136, 151, 152, 154, 211
Redes de suporte, e comportamentos de risco, 115, 120, 121, 122, 131
redes
  Comportamentos de risco e, 115, 120, 121, 122, 131
  Inteligência Interpessoal e cultivo de, 83, 87, 137
  perguntas Norte Verdadeiro sobre, 211
  Veja também Redes de Sorte; redes baseadas em pares; relacionamentos e redes de relacionamentos networks; redes de suporte
regra 24x3, 148-150
Reichmann, Paul, 109-110
relacionamentos e redes de relacionamentos
  comportamentos de risco, 120, 122
  construção de negócios e, 122
  curiosidade intelectual e, 152-153
  Inteligência Interpessoal e, 82, 83
  perguntas Norte Verdadeiro, 210-211
  Sorte e, 132, 133, 136-137, 185, 190
resiliência
  Coragem e, 27, 102, 103, 131, 132, 169, 177
  iconoclastas e, 177
  Sorte e, 134f, 169
responsabilização
  Coração e, 23
  criando no ambiente de trabalho, 228-230
  escaladores e, 170-174
  fundadores e 169-170
  Redes de relacionamento e, 121
resultadoss, em conversas críticas, 85-86
Reuters
Revolução Industrial, 110
RIM, 174
risco
  combinação Coração- Coragem, 116
  conscientização sobre, 107-109
  construção de negócios e, 107-109, 110, 116, 117, 125
  Coragem e, 26-27, 101, 102, 104, 107-109, 110, 115, 116, 117, 119-120, 121, 125, 190
  empreendedores e, 27, 36, 101, 115, 116, 119
  fracasso e, 230
  inclinação natural para, 116
  mentores e modelagem de comportamentos com, 122
  propensos *versus* tolerantes, 26-27, 101, 119
  rede de suporte e, 120, 121, 122
  treinando para lidar com, 116, 118-119, 120
Rolex, marca, 218

Ross, Jason, 81
Rússia, crescimento, 105

sacrifício
　ágape e, 35, 41, 43, 44-45, 50, 60-61
　construção de negócios, 41-43, 44
　Coração e, 35, 41-45, 60-62, 184, 239, 242f
　diferença entre trabalho duro e, 50
　distância (persistência) e altitude (produtividade) com, 45
　Exemplo de Murthy na Infosys e, 42-43, 45
　Hornik em, 43, 44
　Sahlman, Bill, 37, 220
saídas. *Veja* vendendo um negócio
Salesforce.com, 224
SAT, 69, 237
Schmidt, Eric, 172
Schultz, Howard, 52, 175
Schwarzman, Stephen, 82
segmentação, 204
Seligman, Martin, 148
Shakespeare, William, 116
Shapiro, Eileen, 82
Siemens, 114,157
Skinner, B. F., 192
Skinner, Jim, 75
software de fonte aberta, 155
solução crescimento micro-ondas, 173
Sony, 39, 89, 90-91, 179
Sorte Circunstancial, 162, 161
　curiosidade intelectual e, 144
　descrição, 29,140-142, 163
　empreendedores, 141-142, 190
　exemplo, 141
　humildade e, 152
　timing e, 141
Sorte Constitucional, 138, 161
　alavancando e maximizando, 140
　descrição 29, 139-140, 163
　exemplos, 139-140
　histórico, 139
Sorte e, 132, 161, 162
Sorte Pura, 29, 138-139, 143-144, 161, 162-163
Sorte, 131-163, 185
　Atitude de Sorte e Rede de Relacionamentos de Sorte necessárias, 156
　autoconscientização e, 191
　ciclo de crescimento com, 166-168, 167f
　combinada com Coração. Veja combinação Coração-Sorte
　como qualidade definidora de empreendedores e construtores de negócios, 24
　construção de negócios e, 66, 131, 132-134, 162-163, 165, 242 f -243 f
　curiosidade intelectual e, 134, 135-136, 144-145, 152-153, 163, 169, 185, 190, 209-210, 242 f
　definição, 134
　descrição geral, 28-31, 185
　efeito placebo com, 147
　empreendedores com, 29, 30, 131, 132, 142, 161, 190
　exemplo, 30-31
　fundadores com, 169, 180
　humildade e, 31, 134, 135-136, 143-144, 163, 169, 242f
　ignorância das limitações e, 142-143, 163
　influências, 145, 147
　lidando com a má sorte e 156-161
　mudanças no ciclo de crescimento e, 166
　otimismo e, 134, 135-136, 147-150, 152, 162, 163, 185, 210-211,242 f
　porcentagem de indivíduos com, 132, 134f
　reconhecimento de padrão com, 145-147
　resultados de negócios e, 156, 162
　resumo visual, 32f, 242f-243f
　tipos, 29, 138. Veja também Sorte Circunstancial; Sorte Constitucional, Sorte Pura
Southwest Airlines, 39
Spacey, Kevin, 50
Sperry, Roger W, 90
Spurlock, Morgan, 241-242
Starbucks, 52, 54, 175
Starwood Hotels, 83
Stevenson, Howard, 82

Stoberock, Barbara, 147
sucesso na carreira e, 63
sucesso
    Coragem de Evoluir e, 113-114, 115
    empreendedores predominantemente Inteligência e, 91, 92f, 93, 94
    hábito de cultivo de relacionamentos, 87
    Inteligência Empresarial e, 94
    Inteligência Intelectual e, 66-68
    Inteligência Interpessoal, 83
    Inteligência Prática e, 75
    reconhecimento de padrão, 65
    Sorte e, 132
suposições, perguntas Norte Verdadeiro sobre, 199-201
SurveyMonkey, 225
Suzuki, Shunryu, 143

TED, 68
teimosia, 113, 114, 178
tendências, e planos de negócios, 48
Teste de Aptidão Empreendedora (E.A.T.)
    avaliação
        autoconscientização usando, 183, 237, 239-240
        Coragem e, 102
        descrição, 186-187
        fontes de influência, 145,146f
        interpretando resultados, 233-237
        preferências e inclinações identificadas, 165
        propósito, 233
        qualidades CICS e, 237
        realizando, 233
        Sorte e, 132, 134f
        variações nas respostas, 91-93, 92f
        versão resumida 234f-236f
Thomson Corporation, 78, 79, 105, 111-112, 114, 147-148, 157, 174, 204, 219
Thomson Reuters, 111-112
Thrillist, 81
timing, e Sorte Circunstancial, 141
Tjan, Tony, 38, 48, 68, 78, 105, 204, 224, 241
    Chiat como mentor, 150, 210
    experiência na ZEFER, 105, 122, 139, 157-158

Tokyo Telecommunications Engineering Corporation, 91
Tomada de decisão
    Coragem e, 100-101, 104-106, 109, 110,112, 115, 117, 122-125, 131
    dilema rico *versus* rei e, 123-124
    dilemas comuns de decisão, 122-125, 131
    Drucker na análise de feedback na, 240
    Inteligência e, 100, 123
    Inteligência Empresarial na, 64, 69, 95
    Inteligência Intelectual na, 95
    Inteligência Prática e, 76
    lealdade a membros da equipe e, 124
    manter ou vender um negócio e, 124-125, 207-208
    perfis CICS para entender a, 241
    pivotar a visão e estratégia original e, 123
Touby, Laurel, 30-31
Toyota, 95, 218
Trader Joe's, 46, 59, 226
treinando, e lidando com risco, 115, 116, 117-118, 120, 131
Turley, Helen, 179
Turner, Fred, 168
Twitter, 85,87

U.S. News & World Report (magazine), 66-67
UBS PaineWebber, 145
Ultramaratona de Leadville, 108
Uncharitable (Pallotta), 106
Underhill, Paco, 78
Uniqlo, 54
Universidade de Columbia, 66
Universidade de Michigan, 67
Universidade Estadual de Ohio, 67
Universidade Stanford, 179
University da Califórnia, San Diego, Center for Brain and Cognition, 76
University da Pensilvânia, 67
University de Wisconsin, 67

Vaillant, George, 148
valores fundamentais, 54-55, 56-58
valores

construção de negócios por Coração e, 53-55, 56-58
perguntas Norte Verdadeiro, 199-201
van Bever, Derek, 166
vantagem competitiva
  Coração e, 37,46, 59
  empreendedor com Inteligência Interpessoal e 82
vendendo um negócio, 124-125, 207-209
Verry,Seth, 166
Vida de Inseto (filme), 90
Vimeo, 37
Vinícola Marcassin, 179
Virgin Atlantic Challenger II (navio), 178
visão
  construtores de negócios com, 47, 54, 242f-243f
  Coração com, 24, 34, 35, 42, 47, 50, 52, 56, 58, 60, 154, 159, 180, 184, 188
  Coragem com, 102, 103, 169, 190
  dilema de decisão sobre necessidade de pivotar 124
  empreendedores com, 203
  escaladores e, 171, 172
  exemplos, 27, 220
  fundadores com, 26, 50, 169, 170, 180, 188, 190
  humildade na liderança e, 144
  nuance e, 58
  penando grande em, 220
  Verdadeira Pergunta Norte, 197-198

visionários
  Branson como exemplo, 179
  Coração e, 23, 24, 184, 188
  Coragem e, 99, 113, 205
  fundadores e escaladores como, 173, 188
  Inteligência Criativa e, 83, 89, 94
vulnerabilidade
  vulnerabilidade ativa, 153-154, 209-210

Wall Street Journal, 172
Warhol, Andy, 176
Washington Post, 179
Wasserman, Noam, 123, 124, 181
Waters, Alice, 24, 45
Wayfinders, The (Davis), 64
Welch, Jack, 179
Whitman, Meg, 26, 172
Why We Buy (Underhill), 78
Wiseman, Richard, 148, 152-153
Woods, Tiger, 147

Xerox, 113

Yavonditte, Mike, 100

Zafran, Alan, 153
Zappos, 54-55, 59, 145
ZEFER, 52, 105, 157-158
Zen Mind, Beginner's Mind (Suzuki), 143
Zuckerberg, Mark, 28